中国人民大学文学院《语言论集》编辑部◎编

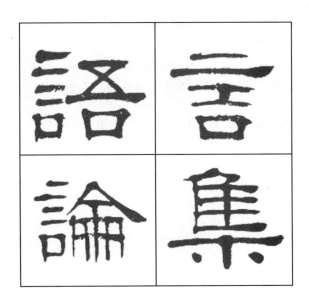

· 第五辑 ·

中国社会科学出版社

图书在版编目（CIP）数据

语言论集(第五辑)/中国人民大学文学院《语言论集》编辑部
编 . —北京：中国社会科学出版社，2008.9
ISBN 978-7-5004-7015-1

Ⅰ. 语… Ⅱ. 中… Ⅲ. 汉语－语言学－文集 Ⅳ. H1-53

中国版本图书馆 CIP 数据核字（2008）第 089010 号

策划编辑 陈 彪
特约编辑 黄 湘等
责任校对 韩天炜
封面设计 回归线视觉传达
版式设计 戴 宽

出版发行 中国社会科学出版社
社 址 北京鼓楼西大街甲 158 号 邮 编 100720
电 话 010－84029450（邮购）
网 址 http://www.csspw.cn
经 销 新华书店
印 刷 金瀑印刷有限公司 装 订 广增装订厂
版 次 2008 年 9 月第 1 版 印 次 2008 年 9 月第 1 次印刷
开 本 880×1230 1/32
印 张 12.25 插 页 2
字 数 320 千字
定 价 30.00 元

目　　录

CONTENTS

论词头"阿"字的产生和用法的发展

周生亚

提 要：词头"阿"字是由第一人称代词"阿"虚化而成的。第一人称代词"阿"虽然始见于《世说新语》，但其真正源头可能与《诗经》中的"卬"及巴濮人的自称"阿阳"有关，"卬"字是"阿阳"的合写形式，"阿阳"是"卬"的分写形式，单言"阿"或"阳"，均可用为第一人称代词。在"阿＋亲属名词"这一组合中，"阿"的指称意义逐渐弱化，开始向词头转变。当"阿"的用法由加在名词前而逐渐扩展到代词、乃至复音词、词组之前时，它也就彻底词头化了，变为一个彻底的词头成分。

关键词：词头；阿；起源；代词说

"阿"字作为汉语词头成分，它的产生和用法的发展，是一个很引人关注的研究题目。在汉语里，真正可视为词头成分的并不多，而"阿"字也算其中之一。但是，从汉语法史角度而言，词头"阿"是如何产生又是如何发展的，这些问题至今都没有很好地解决。本文想就这些问题谈一谈自己的粗浅看法，以求专家指正。

一 词头"阿"字探源

"阿"字作为一个名词词头成分,一般都认为是起源于汉代。如王力先生说:"到了汉代,产生了一个新的词头'阿'字"①,引用的资料是《汉乐府·十五从军征》:"道逢乡里人,家中有阿谁",等等。潘允中先生认为,名词词头"阿"字的最早资料当属顾炎武《日知录》卷32所引的《隶释》汉《殽阬碑》文。其文云:"《隶释》汉《殽阬碑》阴云:'其间四十人,皆字其名而系以'阿'字,如刘兴——阿兴、潘京——阿京之类。'"②《隶释》,宋洪适撰,凡27卷,前19卷著所藏汉碑189种,皆以楷书录其全文。这里所说的《殽阬碑》,即指《殽阬君神祠碑》,所谓的"碑阴"即指此碑背面的刻文。《殽阬碑》阴刻文,人名加"阿"字者用例甚多,如刘奉/阿奉、刘兴/阿兴、潘京/阿京、杨明/阿明、杨阳/阿阳、张丙/阿丙、李贤/阿贤、张长/阿长、李南/阿南、陈倾/阿倾、杜寔/阿寔、潘升/阿升、杨敞/阿敞,等等。《殽阬碑》文为东汉时代作品。至于旧题班固所撰的《汉武故事》中的"阿娇"一词,由于一般认为此书实为魏晋人之伪托,所以不足为据。又杨天戈先生认为,"阿"字作为纯粹的"不再具备任何词汇意义,变成了称谓之前的一个附加成分,成了词缀"的时间是东汉末,引用的资料是蔡琰《悲愤诗》:"人言母当去,岂复有还时?阿母常仁侧,今何更不慈?"③

---

① 王力:《王力文集》第十一卷,山东教育出版社1990年版,第6页。
② 潘允中:《汉语语法史概要》,中州书画社1982年版,第32页。
③ 杨天戈:《名词前缀"阿"探源》,见《中国语文》1991年第3期,第233页。

　　但是，这里有一个问题是不能忽略的，就是词头成分"阿"字到底是如何起源的，这在汉语语法史上仍是一个很值得深入探讨的问题。关于词头"阿"字的起源问题，在现有的说法中，主要有两种意见：一是王力先生认为："词头'阿'字最初用作疑问代词'谁'字的词头（阿谁），而'阿谁'可能是从'伊谁'变来的"，引证的资料是《诗经》：

　　　　①有皇上帝，伊谁云憎！（《小雅·正月》）
　　　　②伊谁云从？惟暴之云。（《小雅·何人斯》）①

　　王先生同时又认为："到了汉代以后，'伊谁'变了'阿谁'"，引证的资料是《汉乐府·十五从军征》和《三国志·蜀志·庞统传》：

　　　　①道逢乡里人，家中有阿谁？（《汉乐府·十五从军征》）
　　　　②羹饭一时熟，不知贻阿谁？（同上）
　　　　③向者之论，阿谁为失？（《三国志·蜀志·庞统传》）②

　　二是杨天戈先生认为"阿母"来源于"阿保"，"阿保"来源于《诗经》中的"阿衡"，而《诗经》中"阿衡"的"阿"，"是一个实词素，而不是前缀，它有保护、庇护的意思"，因此孔颖达根据《尚书·君奭》说："'阿衡'一职至太甲（汤以后

---

　　① 王力：《王力文集》第十一卷，山东教育出版社 1990 年版，第 6 页。
　　② 同上。

的另一位帝王）改称'保衡'。"杨氏引证的资料是：

①实维阿衡，实左右商王。(《诗经·商颂·长发》)

②足下……居深宫之中，不离阿保之手，终身迷惑，无与昭奸。(《史记·范雎蔡泽列传》)

③故人下至郡邸狱役复作（按：复作，意为女劳改犯），尝有阿保之功，皆受官禄田宅。(《汉书·宣帝纪》)

④阿母王圣，出自贱微，得遭千载，奉养圣躬。(《汉书·杨震传》)

⑤明年，宋阿母与宦官李元等遘奸废。(《后汉书·杨厚传》)

⑥人言母当去，岂复有还时？阿母常仁恻，今何更不慈？[①]

后来《中国语文》1991 年第 5 期，发表了王卯根先生的《"阿母"最早见于〈史记〉》一文，认为具有"皇帝奶妈"意义的"阿母"，早在《史记》中就有一例：

①故济北王阿母自言足热而懑，臣意告曰："'热蹶也。'则刺其足心各三所，案之无出血，病旋已。病得之饮酒大醉。"(《扁鹊仓公列传》)

王氏进而引证司马贞《索隐》和张守节《正义》，证明这里

---

① 杨天戈：《名词前缀'阿'探源》，见《中国语文》1991 年第 3 期，第 233 页。

的"阿母"指的就是"奶母"或"乳母"①。王氏之说实为对杨天戈先生说法的补充，所以在词头"阿"字起源的说法上仍是两种意见：一是王力先生认为"阿谁"可能是由"伊谁"变来的，而"伊"是个什么词，虽然王先生并未明说，但现在一般人都认为是个助词，不是词头，所以王先生的说法不妨可视为"助词说"。二是杨天戈先生认为词头"阿"实际是由动词"阿"演变过来的，所以杨氏之说可概括为"动词说"。助词说和动词说相比较，显然动词说较为合理一些。但是仔细考察起来，动词说仍不能圆满地解释词头"阿"的起源问题。下面，我们就针对助词说和动词说分别作些简要评论，并同时提出本文的不成熟意见。

1. 评助词说

说"阿谁"来源于"伊谁"，我们将会遇到许多麻烦问题：

第一，"阿"既然是个名词词头，它最初的应用一定是加在名词前，而不可能是加在疑问代词前。

"阿"既然是名词词头成分，那么"阿"加在"谁"字前应当是名词词头最初用法的扩展，而不应是最初用法。上面说过，"阿"作为词头成分，当以东汉《殷阮碑》文材料为最早，而《十五从军征》一诗，最早见于《乐府诗集》的《梁鼓角横吹曲》，时间可能稍后，又《十五从军征》中，"羹饭一时熟"一句，原诗"饭"作"飰"，是个异体字。许慎《说文》有"饭"无"飰"，"飰"始见于《玉篇》，这也是《十五从军征》晚出的一个证据。《十五从军征》既然是晚出的，所以"阿谁"

---

① 王卯根：《"阿母"最早见于〈史记〉》，见《中国语文》1991 年第 5 期，第 387 页。

的"阿"必然是名词前"阿"的用法的扩展，而不可能是最初用法。

第二，从《诗经》中的实际用法上看，"伊"也是一个助词，而不是词头。如：

①有皇上帝，伊谁云憎。(《诗经·小雅·正月》)
②伊谁云从，维暴之云。(《诗经·小雅·何人斯》)
③不念昔者，伊余来墍。(《诗经·邶风·谷风》)
④何辜于天，我罪伊何。(《诗经·小雅·弁》)

例①②，"伊……云……"这种句式，"谁"显然是动词"憎"、"从"的前置宾语，"伊"并不是加在"谁"前的词头。例①，郑笺云："伊，当读为繄。"其实"繄"也是个助词。《左传·襄公十四年》："王室之不坏，繄伯舅是赖"，"繄……是……"句型与"伊……云……"句型并无本质不同。同理，例③，"余"当是"墍"的前置宾语。例④，"我罪伊何"就是"我罪维何"，"伊"处于"何"前，用于表示加强判断，也是个助词。另外，例③④也表明《诗经》的"伊"并非总在"谁"字前面，它也可加在其他代词之前。

第三，说"阿谁"是由"伊谁"变来的，这又必然涉及"阿"和"伊"的音值问题。

根据王力先生自己的拟音，"阿"上古属影母、歌部、开口一等字，拟音为［ai］，而"伊"上古属影母、脂部、开口三等字，拟音为［ĭei］①。由拟音可知，虽然"阿"、"伊"同属影母，但韵部音值相差还是比较远的，后人难以用"旁转"理论

---

① 王力：《汉语语音史》，中国社会科学出版社1985年版，第57页。

加以解释。

第四，假如承认"伊"不是词头成分而是一个助词，那么这个助词又是如何演变为词头的，这在理论上也是难以说清的。

2. 评动词说

动词说比助词说较为合理的地方主要有两点：一是从词义发展上看，多多少少能看出一些动词"阿"和词头"阿"的发展脉络，二是比较符合汉语虚词多半源自实词虚化的这一语法事实，如名词词尾"子"、"儿"、"头"，均是由名词虚化而成，词头"老"是由形容词虚化而成，等等。但是动词说仍不能很好解释动词"阿"演变为词头"阿"的语法化过程。如说"阿母"的"阿"，最初是"'阿''保'同义"，但这并不能圆满地解释"阿爷"、"阿姊"、"阿兄"和"阿弟"的"阿"是怎么演变而来的。杨天戈先生说："有了这个开端，前缀'阿'即在很短的时间内以极快的速度推广开来，使许多名词都带上了'阿'字。推广的最直接途径自然是从家庭范围开始。于是除'阿母'之外，其他亲属称谓之前也带上了'阿'字，这在汉魏六朝年间不算少见。"①"阿"字的语法化过程为什么是"在很短的时间内"，又"以极快的速度"首先"从家庭范围"开始推广开来？任何一种语言现象的演变和语言规律的生成都是一个漫长的过程，而杨氏所说的"在很短的时间内以极快的速度"的这种"演变"恐怕是不存在的。还有动词说也不能很好地解释使用在同一语言环境中的"阿母"和"母"在词义上到底有何区别。如：

---

① 杨天戈：《名词前缀"阿"探源》，见《中国语文》1991 年第 3 期，第 233—234 页。

①儿前抱我颈，问母欲何之？（蔡琰《悲愤诗》）
②人言母当去，岂复有还时？（蔡琰《悲愤诗》）
③阿母常仁恻，今何更不慈？（蔡琰《悲愤诗》）

例①—③，这些都是上下相连的诗句，处于同一语言环境之中，"母"加不加"阿"，虽然概念上相同，但是词义的感情色彩显然是有区别的。

3. 代词说

本文认为，词头成分"阿"字当是由第一人称"阿"字虚化而成，于此可概括为"代词说"。具体论证如下：

3.1 "阿"是一个源自中国古代东方少数民族语言的汉语方言词，意思是"我"。

首先应当说明，"阿"作为人称代词使用，上古读［ai］，中古读［a］①。

"阿"作为第一人称代词单独使用，始见于《世说新语》。如：

①谢车骑问谢公："真长性至峭，何足乃重？"答曰："是不见耳。阿见子敬，尚使人不能已。"（《世说新语·赏誉》）

---

① "阿"是歌部字，上古读［ai］，中古读［a］。现代汉语，"山阿"的"阿"读［ə］。词头的"阿"读［a］，这种区别在上古和中古是没有的。说见王力《王力文集》，山东教育出版社1990年版，第6页。

　　例①，是车骑将军谢玄和谢安的问答语。"答曰"是谢安的答话。此句刘笺云："阿，我也，乃谢公自指。《三国志·辰韩传》：'东方人名我为阿。'此为我见子敬，尚不能已已，则汝见真长，足重可知也。"① 例①的"阿"，有的本子注为"语助词"，恐非是。"东方人名我为阿"，这"东方人"是指何处之人？对此，《三国志·魏书·东夷传》有云："辰韩在马韩之东，其耆老传世，自言古之亡人避秦役来适韩国，马韩割其东界地与之。有城栅。其言语不与马韩同，名国为邦、弓为弧、贼为寇、行酒为行觞。相呼皆为徒，有似秦人，非但燕、齐之名物。名乐浪人为阿残；东方人名我为阿，谓乐浪人本其残馀人。今有之名秦韩者。"② 所谓"辰韩"，是汉时古代朝鲜半岛南部三个国家之一（另外两个是"马韩"和"弁韩"，此谓之"三韩"）。后来在"辰韩"的基础上产生一个新的国家，此为新罗。尔后，新罗曾联合唐朝灭掉高句丽和百济，统一过朝鲜半岛。③ 这里值得特别注意的是"辰韩"的祖先，都"自言古之亡人"，他们是为了"避秦役"才"来适韩国"的，而且明言"其言语不与马韩同"，且所举例词，如"邦"、"弧"、"寇"及"行觞"，等等，这些本来都是汉语词。至于"乐浪"，此为汉郡名，据《汉书·朝鲜传》记载："元封三年夏，……故遂定朝鲜为真番、临屯、乐浪、玄菟四郡。"④ 又据后人考证，乐浪的地望在今朝鲜

　　① 转引自张万起《世说新语词典》，商务印书馆 1993 年版，第 420—421 页。

　　② 《三国志·魏书·乌丸鲜卑东夷传》第 3 册，中华书局 1959 年版，第 852 页。

　　③ 马大正等：《古代中国高句丽历史丛论》，黑龙江教育出版社 2001 年版，第 266—280 页。

　　④ 《汉书·西南夷两粤朝鲜传》第 11 册，中华书局 1962 年版，第 3867 页。

平壤一带。① 而平壤曾是高句丽的都城。高句丽是古代中国北方，尤其是东北强大的少数民族政权之一，其鼎盛时期，所涉足的地域有今中国辽南地区及朝鲜半岛北部。高句丽的主要族源是古代中国北方的涉貊族。而涉貊族商周时期主要是居住在今山东半岛一带。周灭商后，周人东进，迫使涉貊人向北方或东北迁徙。由以上的辰韩和高句丽的族源论述可知，他们的历史、语言、文化同秦汉时期的中原人有着千丝万缕的联系。由此可知，上文所说的"名乐浪人为阿残"，这实际是古代辰韩人对乐浪人的一种称呼。"阿残"即"我的遗后"之意，"阿"即"我"。所谓"东方人名我为阿"，这"东方人"指的就是辰韩人。但由于辰韩人的先祖是来自内地，因此我们可以推想，这个"阿"也很可能就是一个源自夷语的汉语方言词。在汉语发展中，源于外语或外族语的汉语方言词是不乏其例的。中国古代所说的"东夷"，常常是一个很宽泛的概念，如有时就是指东吴。这就启示我们，"阿"用于第一人称代词，还可能并非只用于辰韩人。《世说新语·赏誉》中谢安自称"阿"，而谢安是晋朝阳夏人。阳夏的故地，即今河南的太康县。河南是商文化的发源地，而商文化对周文化而言，自当属于东方文化的范围之内。

3.2　人称代词"阿"的源头还可能与"卬"有关。

从现有的文献资料来看，"阿"用于第一人称代词，在上古汉语里找不到例证。这也许刚好从反面证明了它不是一个通语词或雅言词。但是《诗经》中有个用于第一人称代词的"卬"字，它可能与代词"阿"的源头有关。

---

① 马大正等：《古代中国高句丽历史续论》，中国社会科学出版社 2003 年版，第 90—92 页。

①招招舟子，人涉卬否。(《诗经·邶风·匏有苦叶》)
②人涉卬否，卬须我友。(《诗经·邶风·匏有苦叶》)

　　例①②，均见该诗第4章，诗句上下相连。《匏有苦叶》是一首恋歌，写的是一位待嫁女子渴望与隔河而居的未婚夫早结良缘，过上美满的幸福生活。例①，毛传云："招招，号招之貌。舟子，舟人，主济渡者。卬，我也。"郑笺云："舟人之子号召当渡者，犹媒人之会男女无夫家者，使之为妃匹，人皆从之而渡，我独否。"由以上毛亨和郑玄的解释可知，"卬"或释为"我"，或译为"我"，它作为第一人称代词的定性，是没有任何问题的。例②，"卬"、"我"对举，亦知两词义同。在整个《诗经》中，"卬"作为人称代词，也仅此三例而已，这也足以证明"卬"不是一个通语词或雅言词。

　　3.3　"姎"、"阳"是"卬"的转写形式，"阿阳"是"卬"的分写形式。

　　《尔雅·释诂》有云："卬、吾、台、予、朕、身、甫、余、言，我也。"郭注："卬犹姎，语之转也。"姎，音 yāng，当是"卬"的转写形式，常用于女性自称。《说文》："姎，女人自称姎，我也。"段注："各本'我'上夺'姎'，今补。《后汉书·西夷传》注、《广韵》三十三'荡'，皆引'女人自称姎我'。'姎我'联文，如吴人自称'阿侬'耳。"① 看来释"卬"为"姎"也许是合理的，因为《匏有苦叶》第二章有"济盈不濡轨，雉鸣求其牡"的诗句，而"牡"，这里自然是指"雄雉"。"卬"或可转写作"阳"。如：

---

　　①　《说文解字注》，上海古籍出版社1981年版，第624页。

　　①彼泽之陂，有蒲与荷。有美一人，伤如之何。(《诗经·陈风·泽陂》)

　　例①，"伤"，毛传释为"无礼"，郑笺释为"思"，而《尔雅·释诂》郭璞注引《鲁诗》却作"阳如之何"。《尔雅·释诂》云："台、朕、赉、畀、卜、阳，予也。"郭注："赉、卜、畀，皆赐与也，'与'犹'予'也，因通其名耳。《鲁诗》云：'阳如之何'，今巴濮之人自呼为'阿阳'。"郝氏《义疏》亦云："阳者，《毛诗》'伤如之何'，郭引《鲁诗》作'阳如之何'是也。《魏志·东夷传》云：'东方人名我为阿'，然则自呼'阿阳'，亦如自称'庑养'矣，'阳'、'姎'义亦相近。"①《尔雅》郭璞注和郝氏义疏的可贵之处即在于他们都把代词"阿"、"阳"和巴濮人自呼的"阿阳"联系起来，但郝氏又释"阿阳"为"养"，似乎与义相违。巴濮人是古代西南地区少数民族名，春秋后逐渐分布于湖南澧沅一带。商末周初，武王伐纣时，曾联合过巴濮人，这其间也可能带来语言融合问题。我们推想，"阿阳"当是一个复合称谓，"卬"是合写形式，意思是"我"；反过来说，"阿阳"是"卬"的分写形式，单用，或言"阿"，或言"阳"，意思也是"我"，这也许就是"阿"作为第一人称代词来用的真正原因。

　　说"卬"是"阿阳"的合写形式，理由是：

　　卬：疑母，阳部开口一等字，拟音为［ŋaŋ］

　　阿：影母，歌部开口一等字，拟音为［ai］

　　阳：余母，阳部开口三等字，拟音为［ʎǐaŋ］

　　上面三个字的上古音，最值得注意的是"阿"字。"阿"字

　　①　郝懿行：《尔雅义疏·释诂上》第1册，四部备要本，第29页。

上古属影母，在现代方言中也多为零声母。但是在赣语中却可读作 [ŋo]，是个疑母字。① 这就启示我们，在上古汉语中，"阿"在某些方言或少数民族语言中也可是个疑母字。这样一来，"阿阳"到"卬"的语音变化过程可能是：

[ŋai] + [ʎĭaŋ ʎ] → [ŋa + ĭaŋ] → [ŋa + aŋ] → [ŋaŋ] → [aŋ]

《诗经》中的邶风、鄘风、卫风以及陈风，其所在地域主要是今天的河南省，而河南又主要是商文化的发源地。周武王联合巴濮人伐纣，这个过程也必然带动民族的迁徙和语言的融合，因此巴濮人的自称"阿阳"也可能随之融入北方方言之中。以后，又随着商王朝的灭亡和周人的东进，迫使涉貊人向北方或东北迁徙，代词"阿"又进一步融入"东方人"的语言之中，因此我们认为代词"阿"可能就是一个源自夷语的汉语方言词。至此，我们便可以说，"阿"作为一个人称代词，其真正的源头既与巴濮人的自称"阿阳"有关，也与"阿阳"的合写形式"卬"字有关。"阿阳"合成"卬"字以后，并不影响"阿"、"阳"的单独使用，这正像"诸"作为"之"、"于"或"之"、"乎"的合写形式，并不影响"之"、"于"或"之"、"乎"单独使用一样。

4. 词头"阿"是由代词"阿"虚化而成

"阿"由人称代词演变为词头成分，这个语法化过程是伴随着汉语单音词的复音化过程而出现的。大家知道，汉语词汇在上

---

① 李珍华、周长楫：《汉字古今字表》（修订本），中华书局 1999 年版，第 298 页。又如今湖南安仁方言，上古属影母的"安"、"晏"、"挨"、"握"、"矮"、"爱"、"鸭"诸字，今其声母均读作 [ŋ]，参见陈满华《安仁方言》，北京语言学院出版社 1995 年版，第 10—11 页。

古时期是以单音节词为主的，而到了中古时期，这个复音化过程有了加快的趋势。正因为如此，"阿"作为词头成分，主要使用在中古汉语里，这是不足为怪的。仍以汉《殽阮碑》文为例。宋洪适认为："右《殽阮神碑》阴三百四十二人，……其间四十人皆字其名而系以'阿'字"，是因"书石者欲其整齐而强加之，犹今间巷之妇以'阿'挈其姓也。又有复姓数人，但云北宫世平、夏侯阿升，可见其不欲参差也"①。洪适的这种看法后来为顾炎武所继承。② 洪适的观点是不对的。词头"阿"加单音节名词，可以构成复音名词，这是汉语复音词的发展趋势使然，而并非"书石者欲其整齐而强加之"。任何语言规律都不可能是人为的。但是，洪适的话却促使我们从构词法角度去思考"阿"从代词变为词头的结构原因。总之，在汉语单音词汇复音化的过程中，在汉语构词法大的框架制约下，"阿"由代词发展为词头；这是词头"阿"产生的结构原因。

　　其次，"阿"由代词变为词头，也是受到汉民族共同语影响的结果。汉民族共同语产生、发展的过程也是一种语言日益规范化的过程。汉语代词，从汉代以后，由于受到民族共同语的影响，也是处于规范之中：第一人称代词"我"是共同语的规范形式，而其他形式日益少用或遭受摒弃。在这种情况下，[阿＋名]结构中"阿"的代词性质也必然遭到弱化影响，时间越长，其词性越模糊，久而久之，最终变为一个词头成分。

　　我们肯定词头"阿"是由代词而非由动词演变而来，这样就可以很好地解释如下的语言事实：为什么"阿"最初只

---

① 洪适：《隶释·隶续》，中华书局1985年版，第35页。
② 黄汝成：《日知录集释》中，卷32，上海古籍出版社1985年版，第12—13页。

出现在单音节的亲属名词之前，为什么单音节亲属名词之前加不加"阿"在词义的感情色彩上会有所区别。如"人言母当去，岂复有还时？阿母常仁恻，今何更不慈？"（蔡琰《悲愤诗》），"上堂谢阿母，母听去不止"（无名氏《焦仲卿妻》）。两例中，单音"母"，这只是一种客观叙述，而称"阿母"时，就多多少少含有一种亲情味道，而这种"亲情味道"正是由"阿"的代词性质带来的。清代学者郝懿行在《尔雅义疏》中说："《木兰诗》：'阿爷无大儿'，'阿爷'犹'我父'也。《晋书·潘岳传》：'负阿母'，'阿母'犹言'我母'也。"①《木兰诗》是北朝时的诗歌，《潘岳传》中的"阿母"是用于对称，所以上述材料中的"阿爷"、"阿母"的"阿"都是词头成分而非人称代词。但是郝氏的论述却为我们提供了"阿"的演变信息。

二　词头"阿"字用法的发展

代词"阿"变为词头"阿"的一个重要环节或前提，是"阿"作为人称代词使用时，是从它的称谓角度不断变换开始的，而这一语法化的过程，又是在它的用法不断发展中完成的。下面我们就结合"阿"的用法的发展来谈谈这个问题。

1. 阿 + 亲属名词

从现有资料来看，"阿"最初是从加在单音节亲属名词之前开始的，而这种亲属名词又以表长辈者居多。如：

---

① 郝懿行：《尔雅义疏·释诂上》第 1 册，四部备要本，第 28 页。

①阿母常仁恻，今何更不慈？（蔡琰《悲愤诗》）

②府吏得闻之，堂上启阿母。（无名氏《焦仲卿妻》）

③阿兄得闻之，怅然心中烦。（无名氏《焦仲卿妻》）

后来这种用法也一直沿用下去。如：

①阿母所生，遣授配君，可不敬从？（《搜神记》卷
一）

②阿兄，老翁可念，何可作此？（《世说新语·德
行》）

③阿父既为总统，去留非所敢干。（《宋书·张畅传》）

④阿爷无大儿，木兰无长兄。（无名氏《木兰诗》）

⑤并州阿兄自取，儿今去也。（《北齐书·文襄六王
传》）

⑥那个阿哥不在这里。（《水浒传》第3回）

"阿"最初加在亲属名词之前，其代词味道仍然是很浓
的。"阿"是如何由代词变为一个词头的呢？这除去前面讲
的两条原因外，还有一条重要原因就是"阿 + 亲属名词"表
称谓的变换。具体言之，当"阿 + 亲属名词"用于他称时，
"阿"的代词性质最为强烈，不妨仍认为是代词，但当这一
组合用于自称或对称时，"阿"的词头性质就显现出来。根
据这一标准，可知产生于东汉末年的《焦仲卿妻》诗，"阿"
字尚未彻底完成由代词到词头的转变。下以《焦仲卿妻》诗
为例，请看数据如下：

《焦仲卿妻》诗"阿"字称谓用法比较表

		称谓用法			分计	总计
		自称	对称	他称		
阿	＋母	2	1	14	17	23
	＋兄			1	1	
	＋妹			1	1	
	＋女			4	4	

由上表数据可知，在《焦仲卿妻》诗中，"阿＋亲属名词"仍主要用于表示他称的语境之中，而用于自称和对称者仅有3例，所以我们说产生于东汉末年的词头"阿"字，并未彻底完成由代词到词头的转变。《焦仲卿妻》诗中，"阿＋亲属名词"用于自称和对称的用例如：

①可怜体无比，阿母为汝求。（无名氏《焦仲卿妻》）
②阿母为汝求，便复在旦夕。（同上）
③兰芝惭阿母，儿实无罪过。（同上）

例①②，"阿母"是焦仲卿母用于自称，意思是"我"。例③，"阿母"用于对称，是刘兰芝指称其母，意思是"你"或"您"。"阿＋亲属名词"由用于他称到用于自称或对称，也就是"阿"的代词性质逐渐弱化的过程，其终极目标就是"阿"的词头性质的确立。"阿"变为词头后，"阿＋亲属名词"用于自称和对称的用例在后代文献中屡见不鲜。如：

①有一名将，与阿爷同堂学业，传笔抄书。（变文《韩擒虎话本》）

②任从改嫁他人，阿婆终不敢留住。（变文《秋胡变文》）

③杨妃问言："阿爷莫怕，主上龙归仓（沧）海，今日便作万乘军（君）主。"（变文《韩擒虎话本》）

④因甚自从亡没后，阿娘特地落三堑？（变文《目连缘起》）

例①②，属自称例。"阿爷"，叕（擒）虎父自指。"阿母"，秋胡母自指。例③④，属对称例。"阿爷"，是对杨坚的尊称。"阿娘"，是目连指称其母。

2. 阿 + 人名字

由"阿+亲属名词"用法进一步发展，"阿"也可加在人的名字（含小字）之前。

"阿"的这种用法仍带有强烈的感情色彩，表示一种亲切或亲密的感情。"阿"的这种用法虽于汉代《殷阮碑》文中已发其端，但大量使用还是在魏晋南北朝时期。如：

①阿紫，狐字也。（《搜神记》卷十八）
②阿敬近撮王刘之标。（《世说新语·品藻》）
③阿源有德有言。（《世说新语·赏誉》）
④阿戎了了解人意。（《世说新语·赏誉》）

例①—④，"阿"加在人名之前。"阿紫"，狐名。"阿敬"，指王子敬。"阿源"，指殷渊源。"阿戎"，指王戎。又如：

①阿平若在，当复绝倒。（《世说新语·赏誉》）

②阿龄于此事故欲太厉。(《世说新语·赏誉》)

③阿寿故为不负我也。(《宋书·刘敬宣传》)

例①—③,"阿"加在人字之前。"阿平",指王澄,字平子。"阿龄",指王胡之,字修龄。"阿寿",指刘敬宣,字万寿。又如:

①相王好事,不可使阿讷在坐。(《世说新语·轻诋》)

②阿螭不作尔。(《世说新语·简傲》)

③人言阿龙超,阿龙故自超。(《世说新语·企羡》)

例①—③,"阿"加在小字前。"阿讷",指许玄度,小名阿讷。"阿螭",指王恬,小名螭虎。"阿龙",指王导,小名赤龙。

3. 阿 + 称谓名词

"阿 + 称谓名词",这个称谓名词一般都是单音节词。"阿 + 称谓名词"这种用法早期并不多见,但到了唐五代变文里,这种用法已极为普遍。如:

①不弃人微同千载,便与相逐事阿郎。(变文《董永变文》)

②阿奴身年十五春,恰似芙蓉出水宾(滨)。(变文《破魔变》)

③阿翁自往看之。(变文《降魔变文》)

④无量阿僧祇劫数,清令雅调唱将罗。(变文《金刚般若波罗密经讲经文》)

例①,"阿郎",指男主人,即东家。例②,"阿奴",女子自称。例③，“阿翁”，牧牛小子对须达的尊敬。例④，“阿僧”，指僧人。值得注意的是，“阿+称谓名词”这一用法也可用于自称和对称，这说明“阿”字已彻底词头化了。如：

①阿奴闻诸仙久居岩峻，服气餐露。[变文《太子成道变文》(三)]

②不知将军作阴司之主，阿奴社稷若何？(变文《韩擒虎话本》)

③阿郎不卖，万事绝言。(变文《庐山远公话》)

④启言阿翁，昨日驱牛逐草，偶至七里涧边。(变文《降魔变文》)

例①，“阿奴”，相师自指。例②，“阿奴”，隋文帝自指。例③，“阿郎”，用于对称，指寿州贼首白庄。例④，“阿翁”，亦用于对称，是牧牛小子指称须达。

4. 阿+数词

“阿+数词”表示排行，这种用法主要是使用在南北朝及隋唐时期，宋元时代就很少用了。在现代方言里，如吴语和粤语里仍有这种用法，但北方话里表排行用“老”不用“阿”。“阿+数词”这种组合，其中的数词一般都是“十”以内的数。如：

①帝始知非仗，大悦，谓曰：“阿六汝生活大可。”(《南史·临川靖惠王宏传》)

②嶷曰：“阿五常日不尔，今可谓仰藉天威。”(《南齐书·高帝十二王传》)

③上数与同坐，呼为阿三。(《隋书·滕穆王瓒传》)

例①，"帝"指梁武帝，"阿六"指文帝第六子。例②，"阿五"指武陵昭王萧晔，南齐太祖第五子。例③"上"指隋高祖，"阿三"指高祖母弟滕穆王瓒，时称"杨三郎"。

5. 阿 + 代词

"阿 + 代词"这种用法十分特殊，当是由"阿 + 名词"这种用法发展而成。

"阿 + 代词"这种用法主要有以下几种情况：

5.1　阿 + 谁

"阿谁"出现得较早，在汉代的古诗中已经使用了。如：

①道逢乡里人，家中有阿谁？（古诗《十五从军征》）
②羹饭一时熟，不知贻阿谁（古诗《十五从军征》）

后来这一用法，也一直沿用下去，尤其在敦煌变文里，使用的频率也是很高的。如：

①向者之论，阿谁为失？（《三国志·蜀志·庞统传》）
②汝是阿谁？（《百喻经·妇诈称死喻》）
③姚家千万，阿谁识你亲情？（变文《舜子变》）
④蕃中行兵将是阿谁？（变文《李陵变文》）
⑤和尚欲觅阿谁消息？（变文《大目乾连冥间救母变文》）

变文中也有个别句子用"阿那"替代"阿谁"的。如：

⑥五千步卒逢狂虏，此苦从来阿那经？（变文《李陵变文》）

例⑥，"阿那"就是"阿哪个"，亦即"阿谁"之意。变文之后，有的材料就用"阿那个"直接表示"阿谁"的，如：

⑦师问浦："从上来，一人引棒，一人行喝，阿那个亲？"（浦）曰："总不亲。"（释普济《五灯会元·临济义玄禅师》）

例⑦，"阿那个"即"阿哪个"，亦即"阿谁"之意。

变文中，"谁"不加"阿"的也有不少用例。这里的问题是："谁"加不加"阿"，其用法有什么区别吗？根据我的观察，区别是有的，但不是很大：

第一，从语法功能上看，"阿谁"主要用作主语和宾语，而"谁"却无此限制。

第二，"阿谁"很少作谓语和定语，而"谁"却无此限制。"谁"作定语，其后可以加"之"，而"阿谁"无此用法。请比较：

①启言老人，住居何处，姓字名谁？（变文《韩擒虎话本》）

②和尚是谁之弟子？[变文《八相变》（一）]

③向下经闻（开）说教主，阿谁名字唱将来。[变文《妙法莲华经讲经文》（一）]

第三，在说唱的句子里，"谁"加不加"阿"，似乎更容易受到音节多少的制约。请比较：

　　①将为慈悲真我弟，谁知怀此毒身心（变文《双恩记》）

　　②佛座四禅本清净，阿谁要你扫金床？（变文《破魔变》）

例①②，"谁"、"阿谁"均作主语，"谁"加"阿"，成七言。又如：

　　①寻常此路恒沙众，卒问青提知是谁？（变文《大目乾连冥间救母变文》）

　　②唤得园人来借问，园主当今是阿谁？（变文《降魔变文》）

例①②，"谁"、"阿谁"均作宾语，"谁"加"阿"亦成七言。又如：

　　①千辛万苦为谁人，十短九长缘甚事？（变文《佛说观弥勒菩萨上生兜率天经讲经文》）

　　②向下经闻（开）说教主，阿谁名字唱将来？［变文《妙法莲华经讲经文》（一）］

例①②，"谁、"阿谁"均作定语，"谁"加"阿"亦成七言。由以上引例可知，"谁"加"阿"，在韵文中显然具有调整音节的作用。

5.2　阿+没/莽/堵

"阿没"、"阿莽"可用于疑问指代，这种情况主要是使用在变文里。如：

  ①更被枷禁不休，于身有阿没好处？〔变文《燕子赋》(一)〕

例①，"阿没"或作"阿莽"，义同"甚"，用于疑问指代。"没"或"莽"单用，亦可用于疑问指代，义同"么"、"什么"。如：

  ②缘没不攒身人草，避乱南皈？（变文《李陵变文》）
  ③佛是谁家，先代有没家门？（变文《降魔变文》）
  ④今受困厄天地窄，更向何边投莽人？（变文《捉季布传文》）

例②，"缘没"即"因为什么"。例③，"有没家门"即"有什么家门"。例④，"投莽人"即"投什么人"。值得注意的是"没"或"莽"在变文中亦可用作指示代词，因此"阿没"或"阿莽"亦可用为指示代词。如：

  ①早知到没艰辛地，悔不生时作福田。（变文《大目乾连冥间救母变文》）
  ②如今及阿莽次第，五下乃是调子。〔变文《燕子赋》(一)〕
  ③阿莽两步并作一步，走向狱中看去。〔变文《燕子赋》(一)〕

例①，"没"即"这么"、"如此"。例②③，"阿莽"义同
"阿没"，即"这么"、"这样"之意。至于说"阿堵"，它只能
用作指标代词。"堵"义同"这"或作"者"、"遮"，是个指示
代词。如：

①人问其故，顾曰："四体妍蚩，本无关于妙处；传神
写照，正在阿堵中。"（《世说新语·巧艺》）
②（王）夷甫晨起，见钱阌行，呼婢曰："举却阿堵
物！"（《世说新语·规箴》）

例①，"阿堵"犹言"这"，指代"目精"，即"眼珠"。例
②，"阿堵物"犹言"这物"，"阿堵"指代"钱"。

关于"阿"加在代词前用法的演变，杨天戈先生有一种说
法，即认为近代汉语的"兀谁"是由"阿谁"变来的。[①] 这种
说法的最大疑点是：我们不能很好地解释为什么名词前的"阿"
仍作"阿"，而代词前的"阿"却变为"兀"呢，如"兀谁"
云云。

5.3　阿＋你/侬

"阿"加在第二人称代词之前，作"阿你"、"阿侬"，这种
用法也是十分特殊的。"阿你"或"阿侬"也主要使用在变文
里。如：

①茶为（谓）酒曰："阿你不见道：男儿十四五，莫与
酒家亲。"（变文《茶酒论》）
②鹠鹦隔门遥唤："阿你莫漫辄藏，向来闻你所说，急

① 杨天戈：《说"兀"》，见《中国语文》1980 年第 5 期。

出共我平章。"［变文《燕子赋》（一）］

　　③阿你逋逃落藉，不曾见你膺（应）王役。" ［变文《燕子赋》（一）］

　　④狱主报言："……阿你罪人不可说。"（变文《大目乾连冥间救母变文》)

　　⑤何世天子无要人，但阿侬货主恶耳。(《南齐书·东昏侯记》)

　　例②③，"阿你"与"你"同时出现在一个语言环境中，两词意义、用法有何区别，尚待研究。又如：

　　⑥（雀儿）云："野鹊是我表丈人，求鸟鸠是我家伯。州县长官，瓜萝亲戚。是你下牒言我，共你到头无益。"［变文《燕子赋》（一）］

　　例⑥，"是你"与"你"对举。黄征、张涌泉两先生认为："是你：你。'是'为词缀。"①"是"为"词缀"，这种说法颇令人生疑。"是"为"词缀"，那么"是你"与"阿你"又有什么区别呢？这又是一个有待解决的问题。

　　6. 阿 + 复音词/词组

　　"阿 + 复音词/词组"这种用法是个重要发展。这种用法也主要使用在变文里，有以下几种情况：

　　6.1　阿 + 复音亲属名词/词组

　　"阿"加在复音亲属名词之前的用例如：

---

　　①　黄征、张涌泉：《敦煌变文校注》，注67，中华书局1997年版，第388页。

①甘州可汗亲降使，情愿与（以）作阿耶儿。（变文
《张议潮变文》）

②弟一把是阿后孃，续得瞽叟弟二。（变文《舜子变》）

例①②，"耶儿"、"后孃"均是复音词，加"阿"后，仍
可视为复音词。加在词组前的用例如：

①他家孝顺阿耶孃，不孝之男造恶业。（变文《盂兰盆
经讲经文》）

②一切掩埋总以毕，董永哭泣阿耶孃。（变文《董永变
文》）

例①②，"耶孃"是词组，"阿"加"耶孃"之前，当是
"阿耶＋阿孃"的节略形式，因为变文中"阿耶"和"阿孃"
（或作"阿娘"）均可单用。"耶孃"前加"阿"，使用在韵文
里，有调整音节的作用。如例①②，上下句均为七言。

6.2　阿＋复音普通名词

复音普通名词前加"阿"，这是上述用法的进一步发展。如：

①更有诸都统、毗尼、法师、……尼众、阿姨师等，不
及一一称名。［变文《佛说阿弥陀经讲经文》（二）］

②官人抱出阿孩儿，相貌端严，也所希有。［变文《太
子成道变文》（三）］

例①，"阿姨师"或称"阿姨"，均是指称尼姑。例②，"孩
儿"也是复音词，"儿"尚有实词义，不是词尾。

6.3　阿 + 复音代词/词组

"阿 + 复音代词"的用例如:

①人生百岁寻常道,阿那个得七十身不妖(夭)?(变文《解座文汇抄》)

②自家缝绽由(犹)嫌出,阿那个门兰(栏)肯索伊?(变文《父母恩重经讲经文》)

③亦(一)入城来人总喜,问太子如今在阿那边?[变文《八相变文》(一)]

④所喫饮食,滋味都无,只忧身命片时,阿那里有心语话?[变文《父母恩重经讲经文》(一)]

例①,"阿那个"犹言"阿谁",询问人物。例②,"阿那个"犹言"哪个",询问事物。例③④,"阿那边"、"阿那里"犹言"哪边"、"何处",询问处所。加在词组前的用例如:

①水为(谓)茶、酒曰:"阿你两个,何用忽忽,阿谁许你,各拟论功?"(变文《茶酒论》)

例①,"阿你两个"犹言"你们两个",指"茶"与"酒"。"两个"犹言"两家",指争辩的双方。

三　结论

综合上述,可以得出以下结论:

第一,从现有资料来看,一般都认为词头"阿"产生于东汉末年,但是实际上"阿"的语义、语法特征并不十分清晰。

第二，对于词头"阿"的起源问题，目前主要有两种意见：一是助词说，认为"阿"可能是来源于"伊"；二是动词说，认为词头"阿"是由动词"阿"演变而成。但是这两种说法都不能很好地解释助词"伊"和动词"阿"演变为词头"阿"的语法化过程。

第三，本文提出代词说，认为词头"阿"是由第一人称代词"阿"演变过来的。从现有资料来看，代词"阿"虽然始见于《世说新语》，但其真正源头可能与《诗经》中的"卬"及巴濮人的自称"阿阳"有关。第一人称代词"卬"字是"阿阳"的合写形式，"阿阳"是"卬"的分写形式。"阿阳"分写，即单独使用，或言"阿"，或言"阳"，均可用为第一人称代词。"卬"仅见于《诗经》中的邶风，而邶、鄘、卫三风的地域主要在今河南省，属于商文化圈内。商末周初，武王伐纣，促使巴濮人北上，这样就带来民族迁徙和语言融合的问题，"阿阳"一词也就进入了中原。从族源上看，不论是辰韩人还是高句丽人，其祖先都同中原文化有着千丝万缕的联系。因此"东方人名我为阿"的这个"阿"，很可能就是源于夷语的汉语方言词，也就是说是巴濮语、辰韩语和汉语融合的结果。

第四，"阿"由第一人称代词演变为词头成分，是在汉语单音词的不断复音化的语言背景下进行的。再加上汉民族共同语地位的不断加强，语言日趋规范，这都促使了"阿"的代词性质的弱化。从用法上看，代词"阿"变为词头"阿"的重要环节是"阿＋亲属名词"这一组合的称谓变化。

第五，词头"阿"的用法有一个渐进式的发展过程。这个渐进式的发展过程也就是"阿"的去代词化的过程。当"阿"的用法由加在名词前而逐渐扩展到代词乃至复音词、词组之前时，它也就彻底词头化了，变为一个彻底的词头成分。

作者简介：周生亚，男，1934 年出生，中国人民大学文学院教授，主要从事古代汉语、汉语语法史研究。

《庄子》关系动词及其
相关句式的考察*

殷国光

提　要： 本文采用配价语法理论，以词项为单位，对《庄子》中的关系动词进行全面的考察，分析描写关系动词的语义特征、配价结构、基本句式、派生句式，探讨它们之间的相互关系。

关键词： 庄子；关系动词；配价；句式

本文采用配价语法理论，以词项为单位，对《庄子》中的关系动词进行全面的考察，分析描写关系动词的语义特征、配价结构、基本句式、派生句式，探讨它们之间的相互关系。①

　＊　本文是笔者主持的 2000 年国家社科基金项目《庄子句型研究》（00BYY019）的一部分。

　①　本文依据的版本为郭庆藩《庄子集释》（中华书局 1961 年 7 月），并参考王先谦《庄子集解》（《诸子集成》本，中华书局 1988 年版）、哈佛燕京学社引得编纂处《庄子引得》（上海古籍出版社 1986 年 12 月）加以校正。关于理论框架的若干问题，诸如：语义角色、语义价、句法向、基本句式、派生句式、词项等，参见殷国光《关于"〈庄子〉动词配价研究"的若干问题》（《古汉语研究》2003 年 4 月），本文不再赘述。

一　关系动词的界定

关系动词联系两个语义角色：系事 c 和客事 n，表示它们之间具有某种关系：或相似，或同一，或存在。

《庄子》中，关系动词共有 9 个：类、如 1、若 1、似、犹、曰 2、为 1、有 1、无 1。[①]

关系动词均为二价双向动词，其配价结构为：V（c，n）；其基本句式为：S：Nc + V + Nn。

二　关系动词的分类考察

根据关系动词所表示的关系意义，关系动词可以分为三类：相似动词、判断动词和存在动词。

1. 相似动词

相似动词表示系事 c 和客事 n 具有相似关系。《庄子》中，相似动词有 5 个：类（2）、如 1（73）、若 1（238）、似（38）、犹（26）。[②] 例如：

> 民如野鹿（《天地》）/ 食豕如食人（《应帝王》）/ 夫水行莫如用舟（《天运》）/ 虽通如师旷，非吾所谓聪也（《骈拇》）
>
> 其翼若垂天之云（《逍遥游》）/ 绰约若处子（《逍遥

---

① 　动词后的数字为该动词在"《庄子》动词配价词典"中词项的序号。
② 　括号内的数字为该动词在《庄子》中出现在典型位置（述谓中心语）的次数。

游》）／挈水若抽（《天地》）／吾相狗又不若吾相马也（《徐
无鬼》）／吾执臂也，若槁木之枝（《达生》）郭象注：不动
之至。（p640）①

　　子之谈者似辩士（《至乐》）／此其比万物也，不似毫末
之在于马体乎（《秋水》）／凄然似秋（《大宗师》）

　　视丧其足，犹遗土也（《德充符》）／古犹今也（《知北
游》）／吾在天地之间，犹小石小木之在大山也（《秋
水》）／见者惊犹鬼神（《达生》）

几点说明：

第一，Nc 有时可以省略，但 Nn 必须与相似动词在句法层面
共现。《庄子》中，Nn 与相似动词共现者 375 例，约占总数的
99%。Nn 省略者仅 2 例，列举如下：

　　予无如矣（《秋水》）
　　不知论之不及与？知之弗若与（《秋水》）

2 例均在对话之中，动词前均有否定副词。《秋水》后例，
Nn 的省略，还有使之与上句节律相合、追求排偶的原因。
　　第二，Nc 既可由名词语充任，如《天地》例之"民"、《知
北游》例之"古"，也可由动词语充任，如《应帝王》例之
"食豕"、《德充符》例之"视丧其足"，还可由小句充任，如
《徐无鬼》例之"吾相狗"、《秋水》例之"吾在天地之间"。Nn
亦然。充任 Nc、Nn 的动词语及小句由陈述转为指称。

―――――――――

　　①　郭象注以及下文的成玄英疏等均转引自郭庆藩《庄子集释》，中华书局 1961
年版。

需要指出的是:(1)在一句之中共现的、充任 Nc、Nn 的词语,其类别可以一致,如《知北游》例之 Nc("古")与 Nn("今")都是名词语,《应帝王》例之 Nc("食豕")与 Nn("食人")都是动词语,《徐无鬼》例之 Nc("吾相狗")与 Nn("吾相马")都是小句;也可以不一致,如《达生》例之 Nc("吾执臂")是小句,而 Nn("槁木之枝")是名词语;又如《大宗师》例之 Nc("凄然")是形容词,而 Nn("秋")是名词。考察《庄子》,在一句之中共现的、充任 Nc、Nn 的词语,其类别以一致为常。 (2)在一句之中共现的、充任 Nc、Nn 的词语,其类别不一致者往往是由于 Nn 省略所致。例如:

> 凄然似秋(《大宗师》)按:Nn 省略"凄然"。
> 少者哭之,如哭其母(《养生主》)按:Nn 省略"少者"。
> 骐骥骅骝一日而驰千里,捕鼠不如狸狌(《秋水》)按:Nn 省略"捕鼠"。
> 委蛇,其大如毂,其长如辕(《达生》)按:Nn 分别省略"大"、"长"。

亦有隐含 Nn 特征所致。如上文《达生》例,据郭象注,隐含了"槁木之枝"的特征"不动之至"。

第三,Nn 原则上位于 V 后(361 例,约占出现总数的96%)。Nn 偶或可以移至 V 前,构成 Nc+Nn+V(S1')、Nc+PNn+V(S2')二式。有三种情况:

①Nn 由疑问代词("何"、"奚")充任,其句式为 S1'。例如:

　　天王之用心何如（《天道》）／以夫子之行为奚如（《天运》）

　　事之何若（《外物》）

②否定句中，Nn 由人称代词充任，其句式为 S1'。例如：

　　莫吾能若也（《秋水》）而哀不己若者

　　以为莫己若者（《秋水》）

③Nn 由介词 P（"与"）引入，其句式为 S2'。例如：

　　与仲尼相若（《德充符》）

　　不知其与是类乎？其与是不类乎？（《齐物论》）

　　因此，相似动词构成的基本句式 S 可以派生出 S1'、S2'。例如：

　　其数若何（《知北游》）→ 其数何若［事之何若（《外物》）］①（S：→ S1'）

　　其翼若垂天之云（《逍遥游》）→ 其翼与垂天之云相若［与仲尼相若（《德充符》）］（S：→ S2'）

　　需要指出的是：（1）Nn 前移的现象只发生在"如"、"若"、

---

　　① 符号 → 表示句式可以转换。我们依据《庄子》的语料仿造了一些格式相同的句子，以便于说明，凡仿造的句子，其依据均用方括号标示，附于句后。

"类" 3 词之中，"似"、"犹" 2 词未见；① （2）发生 Nn 前移现象的 3 词亦存在差异："若" 存在 A（1 例）、B（4 例）、C（1 例）三种现象，以 B 为常；"如" 只存在 A 现象（9 例），"类" 只存在 C 现象（2 例）。3 词大体形成互补的格局；（3）同样发生 A 现象的 "如"、"若" 还存在以下差异：疑问代词充任 Nn，如果动词是 "如"，Nn 原则上移至 V 前（9 例），在 V 后者仅 1 例，见《天运》："夫三王五帝之治天下不同，其系声名一也，而先生独以为非圣人，如何哉？" 如果动词是 "若"，Nn 原则上在 V 后（3 例），如：《知北游》："其数若何？"②

因此，能够实现上述 S → S1' 的只有 "如"、"若" 2 词；能够实现上述 S → S2' 的只有 "若"、"类" 2 词。

第四，当 Nc 由小句充任时，Nc 与 V 之间可以插入语气词 "也"，如《达生》例之 "吾执臂也"，《秋水》例之 "此其比万物也"。

第五，相似动词只联系 Nc、Nn 两个配价语义角色，无须时间、空间的背景，也不与凭借、对象、原因、目标等其他语义角色相联系；反映在句法层面上，相似动词不受时间、空间、凭借、对象、原因、目标等状语的修饰或补充。

---

① 我们考察了《左传》、《论语》、《孟子》、《墨子》、《荀子》、《韩非子》、《吕氏春秋》7 部上古文献，"似"、"犹" 2 词均未见 A、B 现象，仅《孟子》、《吕氏春秋》中的 "似" 偶见 C 种现象（各 1 例），如《吕氏春秋·察传》："豕与亥相似。"

② 在上述考察的 7 部上古文献中，《论语》、《孟子》未见 "若"，其余诸书，除《墨子》外，均与《庄子》同。统计数字列举如下：

	左传	论语	孟子	墨子	荀子	韩非子	吕氏春秋
何若／若何	0／30	0／0	0／0	7／0	0／6	0／1	2／10
何如／如何	24／4	21／0	16／5	1／1	11／0	14／0	7／1

《墨子》一书例外，且极少用 "如"，与其他文献形成鲜明对比，或许与古代方言有关。

第六，相似动词的修饰语除 PNn 外，仅限于副词。例如：

> 其行尽如驰而莫之能止（《齐物论》）
> 其与是不类乎？（《齐物论》）
> 此其比万物也，不似毫末之在于马体乎（《秋水》）
> 夫为天下亦若此而已（《徐无鬼》）
> 而犹若是（《列御寇》）
> 子既若是矣（《德充符》）
> 与仲尼相若（《德充符》）
> 是国马也，而未若天下马也（《徐无鬼》）

偶尔出现两个副词。例如：

> 君乃言此，曾不如早索我于枯鱼之肆。（《外物》）
> 吾又不若夷节（《则阳》）

但需要说明的是，"曾"修饰"不如"。《则阳》同。

相似动词受副词修饰的能力存在差异：考察《庄子》，"若"受副词修饰的能力最强，可以受"不"、"亦"、"既"、"犹"、"相"、"未"、"弗"、"且"、"一"等词修饰，[①]"如"次之，可以受"不"、"无"、"尽"修饰，"似"、"类"又次之，仅受"不"修饰，"犹"未见受任何副词修饰。相似动词受副词修饰的能力可以描写为：

若 ＞ 如 ＞ 似/类 ＞ 犹

---

① 《田子方》篇有"从容一若龙、一若虎"句，"一"犹或，忽然之词。参见《经词衍释》卷三。

第七，相似动词构成的基本句式，其主语与谓语之间不能插入助词"之"，《庄子》中，仅"若"一词有 1 例例外：

安知夫子之犹若是也 （《德充符》）

第八，相似动词的客事 Nn 原则上不能由代词"之"充任，只有"似"一词除外（3 例）。如：

似之而非也 （《山木》）／狂屈似之 （《知北游》）

第九，相似动词不能构成"所"字结构、"者"字结构。

2. 判断动词

判断动词联系系事 c 和客事 n，肯定它们具有同一关系。《庄子》中，判断动词有 2 个：为 1 （79）、曰 2 （25）。例如：

弟为盗跖 （《盗跖》）／其名为鲲 （《逍遥游》）／先天地生而不为久 （《大宗师》）／泽及万世而不为仁 （《大宗师》）
尧之师曰许由 （《天地》）／一曰五色乱目 （《天地》）

几点说明：

第一，这里所说的同一关系，包括两类：一类表示等同，即肯定系事 c 是（或叫做）客事 n，如《盗跖》例之"弟"与"盗跖"，《天地》例之"尧之师"与"许由"；一类表示类别，即把系事 c 算作客事 n 一类，如《大宗师》例之"先天地生"与"久"。据此，可以把判断动词分为两小类：A. 为 1.1 （29）、曰 2；B. 为 1.2 （50）。

第二，A 类动词的系事 c 均由名词语充任，① 客事 n 原则上由名词语充任，偶或由动词语或小句充任，如《天地》例之"五色乱目"；B 类动词的系事 c 和客事 n 既可以由名词语充任，也可以由动词语或小句充任；无论 A 类动词，还是 B 类，充任 Nc、Nn 的动词语或小句均由陈述转为指称。

需要指出的是：

（1）代词原则上不充任判断动词的配价语义角色。考察《庄子》，客事 Nn 不可由代词"之"充任，无一例外。疑问代词"孰"偶尔可以充任"为1.2"的系事 Nc（1 例），例如：

孰为祥（《徐无鬼》）

指示代词"然"偶尔可以充任"为1.2"的客事 Nn（1 例），例如：

唯同乎天和者为然（《庚桑楚》）

指示代词"是"偶尔可以充任"为1.1"的系事 Nc（1 例），例如：

是为耆艾（《寓言》）

（2）专名可以充任 A 类动词的客事 Nn，如《盗跖》例之"盗跖"，《天地》例之"许由"；非专名充任 A 类动词的客事

---

① 《天地》例"一曰五色乱目"，"一"为序数词，其 Nc 可以看作是省略了中心语的"数 + 名"短语。

Nn 时，可以临时转类为专名，例如：

> 其名为忘己（《天地》）
> 故命之曰知生之民（《盗跖》）

B 类动词的客事 Nn 不可由专名充任。

（3）B 类动词的系事 Nc 可以由多音节动词语或小句充任，而客事 Nn 则往往由单音节词充任。除上文所举的《大宗师》2 例之外，再如：

> 在太极之先而不为高，在六极之下而不为深（《大宗师》）
> 覆载天地、刻雕众形而不为巧（《大宗师》）

第三，在句法层面上，A 类判断动词的配价语义角色 Nc 偶或可以省略，例如：

> 有士二人，处于孤竹，曰伯夷叔齐。（《让王》）①

但 B 类判断动词的 Nc 不可省。无论是 A 类动词，还是 B 类，配价语义角色 Nn 都不可省略，必须与 V 共现，无一例外。

第四，Nn 须与 V 共现，无一例外。

第五，配价语义角色 Nc、Nn 均不可移位。

第六，判断动词只联系 Nc、Nn 两个配价语义角色，无须时

---

① 《庄子》中，未见"为1.1"Nc 省略者，但先秦他书中偶见"为1.1"省略 Nc 的现象，如《论语·微子》："长沮曰：'夫执舆者为谁？'子路曰：'为孔丘。'"子路的回答省略了 Nc。

间、空间的背景，也不与凭借、对象、原因、目标等其他语义角色相联系；反映在句法层面上，判断动词不受时间、空间、凭借、对象、原因、目标等状语的修饰或补充。

只有 B 类动词可以受副词"不"的修饰，例见上文《大宗师》"不为高"、"不为深"、"不为巧"。

第七，"曰2"可以出现在连谓句式"V1 + N1 + V2 + N2"中 V2 的位置（9例），V1 由动词"有"、"名"或"命"充任，N2 多为专名。例如：

> 有国于蜗之左角者曰触氏　（《则阳》）
> 命曰天放　（《马蹄》）
> 名之曰益多　（《人间世》）
> 故命之曰有巢氏之民　（《盗跖》）

第八，判断动词肯定系事 c 和客事 n 具有同一关系，因此无系词的判断句可以转换为由判断动词构成的句子，而不影响意义的表达，例如：

> 南冥者，天池也（《逍遥游》）→ 南冥为天池［鲲桓之审为渊（《应帝王》）］
> 天下有大戒二：其一，命也，其二，义也。（《人间世》）→ 一曰命，二曰义［且夫失性有五：一曰五色乱目（《天地》）］

第九，判断动词"曰2"构成的基本句式，其主语与谓语之间不能插入助词"之"；"为1"构成的基本句式，其主语与谓语之间偶或可以插入助词"之"（2例），例如：

知天地之为稊米也，知毫末之为丘山也（《秋水》）

第十，判断动词不能构成"所"字结构、"者"字结构。
判断动词小结如下：

	判断动词	Nn可省、可移位	Nc可省	受"不"修饰	可构成连谓句式	Nn可由专名充任	可构成"所"字、"者"字结构
A	为1.1	—	+	—	—	+	—
	曰2	—	+	—	+	+	—
B	为1.2	—	—	+	—	—	

3. 存在动词

存在动词表示事物的存在（或不存在）。其客事 n 为存在
（或不存在）之物，系事 c 为存在的环境。《庄子》中，存在动
词有 2 个：有1（621）、无1（555）。"有1"表示存在，"无1"
表示不存在。例如：

夫道，有情有信，无为无形（《大宗师》）
北冥有鱼（《逍遥游》）／口中有珠（《外物》）
上古有大椿者（《逍遥游》）
天下无道（《天地》）
而鲁国无敢儒服者（《田子方》）

几点说明：

第一，存在动词"有"、"无"的客事 Nn 进入句法层面：

（1）须与 V 共现（1115 例，约占总数的 99%①）。"有"、"无"的客事 Nn 省略仅见 8 例，其中 4 例是在对话之中（仅见"有 1"），例如：

> 桓公曰："然则有鬼乎？"曰："有。"（《达生》）

另 4 例，② "有"、"无"前均有副词修饰，例如：

> 始无有（《庚桑楚》）
> 则万物莫不无（《秋水》）

（2）无须介词标记（1111 例，约占总数的 98%）。"有"、"无"的客事 Nn 由介词引入仅见 11 例（约占总数的 1%），例如：

> 有实而无乎处者，宇也（《庚桑楚》）成玄英疏：方物之生，谓其有实，寻责宇中，竟无来处。（第 801 页）
> 万物有乎生而莫见其根，有乎出而莫见其门（《则阳》）郭象注：唯无其生亡其出者，唯能睹其门而测其根也。（第 906 页）

（3）客事 Nn 在 V 后，移至 V 前属特例（14 例，约占总数的 1%）。有两种情况：一是宾语前置（仅见"有 1"11 例）：①否定句中，Nn 由代词"之"充任（1 例），如：

---

① 这里所说的"总数"指存在动词处在典型位置（述谓中心语）上的频率。

② 还有《秋水》1 例"知东西之相反而不可以相无"未计在内，Nc 包含 Nn，以"相"为标记。

天下未之有也（《胠箧》）

②Nn 由疑问代词"何"充任（4 例），如：

而游无何有之乡（《应帝王》）

③以助词"之"为标记（6 例），如：

则何惧之有（《天地》）

二是移至句首充当话题主语（3 例），如：

道不可有，有不可无（《则阳》）成玄英疏：夫至道不
绝，非有非无，故执有执无，二俱不可也。（p919）／祸福
无有，恶有人灾也（《庚桑楚》）按：前"有"。

（4）客事 Nn 一般由名词语充任，也有由动词语（包括形容
词语）充任者。例如：

子有杀父，臣有杀君（《庚桑楚》）
予欲有问乎若（《知北游》）
犹有未树也（《逍遥游》）
目芒然无见（《盗跖》）
而刀刃者无厚（《养生主》）

充任客事 Nn 的动词语由陈述转为指称：或相当于"V +
者"，如《庚桑楚》、《养生主》诸例；或相当于"所 + V"，如

《知北游》、《逍遥游》、《盗跖》诸例。因此，上述诸例可以作如下转换：

> 子有杀父→子有杀父者 [人有见宋王者 （《列御寇》）]
> 目芒然无见→目芒然无所见 [目无所见 （《在宥》）]

（5）客事 Nn 偶或可以由代词"之"充任（8 例），例如：

> 野语有之曰 （《秋水》） ／ 天下无之 （《在宥》）

第二，存在动词"有"、"无"的系事 Nc 是客事 Nn 存在的时空、范围、载体等。

（1）一句之中，或时空、或范围、或载体，原则上只出现一种，在 V 之前。例如：

> 北冥有鱼 （《逍遥游》） ／ 上古有大椿者 （《逍遥游》） ／ 天下无敌矣 （《说剑》）

（以上 Nc 为时空）

> 长少无序 （《渔父》） ／ 宋人有善为不龟手之药者 （《逍遥游》）

（以上 Nc 为范围）

> 故金石有声 （《天地》） ／ 故知天乐者，无天怨，无人非 （《天道》） ／ 夫道，有情有信，无为无形 （《大宗师》）

（以上 Nc 为载体）

偶尔出现两种：或载体、时间共现，或载体、空间共现。例如：

> 德人者，居无思，行无虑 （《天地》）
>
> 昔者，吾有刺于子 （《天道》）
>
> 死，无君于上，无臣于下 （《至乐》）成玄英疏：夫死者……宁有君臣上下之累乎！（第619页）

《天地》例，"德人者"为载体，"居"、"行"转指时间；《天道》例，"昔者"为时间，"吾"为载体；《至乐》例，"死"据成疏当转指载体，"上"、"下"为空间（或范围）。

载体、时间共现，均在 V 之前；载体、空间共现，载体在 V 之前，空间可在 V 之后，如《至乐》例。

载体与时间、空间共现者，我们将载体视为 Nc，而将时间 Nk、空间 Nj 视为非配价语义角色。上述 3 例，其句式描写为：

Nc + Nk + V + Nn （《天地》）／ Nk + Nc + V + Nn （《天道》）

Nc + V + Nn + PNj （《至乐》）

PNj 可以移至 V 前，介词标记同时消失，即

Nc + V + Nn + PNj→Nc + Nj + V + Nn

例如：

死，无君于上，无臣于下→死，上无君，下无臣 ［中无主（《天运》）／下有桀、跖，上有曾、史 （《在宥》）］

（2） Nc 一般由名词语充任，亦有由动词语充任者。例如：

> 且夫失性有五 （《天地》）
>
> 蹈水有道乎 （《达生》）
>
> 德人者，居无思，行无虑 （《天地》）

　　充任 Nc 的动词语由陈述转为指称：或转指载体，如《天地》之"失性"、《达生》之"蹈水"；或转指时间，如《天地》例之"居"、"行"。

　　第三，"有1"的否定形式除"无1"外，还有"无有"（16例）①。例如：

>　　天下有至乐无有哉　（《至乐》）
>
>　　无有所迎　（《知北游》）
>
>　　何适而无有道邪　（《胠箧》）

　　什么情况下用"无1"？什么情况下用"无有"？考察《庄子》，"无"充当谓语，其后总有后续词语出现，一旦"无"的后续词语不出现（或省略，或转为话题前移），则用"无有"，如《至乐》例（11例）。

　　第四，"有1"可以构成 Nc＋V1＋Nn＋V2（40例）。例如：

>　　有渔父者，下船而来　（《渔父》）
>
>　　郑有神巫曰季咸　（《应帝王》）
>
>　　昔者有鸟止于鲁郊　（《达生》）
>
>　　卫有恶人焉，曰哀骀它　（《德充符》）
>
>　　吾有不忘者存　（《田子方》）

　　"有1"处在 V1 的位置，该句式的语义重心在"有1"后的部分，"有1"则起引进、介绍作用。Nc 不出现时，Nn 是无定的，如《渔父》例之"渔父"；Nc 出现时，Nn 或是无定的，如

---

① 《庄子·徐无鬼》中尚有"非有"1例："天下非有公是也"，当属特例。

《达生》例之"鸟",或是有定的,如《应帝王》例之"神巫"。

Nn 后有时出现停顿,以语气助词"者"、"焉"为标记,以"焉"为常,如《渔父》、《德充符》例。

Nn 与 V2 的语义关系是多样的:或施事与动作的关系,如《渔父》例;或系事与客事的关系,如《应帝王》例;或当事与状态的关系,如《田子方》例;依 V2 的语义类别而定。

第五,存在动词只联系 Nc、Nn 两个配价语义角色,不与凭借、对象、原因、目标等其他语义角色相联系;反映在句法层面上,存在动词不受凭借、对象、原因、目标等状语的修饰或补充。

第六,存在动词不能构成"所"字结构、"者"字结构。

第七,"有1"、"无1"之别。

"有1"、"无1"在意义上是相对的,但在语法功能上并不完全对应。

(1)最显著的差异是"有1"可以带兼语,构成兼语句式 Nc + V1 + Nn + V2(40 例);而"无1"不可。

(2)"有1"存在宾语前置现象(11 例),见上文 1(3);而"无1"未见。

(3)"有1"在对话中可以单独成句(4 例),见上文 1(1);而"无1"未见。

三 小结

关系动词具有超强的支配客事 n 的能力,基本句式非常稳固,因而在与非配角语义角色联系上显示出极大的惰性。关系动词具有如下特征:

(1)Nn 须与 V 共现;偶见不出现者(10 例,仅见相似动

词、存在动词，不到总数的 1%），或在对话之中（仅见"有
1"），或 V 前须有副词修饰。

（2）Nn 不可移位；偶见移位者（26 例，仅见相似动词、存
在动词，不到总数的 2%），有三种情况：①宾语移至动词前
（20 例）；②移至句首，充当话题主语（3 例，仅见存在动词）；
③由介词引入，移至动词前（3 例，仅见相似动词）。

（3）Nn 直接进入句法层面，无须介词；偶见由介词引入者
（14 例，仅见相似动词、存在动词，不到总数的 1%），或仍在
动词之后（11 例，仅见存在动词），或移至动词前（3 例，仅见
相似动词，即上文③）。

（4）Nn 不由代词"之"充任；偶见由代词"之"充任者
（11 例，仅见相似动词、存在动词，不到总数的 1%）。

（5）充任 Nc、Nn 的动词语由陈述转为指称。

（6）不能构成"所"、"者"字结构。

（7）不与非配价语义角色联系；唯存在动词例外，偶与非
配价语义角色时间、处所联系（19 例，约占总数的 1%）。

综上所述，在具备关系动词典型特征方面，判断动词最为完
备，相似动词次之，存在动词更次之。其具备关系动词典型特征
的差异可以描写为：

判断动词 > 相似动词 > 存在动词

参考文献：

沈阳主编：《现代汉语配价语法研究》，北京大学出版社 1996 年版。

袁毓林等主编：《现代汉语配价语法研究（第二辑）》，北京大学出版
社 1998 年版。

沈阳主编：《配价理论与汉语语法研究》，语文出版社 2000 年版。

袁毓林：《汉语动词的配价研究》，江西教育出版社 1998 年版。

　　殷国光:《关于"〈庄子〉动词配价研究"的若干问题》,《古汉语研究》2003 年第 4 期。

　　贾建华:《〈庄子〉双向非动作动词及其相关句式研究》,硕士学位论文（打印稿）2004 年。

　　作者简介：殷国光，男，1946 年出生，中国人民大学文学院教授，主要从事古代汉语与汉语史的教学与研究。

《吕氏春秋》述宾结构的考察

殷国光

摘　要：本文以《吕氏春秋》量化的语言材料为依据，从形式和语义两个层面对述宾结构进行了界定；考察了《吕氏春秋》中的 14077 例述宾结构内部宾语的意义分类、形式特征，以及述语对宾语的选择；考察了述宾结构整体的句法功能。

关键词：吕氏春秋；述宾结构

述宾结构是古代汉语中最基本的结构之一。本文拟以《吕氏春秋》（下文简称《吕》）量化的语言材料为依据：（1）界定述宾结构；（2）考察述宾结构内部宾语的意义分类及其形式特征，以及述语对宾语的选择；（3）考察述宾结构整体的句法功能。

一　述宾结构的界定

述宾结构具有以下特征：（一）形式特征：述宾结构由述语和宾语两部分构成；充当述语的动词与充当宾语的词语直接结合；一般情况下，述语在前，宾语在后。（二）语义特征：述语往往表示动作或行为，宾语表示与这种动作或行为有联系的事物；述语与宾语之间往往具有支配关系或补充关系。①

几点说明：

（1）有些述宾结构述语与宾语之间可以插入介词。例如：

遭纣之世也。（《谨听》）→ 遭乎纣之世［遭乎治世。（《诚廉》）］②

齐王走莒。（《权勋》）→ 齐王走于莒［水出于山而走于海。（《审己》）］

昭釐侯居车上。（《处方》）→ 昭釐侯居于车上［居于车下。（《直谏》）］

我们认为，介词的有无标志着语法结构的不同，无介词是述宾结构，有介词是述补结构。

（2）述语动词后表示时间的词语，或为宾语，或为补语，需要做具体分析。请看下面的例句：

A1　用三年（《乐成》）／用刀十九年。（《精通》）
　　　故日慎一日。（《观世》）／百官慎职。（《勿躬》）
A2　择元日。（《仲春》）／颜回择菜于外。（《慎人》）
　　　以夜继日。（《先识》）／丧以继乐。（《上农》）

A1 组例句。试拿《乐成》例与《精通》例比较，就会看得很清楚，"三年"不是"用"这一动作所联系的事物，而是补充

---

① 参见朱德熙《语法讲义》，商务印书馆 1982 年版，第 15 页。

② 符号 → 表示可以变换。由于《吕》语言材料有限，为便于比较，我们依据《吕》的语言材料仿造一些格式相同的句子；凡仿造的句子，其依据均用方括号标示，附于句后。

说明"用"这一动作延续的时间，"用"后所联系的事物当是"刀"。考察《吕》，"用"后所联系的事物，无论是具体事物，如：用人、用水火、用兵、用舟、用牝等，还是抽象事物，如：用礼乐、用度量、用刑罚、用轨度等，均为动作的受事。因此，"用三年"中表示时间的词语"三年"不是宾语，而是补语，"用三年"是述补结构。《观世》例同。

　　A2 组例句。试拿《仲春》例与《慎人》例比较，"元日"并非补充说明"择"这一动作延续的时间，而是同"菜"一样，都是"择"的受事，只不过前者是选择日子（考察《吕》，尚有：择元辰、择吉日、择葬日等），后者是选择物品罢了。因此，"择元日"中表示时间的词语"元日"是宾语，"择元日"是述宾结构。《先识》例同。

　　上述两组例句表明，述语动词后、表示时间的词语，其语法地位的界定，取决于它在语义层面充当的语义角色，如果它是动作所联系的事物，则是宾语；如果它补充说明动作延续的时间，则是补语。

　　（3）述语动词后表示空间的词语，或为宾语，或为补语，亦需做具体分析。请看下面的例句：

　　B1　求之涂。（《淫辞》）按："之"代缁衣。

　　　　又斮之东闾。（《贵直》）按："之"代狐援。

　　　　攫其甑中。（《任数》）

　　B2　去郑而之许。（《异宝》）

　　　　轩冕在前。（《具备》）

　　　　齐王走莒。（《权勋》）

　　　　冬至日行远道。（《有始》）

　　B3　若以石投水。（《精谕》）

投之池中。（《必己》）

B1.组例句，述语动词都是及于他物的动作动词；动词之后受事或出现，或不出现；前者如《淫辞》、《贵直》例，后者如《任数》例。《淫辞》例中，"之"（指"缁衣"）是动作"求"的受事，"之"后表示空间的词语"涂"不是动作"求"直接联系的事物，它的作用只是补充说明动作"求"发生的空间背景；因此，"涂"不是宾语，而是补语。同样，《贵直》例中的"东间"也是补语。《任数》例，据其上下文"颜回索米，得而爨之……向者煤炱入甑中，弃食不祥，回攫而饭之"，"攫"的受事当是沾上烟尘的食物，"其甑中"亦非与动作"攫"有直接联系的事物，它也是补充说明"攫"发生的空间背景；因此，"其甑中"也不是宾语，而是补语。

B2.组例句，述语动词都是位移动词（包括零位移动词，如"在"、"居"之类）；动词之后表示空间的词语，或为位移的源点，如《异宝》中"去郑"的"郑"；或为位移的终点，如《异宝》中"之许"的"许"、《权勋》中"走莒"的"莒"；或为位移的途径，如《有始》中"行远道"的"远道"；或为零位移的空间位置，如《具备》中"在前"的"前"。考察《吕》，凡位移动词，一般总要与空间词语（或表示位移的源点，或终点，或途径）直接联系；因此，空间是位移动作不可缺少的语义角色。在句法层面，与位移动词直接联系的空间词语我们视为宾语。

B3.组例句，述语动词"投"虽然也是动作动词，但是，又与B1组例句中的动作动词有所不同。其区别在于"投"这一动作附加方向性，具有"转移"语义特征。以《精谕》为例，"投"的受事"石"通过"投"的动作，从施事者的手中转移入水。"投"除了联系受事之外，还需要联系投向的空间。此外，"投"还可以联系投掷对象，如：

> 以车投车，以人投人。（《贵卒》）

"投"后出现的"车"、"人"都是投掷对象。有时投向的空间和投掷对象之间的界限难以划清，如：

> 以水投水则散，以冰投冰则沈，以涂投涂则陷。（《论威》）

"投"后出现的"水"、"冰"、"涂"既可以理解为投向的空间"水中"、"冰上"、"涂上"，也可以理解为投掷对象。考察《吕》，表示"投掷"动作共出现18例，其中16例"投"后出现空间或对象。由此可见，空间、对象都是"投"类动词不可缺少的语义角色。在句法层面，这两类语义角色在同一个句法结构中不能共现；换句话说，这两类语义角色处在同一个句法位置上。因此，"投"类动词后出现的空间词语我们也视为宾语。

试比较《必己》例的"投之池中"与《淫辞》例的"求之涂"，就能看出这两类空间词语之间的差异。上二例虽然都可以用下面的句子格式表示：动（动作）＋之（受事）＋名（空间）；但二者的语义解释不同。《淫辞》例的意思是"在涂中寻找缁衣"，即"在某一空间做某事"，而《必己》例的意思是"把它投入池中"，即"通过某一动作，把某物转移至某一空间"。这种语义上的差异，我们用它们在句法层面上所处的句法地位不同予以解释。当然，上述句子格式之所以有不同的语义解释，其根本原因在于"投"、"求"的语义特征存在着差异："投"具有"转移"语义特征，而"求"不具有"转移"语义特征。

上述三组例句表明，述语动词后、表示空间的词语的语法地位的界定，取决于动词的语义范畴及语义特征：位移动词之后，表示位移原点、终点、途径的词语是宾语（B2）；不具有"转移"语义特征的动作动词之后，表示空间的词语是补语（B1）；具有"转移"语义特征的动作动词之后，表示空间的词语是宾语（B3）。

（4）《马氏文通》云："凡记价值、度量、里数、距度之文，皆无介字为介。"① 那么，动词之后这些表示数量的词语在句法结构中究竟是什么成分，亦需具体分析。请看下面的例句：

> A1　行三十里。（《必己》）
>
> 　　倍卫三十里。（《观表》按：倍，通"背"，离开。）
>
> 　　逊去绛七十。（《贵直》）
>
> A2　鞭荆平之坟三百。（《首时》）
>
> 　　伍子胥说之半。（《首时》，按："之"代王子光。）
>
> B1　约车十乘。（《离谓》）
>
> 　　郑子阳令官遗之粟数十秉。（《观世》）
>
> 　　乃为之桐棺三寸。（《高义》）
>
> B2　兼国十九。（《贵直》）
>
> 　　与钱百。（《报更》）

A1组《必己》例中，位移动词"行"联系的事物，即途径，没有出现，"三十里"补充说明"行"的结果（用里数表示）；《观

---

① 见《马氏文通》，商务印书馆 1983 年版，第 403 页。

表》例中，"倍"所联系的事物是"卫"，"三十里"也是用以补充说明"倍"的结果；至于《贵直》例，毕沅曰："《韩非》作'秦人来侵，去绛七十里'。"① 依毕说，"七十"下当据《韩非》补一"里"字，否则文义不足，那么，《贵直》例当与《观表》例同。A2 组《首时》前例中，充当述语的动词"鞭"联系的事物是"荆平之坟"，"三百"用以计量动作"鞭"的数量；《首时》后例中，充当述语的动词"说"联系的事物是王子光，"半"用以计量"说"的数量。从以上分析中可以看到，A 组例句中，述语动词后、表示数量的词语都不是动作所联系的事物，它们或是补充结果，或是计量动作，因此，都是补语。

B1 组例句与 B2 组例句的分别只在于述语动词后、表示数量的词语构成不同，B1 组是数量短语，B2 组是数词；但 B 组中表示数量的词语的作用是相同的，即都是用以计量与它们相邻的事物的数量，如《离谓》例中"十乘"计"车"的数量，《观世》中"数十秉"计"粟"，《高义》中"三寸"计"铜棺"的厚度，《贵直》例中"十九"计"国"，《报更》例中"百"计"钱"。B 组中表示数量的词语与动词不直接发生联系，它们并不是独立的事物，它们的出现与否，并不改变动作所联系的语义角色的数量，因此，它们都不是宾语，而是修饰语。②

（5）述语动词省略。述宾结构以述语为核心，一般不可省略。但《吕》中，偶有述语动词省略者。如：

> 人伤尧以不慈之名，舜以卑父之号，禹以贪位之意，汤武以放弑之谋，五伯以侵夺之事。（《举难》）

---

① 转引自陈奇猷《吕氏春秋校释》，学林出版社 1984 年版，第 1542 页。
② 参见殷国光《〈吕氏春秋〉词类研究》，华夏出版社 1997 年版，第 234 页。

"舜"、"禹"、"汤武"、"五伯"前均承上省略述语动词"伤"。因属特例,本文亦将其视为述宾结构,列入考察范围之内。

(6)关于带引语的"曰"字句。

考察《吕》带引语的"曰"字句,"曰"后有点断、不点断两种情况。分别举例如下:

> A. 昭王曰:"薛之地大小几何?"公孙弘对曰:"百里。"(《不侵》)
>
> 吴起号乎曰:"吾示子吾用兵也。"(《贵卒》)
>
> 平公曰:"善。"(《去私》)

A 组例句,"曰"后点断。

> B. 人曰"蚩尤作兵",蚩尤非作兵也,利其械矣。(《荡兵》)
>
> 昭王固非曰"我知圣也"耳,问曰"先生其圣乎",己因以知圣对昭王。(《审应》)
>
> 故曰"攻原得卫"者,此之谓也。(《为欲》)

B 组例句,"曰"后不点断。

有人把"曰"与其后的引语都看作述宾结构,[①] 我们认为不妥,其理由如次:(1)"曰"是说话人的动作,是直述,"曰"后的引语是转述;[②] (2)"曰"后的引语可以很长,很复杂,如

---

① 管燮初在《左传句法研究》一书中说:"谓语主要成分'曰'造成的句子,宾语可以很长,但是整句只作为一个句子。"安徽教育出版社 1994 年版,第 7 页。

② 参见邢福义《汉语复句与单句的对立和纠结》,载《语法问题思索集》,北京语言学院出版社 1995 年版,第 224 页。

《本味》篇，伊尹说汤以至味，"对曰"之后引语达六百余字，如果只是简单地把它看作句子的一个成分，把"曰"及其引语部分的六百余字看作一个述宾结构，人们在心理上很难接受；（3）简单地把"曰"后的引语看作句子的一个成分无益于《吕》述宾结构的定量研究。因此，A 组例句、B 组例句当分别对待。本文将 A 组例句中的"曰"与其后的引语视为不同层面的述说，而看作不同的小句；将 B 组例句中的"曰"与其后的引语看作述宾结构。①

（7）述宾结构的宾语有时自身又是一个述宾结构，如：

恐　伤　民。（《分职》）
— ——— 述宾
　— — 述宾

简子 可 谓 好 从 谏 矣。（《期贤》）
— ——— 　述宾
　— —— 　述宾
　　述宾
　　— — 述宾

这种述宾结构我们称之为多级述宾结构。本文统计述宾结构时，多级述宾结构按其层次分别统计。如上文《分职》例计为 2，《期贤》例计为 4。

（8）兼语式（或称递系式）中，兼语动词与兼语之间的语法关系是述宾关系。

据本文上述关于述宾结构的界定，《吕》中出现的述宾结构共计 14077 例。

---

① 参见殷国光《〈吕氏春秋〉句子的界定》，载《语言论集》第四辑，中央民族大学出版社 1999 年版。

二　宾语的意义分类及其形式特征

1. 宾语的意义分类

句法层面的宾语在语义层面充当着各种类型的语义角色，如上文所说的"受事"、"对象"、"空间"之类，宾语的意义分类的根据就是宾语指称的事物在述语动词所描写的语义场景中所充当的语义角色。

1.1　语义角色的界定

上古汉语中，与动词相联系的语义角色究竟有多少种类型？或者换句话说，上古汉语中，与动词相联系的语义角色的数量确定为多少为宜？这个问题尚需另作专门的、深入的探讨。

（1）本文确定语义角色的基本原则是：不同类型的语义角色在句法层面当或多或少地表现出某些差异；而这种差异在《吕》的语言材料中一般都能找到根据。[①]　如果两个语义角色的差异仅仅表现在语义层面上，本文将其视为同一类型。例如：凿池（分职）、穿井（察传）中的"池"、"井"，在现代汉语语义分析中一般都视为"结果"，而区别于"受事"；因为"结果"因动作而生，具有渐成性，而"受事"在动作发生之前即已存在，具有自立性。[②]　但考察《吕》，未见"凿池"、"穿井"与"杀人"在句法层面有何差异，[③]　因此，本文确定的语义角色不

---

①　当界定语义角色涉及低频词时，我们不得不扩大考察范围，参考先秦其他文献。

②　袁毓林《汉语动词的配价研究》在分析"吃了一个苹果"、"挖了一个菜窖"时说："'苹果'是受事（patient），其语义特点是自立性、变化性和受动性……'菜窖'是结果（result），其语义特点是变化性、受动性和渐成性。"江西教育出版社 1998 年版，第 116—117 页。

③　《孟子·尽心下》有"盆成括见杀"例，说明"杀 + 受事"可以通 （见下页）

包括"结果"，而将"池"、"井"归入"受事"。

（2）语义角色的界定当以义项为单位。动词在语境中的词汇意义是确定义项的基础。动词的词汇意义不同，与之联系的语义角色往往有别。例如"交"。考察《吕》，动词"交"有 3 个义项：a. 交错；b. 交往，结交；c. 特指雌雄交合 。分别举例如下：

> a. 交错。
>   壤交道属（《知化》）
> b. 交往，结交。
>   以交诸侯（《制乐》）
> c. 特指雌雄交合。
>   虎始交（《仲冬》）

一般情况下，与义项 a 联系的语义角色只有 1 个，是无生命的事物，本文视为"当事"［关于"当事"，见本节（4）］；与义项 b 联系的语义角色有 2 个，都是有生命的事物，一个是"施事"，另一个是"对象"；与义项 c 联系的语义角色按理说应该有 2 个，都是有生命的事物，即交合的雌雄双方，但在句法层面上这两个语义角色只由一个句法成分（主语）兼任，即所谓"施受同辞"［按：本文称之为"复合语义角色"，记作"施事／受

（见上页）过被动标记"见"变换为"受事＋见＋杀"的形式。但我们未将"结果"从"受事"中独立出来，除了《吕》中"动＋结果"出现频率不高之外，主要基于以下考虑：（1）《吕》中未见"见杀"形式；（2）我们不敢肯定是否所有的"动＋受事"都可以变换成"受事＋见＋动"的形式；（3）尚无充分材料证明"动＋结果"不能变换成"结果＋见＋动"的形式。

事"，见本节（5）]。① 三个义项词汇意义不同，与之联系的语义角色亦不同。一般情况下，只有义项 b 可以构成以它为述语的述宾结构，如上文《制乐》例。

但在《吕》中，义项 a 偶尔也可构成述宾结构，如：

孤与吴王接颈交臂而偾（《顺民》）

"交臂"即使臂交叉，形容肉搏之状。实现"交错"动作的是"臂"，而致使这一动作实现的是"孤"。由于义项 a 在《顺民》例中附加了"致使"这一语义特征，所以义项 a 也可以联系两个语义角色：一个是"孤"，是致使动作实现者，是"施事"；另一个是"臂"，既是致使动作的受动者，又是实现"交错"的事物，是"受事"兼"当事"。因此，"交臂"与"交诸侯"，虽然都是由动词"交"构成的述宾结构，但由于"交臂"之"交"与"交诸侯"之"交"属不同义项，所以，"臂"与"诸侯"的语义角色亦随之不同。

"交"例表明，描写动词"交"的语义角色的数量及其类型，必须以义项为单位；动词义项不同，与之相联系的语义角色的数量及其类型亦往往有别。

当然，义项的分合亦时有纠葛，人们在操作时，往往见仁见智。我们认为，确定动词的义项，除了考虑该动词在语境中的词汇意义之外，还当考虑与该动词联系的事物的种类及其数量；只有这样，才有可能最大限度地减少主观随意性。下面以动词

---

① 在先秦其他书中，交合的双方偶尔也可以在同一句子中共现，如《庄子·齐物论》中就有"麋与鹿交"句，一方（"麋"）出现在主语位置上，而另一方（"鹿"）只能靠介词引入，不能出现在宾语位置上。

"止"为例加以说明。考察《吕》，动词"止"至少当有 2 个义项：a. 停止、止息；b. 阻止、禁止。分别举例如下：

　　a. 停止、止息。

　　　　舟止。（《察今》）
　　　　疾乃止。（《制乐》）
　　　　民之贪争之心止矣。（《不屈》）
　　　　有鸟止于南方之阜。（《重言》）

　　b. 阻止、禁止。

　　　　春子止寡人。（《骄恣》）
　　　　不足以止攻。（《应同》）
　　　　吴王不能止，果伏剑而死。（《忠廉》）

　　义项 a 动作止于自身，不涉及他物，所以与义项 a 联系的语义角色只有一个（可以是无生命的事物，如《察今》例，也可以是有生命的事物，如《重言》例），本文视之为"当事"。义项 b 动作涉及他人他物，是阻止某人某事，所以与义项 b 联系的语义角色总是有两个，一个是"施事"（有生命的事物），另一个是"受事"（可以是有生命的事物，如《骄恣》例，也可以是无生命的事物，如《应同》例）。尽管义项 b 的"受事"在句法层面可以省略（如《忠廉》例），但在语义层面是必有的。因此，义项 a 不能构成述宾结构，只有义项 b 才能构成述宾结构。从上述分析中，可以看出，义项 a 与义项 b 无论是在词汇意义上，还是在其所联系的语义角色上，还是在句法层面上都存在着差异；据此，把它们分为 2 个义项是合宜的。

　　在《吕氏春秋词典》中，词条"止"下还列有义项"栖息，居住"①，书证举的是上文义项 a 中的《重言》例。试比较"栖息"与"止息"二义："栖息"与"止息"在词汇意义上没有显著差异，后者完全可以涵盖前者；"栖息"与"止息"都是动作止于自身，不涉及他物，与之联系的语义角色都只有一个；它们的区别仅在于与"栖息"义联系的语义角色只能是有生命的事物，与"止息"义联系的语义角色既可以是无生命的事物，也可以是有生命的事物，而后者恰恰又可以涵盖前者。我们把"栖息，居住"义并入义项 a，正是基于上述考虑。

　　在考察中，我们也注意到，如果仅凭词汇意义，有时义项 a 与义项 b 的界限很难划清。例如：

　　　　夫以汤止沸，沸愈不止，去其火则止矣。(《尽数》)

　　"止沸"之"止"与"沸愈不止"之"止"，它们的词汇意义并没有什么显著差异。我们把"止沸"之"止"归入义项 b，而把"沸愈不止"之"止"归入义项 a，只是根据前者涉及他物，而后者止于自身罢了。其实，历史地看，义项 b 当是从义项 a 分化出来的，不过是在义项 a 的词汇意义之上附加了"致使"语义特征而已。

　　(3) 语义角色的界定当区分词(义项)的本用与活用。

　　我们在上文分析"交"的"交错"义时指出，"交错"义附加了"致使"语义特征之后，构成的述宾结构"交臂"中，"臂"的语义角色视为"受事"兼"当事"。在分析"止"的

---

　　① 张双棣等著：《吕氏春秋词典》列了 4 个义项：(1) 停止，止息。(2) 阻止，禁止。(3) 栖息，居住。(4) 留，留下。山东教育出版社 1993 年版，第 19 页。

"阻止"义时指出，"阻止"义也不过是在"止息"义之上附加了"致使"语义特征而已。而述宾结构"止寡人"、"止攻"中的"寡人"、"攻"则视为"受事"。为什么同样是附加了"致使"语义特征，而在界定语义角色时却有如此不同呢？这是因为"交臂"中的"交"，我们视为活用，而"止寡人"、"止攻"中的"止"视为本用。① 我们认为，当某词（义项）临时活用作他类（包括词的次类）词时，其固有的词汇意义发生了临时的位移，即在其原有的词汇意义基础之上附加了某些语义特征，如"致使"、"动作"之类，由此而导致该词附加上一个临时的语义角色。至于这一临时的语义角色是单一的语义角色，还是具有双重身份，则视该词（义项）的词类（包括次类），以及附加的语义特征的类别等具体情况而定。"交臂"中的"交"在《吕》中仅出现 1 例，即属于这种情况。"止寡人"、"止攻"中的"止"，显然都可以用"使……止"来解释其义，诚如上文所述，历史地看，"阻止"义当是从"止息"义分化出来的。为什么我们没有将其视为活用呢？因为《吕》中，涉及他人他物、阻止某人某事的"止"出现了 32 例（约占"止"出现总数的47%），这表明，《吕》时代涉及他人他物的"阻止"义已经成为该词固有的词汇意义。从认知的角度看，一个动词所能激活的典型的语义场景是由该动词固有的词汇意义决定的。因此，动词"止"固有的词汇意义决定了受其支配的语义角色除了"施事"之外，还必须要有所涉及的"受事"。

　　由形容词转化的动词，其语义角色的确定亦是如此。例如"轻"与"弱"：

　　轻：轻视，看轻。

重生则轻利。(《审为》)

恣则轻小物。(《慎小》)

弱：以……为弱，这里是"欺侮"的意思。

弑其君而弱其孤。(《慎行》)

是死吾君而弱其孤也。(《悔过》)

《吕》中，"轻"作动词，共出现21例（约占"轻"出现总数的33%），义为"轻视"。"轻视"之义都可以用"以……为轻"解释，因为历史地看，"轻"的"轻视"义是由形容词"轻"的意动用法演化来的。但从《吕》的材料来看，形容词"轻"的意动用法已经固定下来，"轻视"义已经成为"轻"一词固有的词汇意义，该词汇意义自身便具有"意使"语义特征，它要求"轻"这一动作必须要有2个语义角色，一个是"轻"的"施事"，另一个是"轻"的"受事"；反映在句法层面上便是以构成述宾结构为常。① 而"弱"则不同。《吕》中，"弱"作动词，只出现上述2例（约占"弱"出现总数的7%）。这说明形容词"弱"的意动用法尚未固定下来，只是一种临时的用法；"弱"只有临时附加上"意使"语义特征之后，才可以构成述宾结构。因为有本用与活用的区别，所以，我们将"轻利"、"轻小物"中的"利"、"小物"视为"受事"，而将"弱其孤"中的"其孤"视为"受事"兼"当事"。

---

① 语义层面必有的语义角色在句法层面不一定总是出现，《吕》中动词"轻"除了构成述宾结构之外，还可以构成"相轻"、"所轻"等结构。

（4）界定语义角色当适当地引入句法层面予以校正。

关于古代汉语的述宾结构，不仅在宏观上，即界定宾语语义角色的类型和数量上存在着见仁见智的问题，而且在微观上，即分析具体的述宾结构时，其中宾语的语义角色的归类，同样也存在着见仁见智的问题。①

之所以会这样，首先，诚如上文所述，是因为语义角色的界定是语义层面的事，它以义项为单位，但义项的分合，词的本用与活用都是有待探讨的问题。在现代汉语研究中，语义角色可以分得很细，甚至分出几十种语义角色，② 那是因为现代汉语是活的语言，研究者通过内省的方式，根据自己的语感就可以分辨出其中的差异；而研究者的语感又是为使用汉语的人们所认同的。研究古代汉语则不然，研究者只能在自己对古代文献语言材料理解的基础上去归纳；而这种理解，不可避免会或多或少地带有某些主观随意性。

其次，有的语义角色之间并无分明的界限。如上文所举《论威》中的一例：

以水投水则散，以冰投冰则沈，以涂投涂则陷

"投"后出现的"水"、"冰"、"涂"既可以理解为投向的空间"水中"、"冰上"、"涂上"，也可以理解为投掷对象。它

---

① 杨伯峻、何乐士：《古汉语语法及其发展》，第 523—549 页；王克仲《古汉语动宾语义关系的分类》，载《辽宁大学学报》1989 年第 5 期；崔立斌：《〈孟子〉的述宾结构》，载《语言学论丛》第 17 辑；等都论及述宾结构中宾语的语义分类，但其分类结果各不相同。

② 参见林杏光《词汇语义和计算语言学》，语文出版社 1999 年版，第 340 页。该书云："语义角色分中枢角色和外围角色"，"外围角色由名词、代名词充当"，"外围角色分 8 大类，32 小类"。

们之间的界限是很难划清的。

　　为了减少语义角色界定中的主观随意性，我们在界定《吕》述宾结构中宾语的语义角色时适当地引入句法层面予以校正。例如"受事"与"对象"，它们都是动作关涉的事物，我们视为两种语义角色。之所以将这两种语义角色分开，其根据在于句法层面。《吕》中，有些带"转移"语义特征的动词可以同时带两个宾语，如：

　　　　我将告子其故。(《不侵》)
　　　　子与我衣。(《长利》)
　　　　秦缪公遗之女乐二八与良宰焉。(《壅塞》)

　　在句法层面上，相同的语义角色不能在同一句子中共现，即不能在同一句法结构中占据不同的语法位置。反之，在同一句法结构中共现的语法成分当分属不同的语义角色。《不侵》例中，"子"、"其故"都是"告"关涉的事物，而且它们又在同一句子中共现，因此，它们当分属不同的语义角色。"子"是告诉涉及的另一方，我们视为"对象"，"其故"是告诉的内容，则视为"受事"。

　　在区分"受事"与"对象"的具体操作中，我们还参考一条标准：即凡属动作关涉的事物，如果述宾之间隐含语义介词的则视为"对象"，反之，则视为"受事"。① 至于是否隐含语义介词，要靠句法层面予以证明。如：

----

　　① 关于"语义介词"，参见杨伯峻、何乐士《古汉语语法及其发展》、王克仲《古汉语动宾语义关系的分类》。按"语义介词"这一术语有混同语义层面与语法层面之嫌，本文临时借用这一术语，只是为分析时便于说明而已。

谏静郭君。（《知士》）→ 谏于静郭君［谏于简公。（《慎士》）］

死无道也。（《观世》）→ 为无道死［吾将为北郭子死也。（《士节》）］

亡其大夫。（《慎行》）→ 与其大夫亡［汤与伊尹盟。（《慎大》）］按：亡，通"盟"。①

"谏静郭君"等述宾结构能够实现上述变换，表明述宾之间确实隐含了语义介词。因此，"静郭君"、"无道"、"其大夫"属"对象"。

然而，我们也注意到，使用是否隐含语义介词这一标准具体操作，只能限定在一定范围。因为句法层面与语义层面毕竟是两个不同的层面，它们之间并非一一对应。一些界限清楚的语义角色内部，也存在隐含语义介词的问题。譬如下文分类列举中提到的述宾结构"之晋"、"走莒"。《吕》中，"之晋"中间不能出现介词，而"走莒"却可以变换为"走于莒"（《审己》中有"水出于山而走于海"）。在语义层面上，"之"、"走"都是表示位移的动作，"晋"、"莒"都是位移的终点，这是很清楚的；因此，尽管它们在句法层面的表现不同，我们仍把"晋"、"莒"视为同一语义角色，都归入"空间"。又如上文所举的双宾语句，其述宾之间有时也隐含着一个语义介词，即

告子其故 → 以其故告子［文公以咎犯言告雍季。（《义赏》）］

---

① 毕沅曰："'以亡'《左传昭公4年》作'以盟'。"刘师培曰："'亡'、'盟'音转。"转引自陈奇猷《吕氏春秋校释》，学林出版社1984年版，第1490页。

→ 告子以其故 ［ 告之以远。(《知接》)］

→ 告其故于子 ［ 告备于天子。(《季秋》)］

遗之女乐二八与良宰 → 以女乐二八与良宰遗

之 (《不苟》)

当然，在双宾语句中，尽管隐含语义介词，我们仍然将"对象"与"受事"视为两个语义角色。这不仅是因为"子"是告诉的对象，"其故"是告诉的内容，其间的界限是很清楚的；而且还在于"对象"宾语与"受事"宾语之前隐含的语义介词不同，"对象"宾语之前隐含的是语义介词"于"，而"受事"宾语之前隐含的是语义介词"以"。

综上所述，本文将《吕》中涉及宾语的语义角色界定为 8 类：施事、当事、受事、对象、工具、空间、系事、述事。

施事、当事、系事三个语义角色的主要区别是：施事具有使动性、感知性，或施行某个动作，造成某一事件、某一状态，或表现出某种感知能力；当事具有变化性，与某一状态或某一变化相联系；系事既无使动性、感知性，也无变化性，只是与某种关系相联系。

（5）关于复合语义角色。一个句法成分在语义层面如果兼任两种语义角色，如上文"交臂"中的"臂"、"弱其孤"中的"其孤"，都是"受事"兼"当事"（下文简称"受事/当事"），我们称之为复合语义角色。一般语法著作所说的"兼语句"中的"兼语"、"词类活用"中涉及的"使动宾语"、"意动宾语"在语义层面均为复合语义角色。

《吕》中，复合语义角色的种类列举如下：

受事/当事：干东土。(《爱类》)/人主自智而愚人。

（《知度》）

  受事/施事：尝<u>人</u>。（《上德》）／（治十人而）起<u>九人</u>。
（《察贤》）

  受事/工具：命<u>后车</u>载之。（《举难》）

  系事/当事：有<u>一县</u>后二日。（《开春》）

  系事/施事：有<u>一妇人</u>逾垣入。（《知接》）

  系事1/系事2：蹇叔有<u>子</u>曰申与视。（《悔过》）

1.2　宾语意义分类列举

根据宾语在语义层面充当的语义角色，本文把宾语分为以下
10类：

受事宾语、对象宾语、施事宾语、当事宾语、工具宾语、空
间宾语、使事宾语、意事宾语、系事宾语、述事宾语。

分别列举如下：

（1）受事宾语（8524）。

  人问<u>其故</u>。（《察今》）

  天子失<u>之</u>。（谨听）

  先见<u>其化</u>也。（《观世》）

  杀<u>子阳</u>。（《观世》）

  筑<u>高墙</u>。（《知接》）

  公不爱<u>赵</u>。（《应言》）

  重<u>生</u>则轻<u>利</u>。（《审为》）

  知<u>彼</u>知<u>己</u>。（《察微》）

  天下闻<u>之</u>。（《行论》）

受事宾语是动作直接涉及的事物，其语义角色为"受事"。

动作包括具体动作（如"问"、"杀"、"筑"）、心理活动（如"爱"、"轻"）、感知行为（如"知"、"闻"）等。述语动词与受事宾语之间一般不含语义介词。

（2）对象宾语（893）。

> 子问我。（《执一》）
> 死无道。（《观世》）
> 告仲父。（《任数》）
> 谏静郭君。（《知士》）

对象宾语是动作关涉的对象，其语义角色为"对象"。述语动词与对象宾语之间一般含有语义介词（见上文）。

（3）施事宾语（3）。

> 不容乡曲。（《行论》）
> 皆化其上。（《大乐》）
> 亡虢而虏晋。（《慎人》）

施事宾语指称的事物是动作的施事者，其语义角色为"施事"。带施事宾语的动词在意义上表示被动。"不容乡曲"的意思是，不为乡曲所容。"虏晋"的意思是，为晋所虏。

（4）当事宾语（147）。

> 春多雨则夏必旱矣。（《情欲》）
> 龙俛耳低尾而逝。（《知分》）
> 兵不接刃。（《怀宠》）
> 力则多矣，然而寡礼。（《悔过》）

当事宾语指称的事物与状态或变化相联系，其语义角色归入"当事"。如：《情欲》例中，与"多"联系的事物是"雨"，即"多"的是"雨"，而不是"春"；《知分》例中，与"俛"联系的事物是"耳"，而不是"龙"。当事宾语指称的事物在语义上往往附属于主语指称的事物。如："雨"附属于"春"，"耳"附属于"龙"，"刃"附属于"兵"。正因为当事宾语指称的事物与状态或变化相联系，所以当事宾语往往都可以变换为话题，如"春多雨"可以变换为"春雨多"，而表达的意思基本不变。

（5）工具宾语（9）。

> 蒙衣袂而绝乎寿宫。（《知接》）
> 传鼓相告。（《疑似》）
> 战而胜者，战其勇者也。（《决胜》）

工具宾语指称的事物是动作所凭借的工具、材料、方式等，其语义角色为"工具"。如《知接》例，考其上文："（桓公曰）若死者有知，我将何面目以见仲父乎？"则动作"蒙"的受事是其上文中的"面目"，"衣袂"只是蒙面所用之物。又如《决胜》例，杨树达曰："此文意谓：战而胜者，以其勇气为战者也。"[①] 依杨说，"战其勇"中的宾语"其勇"只是"战"的凭借而已。

（6）空间宾语（606）。

> 去郑之荆。（《上德》）

---

① 转引自《吕氏春秋校释》，第 455 页。

> 齐王走莒。(《权勋》)
>
> 过五鹿,如齐。(《上德》)
>
> 循表而夜涉。(《察今》)
>
> 南至北户。(《为欲》)
>
> 尸在堂上。(《贵卒》)
>
> 公子重耳居蒲。(《上德》)

空间宾语指动作发生的空间,语义角色为"空间"。带空间宾语的述语动词在语义上都具有"位移"语义特征,空间包括位移的源点(如"郑")、终点(如"荆"、"莒"、"齐"、"北户")、途径(如"五鹿"、"表")、处所("堂上"、"蒲")等。需要说明的是:(1)我们把"在"、"居"之类动词也归入位移动词,只不过其位移为零罢了。(2)位移动词之后,联系的事物是"空间",还是"对象",有时亦有纠葛。仅以"去"为例:

> 去郑之荆。(《上德》)
>
> 夫去人滋久。(《听言》)
>
> 凡鸟之举也,去骇从不骇。(《审应》,按:从,犹"往"。)

《上德》中的"去郑"指离开某一空间;《听言》中的"去人"指离开某一对象;而《审应》中的"去骇"究竟是指离开某一空间,还是指离开某一对象?那就见仁见智了。我们在具体操作中将"去"("离开"义)后存在纠葛的事物,如"骇",都归入"空间",其理由如次:①在语义层面,它们都可以归入位移的源点;②在句法层面,它们与"空间"都处在同一个句法位置上。

（7）使事宾语（472）。

> 治十人而起九人。（《察贤》）
> 鲁季氏与邱氏斗鸡。（《察微》）
> 苦之以验其志。（《论人》）
> 干东土。（《爱类》）
> 东卫之亩。（《简选》）

使事宾语指称的事物都身兼两个语义角色，或"受事/施事"，如《察贤》例中的"九人"，《察微》例中的"鸡"；或"受事/当事"，如《论人》例中的"之"，《爱类》例中的"东土"，《简选》例中的"卫之亩"。使事宾语是"受事/施事"，还是"受事/当事"，取决于述语动词的性质。如果述语动词是动词附加上"致使"语义特征，则使事宾语是"受事/施事"；如果述语动词是形容词或名词活用作动词，而附加上"致使"语义特征，则使事宾语是"受事/当事"。

（8）意事宾语（102）。

> 人主自智而愚人。（《知度》）
> 魏王辩之。（《离谓》）
> 相国将是之乎。（《应言》）
> 必不之赖。（《离俗》）高诱注：不之赖，不赖之也。
> 赖，利也。①
> 是死吾君而弱其孤也。（《悔过》）

---

①　转引自《吕氏春秋校释》，第1240页。

一般意事宾语指称的事物都身兼"受事/当事"两个语义角色，如《知度》例中的"人"、《离谓》、《应言》、《离俗》例中的"之"；偶见"受事/施事"，如《悔过》例中的"吾君"。带意事宾语的动词一般都是形容词或名词活用作动词，而附加上"意使"语义特征，前者如《知度》、《离谓》、《应言》例，后者如《离俗》例；《吕》中，偶见动词带意事宾语，如《悔过》例中的"死吾君"。

(9) 系事宾语（2042）。

系事宾语一般语法著作都分为两类：一类称"存在宾语"，一类称"类同宾语"。这两类宾语的语义角色本文都归入"系事"，故合称系事宾语。分述如下：

① 存在宾语（1194）。

> 野有寝耒。（《上农》）
> 地有九州。（《有始》）
> 马有生角。（《明理》）
> 明年无鱼。（《义赏》）

存在宾语表示事物的存在，述语动词只涉及"有"、"无"2词。"有"表示"存在"，"无"表示对"存在"的否定。需要说明的是，《吕》中的动词"有"具有"领有"、"存在"二义。表示"领有"的"有"为"有1"，其主语与宾语在语义上具有隶属关系，其宾语的语义角色归入"受事"，如"我有子弟"（乐成）。表示"存在"的"有"为"有2"，其宾语的语义角色归入"系事"。

② 类同宾语（848）。

> 吾为汝父也。（《疑似》）

名为越石父。（《观世》）

何谓九野。（《有始》）

楚之边邑曰卑梁。（《察微》）

臣不若东郭牙。（《勿躬》）

独不如牛乎。（《应言》）

类同宾语指称的事物与主语指称的事物具有某种类似或同一的关系，述语动词只是表示这种联系。或表类似，如"若"、"如"（"像，如同"义）、"似"等；或表同一，如"为"（"是"义、"叫做"义）、"曰"（"叫、称作"义）、"谓"（"叫做、称作"义）等。

（10）述事宾语（1468）。

牛不可行。（《重己》）

舜弗能为。（《贵公》）

莫不欲长生久视。（《重己》）

回何敢死。（《劝学》）

述事宾语即一般语法著作中所说的助动词的宾语。关于助动词在其与后续成分组成的结构中的地位和作用，历来众说纷纭，归纳起来，主要是两种意见：a. 谓语动词说，b. 状语说。本文采用了"谓语动词说"，将其后续成分视为宾语。助动词的宾语只能由谓词（或谓词短语）充当，因其仍具有某种陈述性，故称之为述事宾语。

各类宾语按其出现频率排序如下：

受事宾语（8524）＞系事宾语（2042）＞述事宾语（1468）＞对象宾语（893）＞空间宾语（606）＞使事宾语

（472）＞ 当事宾语（147）＞ 意事宾语（102）＞ 工具宾语（9）＞ 施事宾语（3）①

上述考察表明：《吕》中，述宾结构能容纳多种语义角色，但各种语义角色在述宾结构中的分布大不一样：其中，"受事"（包括使事宾语、意事宾语）是最主要的语义角色（约占总数的65%），而"工具"、"施事"仅仅处于萌芽状态，属特例而已。

2. 宾语的形式特征

宾语的形式特征可以从以下几个不同的角度考察：（1）宾语的性质；（2）宾语的构成；（3）宾语的位置；（4）宾语的有无；（5）双宾语。

2.1　宾语的性质

宾语根据其性质可分为真宾语、准宾语两大类。真宾语与准宾语的区别在于：真宾语与准宾语在句法层面具有不同的变换。（1）部分准宾语可以变换为介词宾语，真宾语不可。（2）部分准宾语可以变换为兼语，真宾语不可。（3）部分准宾语可以直接变换为主语，真宾语不可。（4）部分真宾语可以变换为被动句的主语，准宾语不可。分述如下：

（1）部分准宾语可以变换为介词宾语。即

述语 · （准）宾语→ 述语 · 介词 · 宾语 A
　　　　　　　　　→ 介词 · 宾语 · 述语 B

例如：

谏静郭君。（《知士》）→ 谏于静郭君〔谏于简公。

---

① 宾语的统计数字大于述宾结构的统计数字，是由于有的述宾结构中带双宾语的缘故。

（《慎士》）]

　　齐王走莒。（《权勋》）→ 齐王走于莒 [水出于山而走于海。（《审己》）]

　　投之池中。（《必己》）→ 投之于池中 [投之于江。（《忠廉》）]

　　死无道也。（《观世》）→ 死于无道 [不死于其君长，不大义也。（《离谓》）] → 为无道死 [吾将为北郭子死也。（《士节》）]

　　执而泣之。（《先识》）→ 为之泣 [造父过之而为之泣也。（《韩非子·外储说右上》）]

　　亡其大夫。（《慎行》）→ 与其大夫亡 [汤与伊尹盟。（《慎大》）] 按：亡，通"盟"。

　　蒙衣袂。（《知接》）→ 以衣袂蒙（之）[以幕蒙之。（《左传·僖公二十八年》）]

　　传鼓相告。（《疑似》）→ 以鼓传（之）[疾乎以邮传命（《上德》）]

　　不容乡曲。（《行论》）→ 不容于乡曲 [不容于耳。（《国语·周语下》）]

对象宾语、工具宾语可以实现上述 A、B 二式变换；施事宾语、空间宾语可以实现上述 A 式变换。需要说明的是：
① 少数受事宾语也可以实现上述变换。如：

　　荆人畏鬼。（《异宝》）→ 畏乎鬼 [故以众勇无畏乎孟贲矣。（《用众》）]

　　乃不知祸之将及己。（《谕大》）→ 不知乎祸之将及己 [其孰知乎圣化。（《本味》）]

授几丈。(《仲秋》)→ 授以几丈 [授以弓矢。(《仲春》)]

示必灭夏。(《慎大》)→ 示以必灭夏 [又示以人事多不义。(《先识》)]

委服告病。(《行论》)→以病告 [宋公服以病告。(《行论》)] → 告以病 [告以族。(《左传·宣公十年》)]

a. 能够实现上述变换的受事宾语，其述语动词主要是双宾动词（如《仲春》、《慎大》、《行论》诸例）；至于单宾动词则仅见表示心理活动的动词（《异宝》）、表示感知的动词（《谕大》），其所带受事宾语能够实现上述变换，但仅是特例而已。b. 双宾动词的受事宾语实现上述变换时，介词用"以"，心理动词、感知动词的受事宾语实现上述变换时，介词用"乎"或"于"。c. 双宾动词所带的受事宾语可以实现上述 A、B 二式变换；心理动词、感知动词所带的受事宾语只能实现上述 A 式变换。

② 空间宾语亦有不可实现上述变换者。如：

去郑而之许。(《异宝》) —X→ 去于郑而之于许

昭王出奔随。(《首时》) —X→ 出奔于随①

③《吕》中，A 式中出现的介词为"以"、"于"、"乎"，而 B 式中出现的介词为"以"、"与"、"为"。至于准宾语变换

---

① 我们考察了《左传》、《论语》、《国语》、《孟子》、《墨子》、《庄子》、《孙子》、《荀子》、《韩非子》、《战国策》十部先秦文献，均未见"去（离开）／之（往）／出奔 + 于 + 名词（空间）"形式。

为介词宾语选择 A 式，还是选择 B 式，主要取决于宾语的意义类型，当然，与动词的意义类型也有一定的关系。

（2）部分准宾语可以变换为兼语。即

述语·（准）宾语→（致使）·兼语·述语

　　　　　　　→（意谓）·兼语·述语

例如：

治十人而起九人。（《察贤》）→（致使）九人起［王叱而起。（《至忠》）］

鲁季氏与郈氏斗鸡。（《察微》）→（致使）鸡斗［两日相与斗。（《慎大》）］

汝道苦我。（《疑似》）→（致使）我苦［天下之民穷矣苦矣。（《慎势》）］

干东土。（《爱类》）→（致使）东土干［涂（益）干则［益］轻。（《别类》）］

故相季成。（《举难》）→（致使）季成相［公子年二十而相。（《审应》）］

人主自智而愚人。（《知度》）→（意谓）人愚［人之少也愚。（《贵公》）］

魏王辩之。（《离谓》）→（意谓）之辩［说者虽辩。（《悔过》）］

相国将是之乎。（《应言》）→（意谓）之是［辞多类非而是。（《察传》）］

弑其君而弱其孤。（《慎行》）→（意谓）其孤弱［其令强者其敌弱。（《论威》）］

使事宾语、意事宾语可以实现上述变换。按：兼语的特点是句子中一个句法成分兼具两种语义角色，从这个意义上说，使事宾语、意事宾语也是兼语。

（3）部分准宾语可以直接变换为主语。即

述语·（准）宾语 → 主语·述语

例如：

春多雨。（《情欲》）→ 雨多［军大卒多（《决胜》）］

寡礼。（《悔过》）→ 礼寡［智寡材轻（《长攻》）］

兵不接刃。（《怀宠》）→ 刃接［刃未接。（《论威》）］

龙俛耳低尾而逝。（《知分》）→ 耳俛①

当事宾语可以实现上述变换。

（4）部分真宾语可以变换为被动句的主语。即

述语·（真）宾语 → 主语·（被动）述语·（于·宾语）A

→ 主语·见·述语·（于·宾语）B

→ 主语·为（·宾语）·述语 C

例如：

秦得地。（《审应》）→ 地得［城得而地得。（《先识》）］

戮吴相。（《顺民》）→ 吴相戮［比干戮。（《必己》）］

故诛太子。（《上德》）→ 太子诛［父诛而代之。（《当务》）］

---

① 《史记太史公自序》有"迁俯首流涕"句，"俯首"可以变换成"首俯"，《史记龟策列传》中即有"首俯足肣"句。按："俯首"之"俯"与"俛耳"之"俛"义同。

秦逐李兑。(《战国策·赵四》) → 李兑逐于秦 [夫子逐于鲁。(《慎人》)]

万民说其义。(《简选》) → 其义见说于万民 [子胥见说于阖闾。(《不苟》)]

禽夫差。(《顺民》) → 夫差为禽 (《长攻》)

我有子弟。(《乐成》) → 子弟为我有 [今吾生之为我有。(《重己》)]

受事宾语可以实现上述变换。考察《吕》，受事主语句共计358 例，其中带被动标记"见"的 B 式计 19 例；带被动标记"为"的 C 式计 37 例；A 式计 302 例，其中带"于·宾语"引进施事的计 44 例。不带被动标记的受事主语句约占总数的85%。上述数字表明，受事主语句以不带被动标记为主；以不带引进施事的"于·宾语"为主。因此，可以说，受事宾语变换为受事主语时，一般不带被动标记，述语动词前后一般也不带附加成分。

综上所述，对象宾语、施事宾语、当事宾语、工具宾语、空间宾语、使事宾语、意事宾语属准宾语；受事宾语、系事宾语、述事宾语属真宾语。

2.2　宾语的构成

根据宾语的构成成分，宾语可以分为体词性宾语、谓词性宾语两大类。

(1) 谓词性宾语的界定。谓词性宾语是由谓词或谓词短语构成的，但是由谓词充当的宾语不一定都是谓词性宾语。例如：

救溺者濡，追逃者趋。(《举难》)按：《精谕》云："求鱼者濡，争兽者趋。"与此例同旨。

　　　　扶伤舆死。(《期贤》)按：毕沅曰："死与尸同。"
　　　　视折审断。(《孟秋》)按：折、断，指被折断的肢体。

（以上是动词充当宾语）

　　　　圣人去小取大。(《权勋》)按：小，指上文的"小利"、"小惠"。
　　　　赐贫穷。(《季春》)按：贫穷，指贫穷之人。
　　　　火就燥。(《应同》)按：高诱注："火就燥者先然。"

（以上是形容词充当宾语）

上述例句中的宾语都不是谓词性宾语。诚如按语中所说，充当宾语的谓词在入句后已临时转指具有该动作或该性状的事物，临时转化为体词。因此，上述例句中的宾语都是体词性宾语。

（2）谓词性宾语的性质。谓词性宾语有指称性宾语与陈述性宾语之分。可以带谓词性宾语的动词分为两类，一类是助动词，另一类是非助动词。非助动词所带的谓词性宾语是指称性宾语，助动词所带的谓词性宾语是陈述性宾语。分别举例如下：

　　A　舜言治天下。(《有度》)
　　　　宋之庖丁好解牛。(《精通》)
　　　　晋厉知必死于匠丽氏。(《禁塞》)
　　　　告我忧也。(《知分》)
　　　　马有生角。(《明理》)

如得慈亲。（《慎大》）

非好俭而恶费也。（《重己》）

不忘恭敬。（《过理》）

上述各例是指称性宾语。为什么称之为指称性宾语呢？试以"言"、"好"、"知"为例加以说明。"言"、"好"、"知"诸词充当述语既可以带谓词性宾语，又可以带体词性宾语。试比较下面的例句：

言：舜言治天下。（《有度》）

吾不复言道矣。（《悔过》）

秦客何言。（《应言》）

我言之。（《序意》）

好：宋之庖丁好解牛。（《精通》）

人主其胡可以不好士。（《爱士》）

客何好。（《战国策·齐策》）

好之则不深。（《诬徒》）

知：晋厉知必死于匠丽氏。（《禁塞》）

知一镬之味。（《察今》）

童子何知。（《左传·襄公三十年》）

不榖知之矣。（《重言》）

《应言》例中"何言"的"何"既可以代"治天下"，也可以代"道"；《序意》中"言之"的"之"同样既可以代"治天下"，也可以代"道"。这表明，处在宾语位置上的"治天下"与"道"在语义层面上当属同一语义角色，即都是"言"的受事；因此，在句法层面它们都可以用体词性代词

"何"、"之"称代。处在宾语位置上的"治天下"已不再表示具有时空特征的动作变化,而指称动作变化自身。正因为如此,我们称之为指称性宾语。同理,《精通》例"好解牛"中的"解牛",《禁塞》例"知必死于匠丽氏"中的"必死于匠丽氏"都是指称性宾语。

> B　石可破也。(《诚廉》)
> 王诚能助臣。(《忠廉》)
> 非贤者孰肯犯危。(《直谏》)
> 愿献之丈人。(《异宝》)
> 我当已。(《审己》)
> 世有兴主仁士,深意念此,亦可以痛心矣。(《禁塞》)

上述各例是陈述性宾语。诸例中充当述语的"可"、"能"、"肯"、"愿"、"当"、"足"等都是助动词。助动词在意义上或表可能,或表意愿,或表应当,或表值得,都属于情态范畴。助动词的宾语为什么称之为陈述性宾语?因为助动词的宾语都是陈述主语的。如果充当述语的助动词脱落,其宾语都可以直接和句子的主语组合,如:

> 石可破也 → 石破
> 王诚能助臣 → 王诚助臣
> 孰肯犯危 → 孰犯危
> (我)愿献之丈人 → (我)献之丈人
> 我当已 → 我已
> (兴主仁士)亦可以痛心矣 → (兴主仁士)亦痛心

变换式同原式相比，主语指称的事物与宾语中的谓词语义关系未发生变化，只是缺少了原式的某种情态，但基本上不背离原式的意思。陈述性宾语不能用"何"、"之"称代。[①]

（3）宾语的意义类型与体词性宾语、谓词性宾语的对应关系。考察《吕》，空间宾语、使事宾语、施事宾语、当事宾语、工具宾语属体词性宾语；述事宾语属谓词性宾语（陈述性宾语）；受事宾语、对象宾语、意事宾语、系事宾语兼属体词性宾语和谓词性宾语（指称性宾语）。

2.3　宾语的位置

考察《吕》，述宾结构共出现 14077 例，其中宾语在述语之后的述宾结构共出现 13881 例（约占总数的 98.6%），宾语置于述语之前的述宾结构共出现 196 例（约占总数的 1.4%）。这表明，宾语在述语之后是述宾结构的基本形式。

宾语置于述语之前是不自由的。考察《吕》，宾语置于述语之前需要符合下列条件之一：（1）疑问代词作宾语；（2）否定句代词作宾语；（3）用结构助词作标记。分述如下：

（1）疑问代词作宾语。如：

> 秦客何言？（《应言》）
>
> 虽闻曷闻？（《任数》）
>
> 请奚杀？（《必己》）
>
> 若将安适？（《壅塞》）
>
> 夫子将焉适？（《士节》）

----

① 考察《吕》，有"能之"（3）、"愿之"（5）两种形式，如：臣愿之。（《上德》）/ 唯有道者能之。（《君守》）我们认为，"愿"、"能"是助动词兼一般及物动词。上述例句中的"愿"、"能"是一般及物动词，其宾语为体词性宾语。参见殷国光《吕氏春秋词类研究》，第 149—151 页。

　　几点说明：①疑问代词充当宾语绝大多数前置，见上述诸例；只有"谁"（1）、"何"（25）二词也可以出现在述语动词之后。如：

　　　　而名为谁？（《报更》）
　　　　敌齐不尸则如何？（《不广》）
　　　　将奈社稷何？（《长见》）
　　　　王应之谓何？（《应言》）

　　"谁"、"何"只有充当系事宾语，才有可能不前置。见上述诸例。②助动词充当述语的述宾结构中，前置的疑问代词置于助动词之前。如：

　　　　公谁欲相？（《贵公》）

　　③疑问代词偶尔出现在双宾结构中，亦前置。如：

　　　　寡人将谁属国？（《贵公》）

　　④从宾语的意义类型上看，疑问代词充当宾语前置只包括受事宾语、对象宾语、空间宾语、系事宾语4类。
　　（2）否定句代词作宾语。如：

　　　　我寒而不我衣。（《不侵》）
　　　　王故尚未之知邪。（《审己》）
　　　　未之曾有也。（《顺民》）
　　　　桃李之垂于行者，莫之援也。（《下贤》）

几点说明：①否定句代词作宾语《吕》中共出现 68 例，其中代词宾语前置的 49 例，见上述诸例，后置的 19 例，如：

> 不知我。（《长见》）
> 无欺我也。（《贵因》）
> 勿败之。（《尊师》）

②代词宾语是否前置，与否定词有密切关系。"莫"、"未"所在的否定句中，代词宾语（36）均前置；"无"、"弗"、"勿"三词所在的否定句中，代词宾语（4）均后置；"不"所在的否定句中，代词宾语或前（13），或后（15），平分秋色。③助动词充当述语的否定句中，前置的代词宾语一般置于助动词之前（6），如：

> 天下莫之能禁。（《简选》）
> 莫之敢禁。（《勿躬》）
> 犹未之能得。（《介立》）

亦有置于助动词之后者（2），如：

> 天下莫敢之危。（《分职》）
> 莫肯之为。（《不苟》）

④偶尔出现的否定双宾语句中，代词宾语亦前置（2），如：

> 若受吾币而不吾假道。（《权勋》）

⑤否定句中，名词宾语亦偶有前置者（1），如：

　　不子欺。（《贵因》）

这显然是受了代词宾语前置的影响。⑥从宾语的意义类型上看，否定句代词充当宾语前置只包括受事宾语、对象宾语、系事宾语3类。

（3）用结构助词作标记。如：

　　大热在上，民清是走。（《功名》）按：清，指清凉之处。临时转类为名词。
　　唯命是听。（《行论》）
　　何敌之有矣。（《贵因》）
　　非腐鼠之谓也。（《贵生》）
　　养生之谓也。（《节丧》）
　　安死之谓也。（《节丧》）

几点说明：①标志宾语前置的结构助词只见“是”（5）、“之”（54）二词，“之”最为活跃。这与我们对先秦其他文献考察的结论是一致的。它表明，“至迟在战国中期，‘宾·是·动’句式基本衰亡，而‘宾·之·动’句式仍活跃在当时的书面语中”。[①]　②前置宾语可以由体词语充当，如《功名》至《贵生》诸例；也可以由谓词语充当，如《节丧》2例。由谓词语充当的前置宾语均为指称性宾语。③从宾语的意义类型上看，用结

[①]　参见殷国光《先秦汉语带语法标志的宾语前置句式初探》（载《语言研究》1985 年第 2 期）。

构助词作标记的前置宾语只包括受事宾语、对象宾语、空间宾语、系事宾语 4 类。

有的文章说："总体看来，先秦的动宾短语，'动 + 宾'、'宾 + 动'的语序并存。"① 对此，我们不敢苟同。因为这种笼而统之的"并存"说未能准确地反映《吕》的语言事实。从《吕》来看，"动 + 宾"是动宾短语的基本语序，这不仅反映在出现频率上，"动 + 宾"的语序占绝对优势（约占述宾结构总数的 98.6%），而且还反映在出现条件上，"动 + 宾"的语序是自由的，而"宾 + 动"的语序则受到种种语法条件的限制，是不自由的。我们认为，历时地看，《吕》中"宾 + 动"的语序或许是远古汉语语序的残余；共时地看，《吕》中"宾 + 动"的语序只是"动 + 宾"在特殊条件下的变体而已。

2.4　宾语的有无

在一定的语境中，述宾结构的宾语有的可以不出现，而有的必须出现。可以不出现的宾语有受事宾语、对象宾语、施事宾语、工具宾语、空间宾语；必须出现的宾语有当事宾语、使事宾语、意事宾语、系事宾语、述事宾语。

宾语必须出现的有两种情况：

（1）宾语的有无对句子主语、述语动词之间的语义关系产生影响。试比较下面 A、B 两组例句：

A. 春多雨。（《情欲》）　　　　　　B. 春多
　（良医）治十人而起九人。（《察贤》）　　（良医）治十人而起
　人主自智而愚人。（《知度》）　　　　　人主自智而愚

---

① 参见储泽祥《从动宾短语的演变情况看汉语句法结构的特点》一文，载《古汉语研究》1998 年第 2 期。

《情欲》例，A 句，"雨"是当事宾语，是述语"多"的当事，意思是"雨多"；B 句无宾语"雨"，则"春"为"多"的当事，意思是"春多"，宾语的有无使句意发生了明显的变化。《察贤》例，A 句，述语动词"起"具有"致使"语义特征，"九人"是使事宾语，是"起"的受事兼施事；B 句无宾语"九人"，则"起"的"致使"语义特征消失，"（良医）"为"起"的施事。《知度》例，A 句，述语动词"愚"具有"意使"语义特征，"人"是意事宾语，是"愚"的受事兼当事；B 句无宾语"人"，则"愚"的"意使"语义特征消失，"人主"成为"愚"的当事。

上述分析表明，当事宾语、使事宾语、意事宾语的有无会改变句子主语、述语动词之间的语义关系，使句义发生变化。①

（2）宾语不出现则很难成句。系事宾语、述事宾语就是属于这一类。分述如下：

① 系事宾语。请看下面的例句：

A1 吾为汝父也。（《疑似》）	B1 ×吾为
何谓九野。（《有始》）	×何谓
楚之边邑曰卑梁。（《察微》）	×楚之边邑曰
A2 其高大若山。（《安死》）	B2 ×其高大若
穗如马尾。（《审时》）	×穗如
A3 野有寝耒。（《上农》）	B3 ×野有
明年无鱼。（《义赏》）	×明年无

① 参见杨伯峻、何乐士《古汉语语法及其发展》，第 554 页。

　　A1 组例句，述语动词表示同一关系；A2 组例句，述语动词表示类似关系；A3 组例句，述语动词表示存在。考察《吕》，上述三类动词充当述语时带宾语的具体情况如下：

述语动词　描写类别	A1			A2					A3	
	为2	谓2	曰2	若	犹	似	如2	类	有2	无
充当述语频次	77	143	82	287	23	39	103	6	736	588
带宾语频次	77	143	82	281	23	22	103	6	724	588

　　统计数字表明，带系事宾语的动词充当述语时，宾语必须出现，A1 类动词尤为严格。A2、A3 类动词中，"若"、"似"、"有" 3 词的情况有些例外。"若"、"有" 的系事宾语偶尔不出现（"若" 6 例，约占总数的 2%；"有" 12 例，约占总数的 1.6%），但有条件，即述语动词前必须有副词修饰，或是否定副词［仅见"弗"（2）、"不"（1）、"无"（9）"未"（1）］，或是情状副词［仅见"相"（3）、"果"（1）、"幸"（1）］，如：

> 臣弗若也。（《赞能》）
> 臣不若也。（《赞能》）
> 茎相若。（《审时》）
> 谁国无有。（《至忠》）
> 于故记果有。（《至忠》）

　　"似" 的情况较为特殊，虽有 17 例未带宾语，但其中 13 例

是用于比喻的凝固格式"有似于此",如:

> 乱世之乐有似于此。(《大乐》)

系事以补语的形式出现,这恐怕是当时的习惯用法;另 4 例述语动词前必须有副词"相"(4)修饰,如:

> 豕与亥相似。(《察传》)

②述事宾语。助动词充当述语的句子必须带宾语,请看下表:

助动词 描写 类别	可1	能1	得1	足	愿1	欲1	敢	忍1	当1	宜	肯	可以	足以
充当述语频率	437	347	132	75	32	221	90	11	8	9	34	147	10
带宾语频率	434	347	132	75	32	220	90	9	8	9	29	147	10

几点说明:

a."可"、"能"、"得"、"愿"、"欲"、"忍"、"当"诸词均为动词兼助动词:①

可 1,助动词,表示可能。／可 2,动词,表示赞同或许可。②

能 1,助动词,表示可能。／能 2,动词,能做。

---

① 关于助动词的界定,参见殷国光《吕氏春秋词类研究》,第 149—151 页。

② 《吕》中,"可"还有义项"合宜,适合",为形容词。可以单独作谓语,亦可活用作动词。如:"去其'荆'而可矣。"(《贵公》)/"令圆,则可不可,善不善,无所壅矣。"(《圜道》)按:可不可,使不可为可。使动用法。/"说淫,则可不可而然不然。"(《正名》)按:可不可,以不可为可。意动用法。

得1，助动词，表示可能。／得2，动词，得到。／得3，动词，得当。

愿1，助动词，表示意愿。／愿2，动词，希望，愿意做。

欲1，助动词，表示意愿、应当。／欲2，动词，想得到。

忍1，助动词，表示意愿。／忍2，动词，忍受。／忍3，动词，残害。

当1，助动词，表示必要。／当2，动词，相当。／当3，动词，面对。／当4……

凡动词义项，或可以独用，或可以带体词性宾语。如：

"臣请伏于陛下以伺候之……"公曰："可。"（《制乐》）可2，表示许可。

唯有道者能之。（《君守》）能2，能做。

荆人得之。（《贵公》）得2，得到。／审所以为，则轻重得矣。（《审为》）得3，得当。

臣愿之。（《上德》）愿2，愿意做。

非弗欲也。（《骄恣》）／非不欲审也。（《慎势》）欲2，想得到。

父子相忍。（《明理》）忍3，残害。

星一徙当一年。（《制乐》）当2，相当。／军相当，六月而不战。（《处方》）当3，面对。

b. 表示意愿的"忍1"、"肯"，其宾语有时可以不出现。（7）如：

以父行法，不忍。（《高义》）

王赦之而不肯。（《高义》）

2.5   双宾语

述宾结构中，述语动词一般只带一个宾语，少数动词可以带两个宾语。前者称之为单宾结构，后者称之为双宾结构。双宾结构中的双宾语在语义上一般不指称同一对象，① 在结构上没有组合关系。举例如下：

Aa   秦缪公遗之女乐二八与良宰焉。(《壅塞》)
　　　我将告子其故。(《不侵》)
Ab   告我忧也。(《知分》)
　　　示民无私。(《慎大》)
B   负之斧质。(《慎行》)
　　　郄宛欲饮令尹酒。(《慎行》)
　　　注之东海。(《古乐》)
C   太史谒之天子。(《孟春》)
　　　问之鲁鄙人。(《君守》)
　　　献之惠王。(《淫辞》)
　　　投之池中。(《必己》)

《吕》中，双宾结构共出现 189 例，其中 A 组 110 例，B 组 16 例，C 组 45 例。另有特殊双宾结构 18 例。

几点说明：

（1）双宾语的语义类型。双宾语的语义类型与双宾动词的语义特征有着密切关系。考察《吕》，双宾动词一般都具有"转移"的语义特征；所谓"转移"，必须联系三个事物：（甲）转移的施事、（乙）转移的对象（或空间）、（丙）转移的受事。

---

① 《听言》："谓之天子。""之"与"天子"指称同一对象，属特殊的双宾语。

（乙）和（丙）可以在述语动词后共现，从而构成双宾结构。因此，对象宾语和受事宾语（见 A 组、C 组例句）、空间宾语和受事宾语（见 C 组例句）、使事宾语和受事宾语、使事宾语和空间宾语（见 B 组例句）可以在双宾结构中共现。此外，不具有"转移"特征的双宾动词构成的双宾结构中，对象宾语和系事宾语亦可共现，只是属于特例而已，见下文（5）。

（2）双宾语的位置。双宾语的位置与宾语的语义类型有密切关系。如果双宾语是对象宾语和受事宾语，则有两种语序，或受事宾语在后（A 组），或受事宾语在前（C 组），以受事宾语在后为常。受事宾语在前受到很大限制，只能由代词"之"充当。如果双宾语中有一个是使事宾语，则只有一种语序，即使事宾语在前（B 组）。如果双宾语中有一个是空间宾语，也只有一种语序，即空间宾语在后（C 组）。

（3）双宾语的构成。对象宾语、空间宾语、使事宾语只能由体词语充当，受事宾语的构成取决于位置及双宾动词。诚如上文所述，如果受事宾语在前，只能由代词"之"充当，鲜有例外;① 如果受事宾语在后，可以由体词语充当（Aa 组），也可以由谓词语充当（Ab 组），取决于双宾动词的小类。

（4）双宾语的变换。双宾语的变换与宾语的意义类型有关。只有对象宾语、受事宾语可以实现下述变换：

述语・宾 1・宾 2 → 述语・宾 1・以宾 2　A1

　　　　　　→ 以宾 2・述语・宾 1　A2

　　　　　　→ 述语・宾 1・于宾 2　B

受事宾语可以实现 A 式变换，对象宾语可以实现 B 式变

---

① 《吕》中仅见 2 例受事宾语在前而未用代词"之"者：徙宅西河。（《音初》）／加纲旐。（《慎势》）

换。如:

　　　　秦缪公遗之女乐二八与良宰焉。(《壅塞》)

　　　　→遗之以女乐二八与良宰［遗之以璧马。(《韩非子·喻老》)］

　　　　→缪公以女乐二八与良宰遗之。(《不苟》)

　　　　告我忧也。(《知分》)

　　　　→告我以忧［告之以远。(《知接》)］

　　　　→以忧告我［文公以咎犯言告雍季。(《义赏》)］

　　　　→告忧于我［告备于天子。(《季秋》)］

　　　　问之鲁鄙人。(《君守》)

　　　　→问之于鲁鄙人［宋君令人问之于丁氏。(《察传》)］

　　需要说明的是,《吕》中的双宾结构能够实现上述变换的只是少数,这一方面固然是由于语言材料的限制,而另一方面当与双宾动词内部的差异有关。[①]

　　(5) 特殊的双宾结构(18)。

　　　　①餘若夫何哉。(《劝学》)

　　　　　将奈社稷何。(《长见》)

　　其特殊之处在于:述语动词"若"、"奈"不具备明显的"转移"语义特征;直接宾语固定为"何";无"述语动词+宾(对象)"的形式;无一般双宾结构上述各种变换形式。

---

　　①　参见殷国光《先秦汉语的双宾动词》,载《语言论集》第三辑,文化艺术出版社1989年版,第181—207页。

②谓之天子。（《听言》）

　俗虽谓之穷。（《高义》）

其特殊之处在于：述语动词"谓"不具备明显的"转移"语义特征；双宾语在语义上指称同一对象；无"述语动词＋宾（对象）"的形式；无一般双宾结构上述各种变换形式。

2.6　宾语的意义分类及其形式特征对应情况一览表

	宾语的性质		宾语的构成			可前置	宾语的有无		双宾语
	真宾语	准宾语	体词性	谓词性			可无	必有	
				指称	陈述				
受事宾语	＋		＋	＋		＋	＋		＋
对象宾语		＋	＋	＋		＋	＋		＋
施事宾语		＋	＋	＋			＋		
当事宾语		＋	＋				＋		
工具宾语		＋	＋				＋		
空间宾语		＋	＋			＋	＋		＋
使事宾语		＋	＋					＋	（＋）
意事宾语		＋	＋	＋				＋	
系事宾语	＋		＋	＋				＋	（＋）
述事宾语	＋				＋			＋	

三　述语动词对宾语的选择

述语动词的语义特征不同，其所联系的语义角色亦有差异。这种差异反映在句法层面上，即表现为述语对宾语的选择上。

1. 动词的语义特征

1.1 语义特征是指对词语的意义进行分解后得到的抽象性和概括性的范畴意义。语义特征包含着一个个具体的语义特征要素，这些要素的作用范围有大有小，具有一种层次性。范围大的语义特征决定动词（义项）的大类，范围小的语义特征决定动词（义项）的小类。本文按语义特征的不同将《吕》中的动词分为四个大类：动作动词、状态动词、关系动词和情态动词。

动作动词，表示的是人或事物的动作、行为本身的形式。这里的"动作"是一种广义的概念，指的是该类动词具有动态性质。既包括人或事物的具体动作行为，也包括人的心理、感知、情绪、思想以及言语等有关的抽象动作行为；既包括人或事物自主发出的动作，也包括人或事物在非自主的情况下发出的动作行为。

动作动词表示的动作，有的及于他物，有的止于自身，据此可将动词分为及物、不及物两类。

动作动词内部除了一般动作动词之外，还包含三个特殊的小类：具有"致使"语义特征的动作动词（如"使2"、"请2"等兼语动词）、具有"位移"语义特征的动作动词（如"走"、"之"等）和具有"转移"语义特征的动作动词（如"与"、"告"等双宾动词）。

指称事物、表示性状的他类词临时转类表示动作，亦归入动作动词。

状态动词，表示某种静止的或持续的状态。指称事物、表示性状的他类词临时转类表示性状的变化，亦归入状态动词。

关系动词，表示参与者之间的存在关系或类同关系。指称事物的他类词临时转类表示类同关系，亦归入关系动词。

情态动词，表示参与者主观的愿望态度或事件的可能性、可行性及必要性。按："情态动词"即上文所说的"助动词"。

1.2 一般地说，动词的语义特征是由动词的词义所决定的，是动词自身所固有的。但在《吕》中，有的语义特征可以临时附加在动词（包括由他类词临时转类的动词）之上，从而导致该词语义、语法功能的变化。

例如"死"。"死"本是非自主的行为，是瞬间完成的动作，如："糜草死。"（《孟夏》）在语义层面上"死"只联系一个语义角色，即"施事"，在句法层面上不带宾语。但"死"有时又可临时附加上"自主"语义特征，从而成为自主的行为，如："吾将死之。"（《恃君》）"死之"即为之而死的意思。附加上"自主"语义特征的"死"在语义层面上必须联系两个语义角色，即"施事"和"对象"；在句法层面上带一个宾语。此外，"死"还可临时附加上"意使"语义特征，如："是死吾君而弱其孤也。"（《悔过》）"死吾君"即认为吾君已死的意思，是述宾结构。其中附加上"意使"语义特征的"死"自然是自主行为，联系"施事"和"受事/施事"两个语义角色。同一动词附加的语义特征不同，语义角色的类型亦有差异。

又如"负"。"负"是以背驮物的动作，联系两个语义角色，即"施事"和"受事"，只带一个宾语，如："黄龙负舟。"（《知分》）但"负"可临时附加上"致使"语义特征，从而使"负"联系三个语义角色，带双宾语，如："（荆灵王）得庆封，负之斧质。"（《慎行》）"荆灵王"为"施事"，"斧质"为"受事"，"之"（代"庆封"）为"受事/施事"。

再如"带"。"带"是佩带的动作，联系二个语义角色，即

"施事"和"受事",只带一个宾语,如:"(静郭君)带其剑。"(《知士》)在《吕》中,"带"可临时附加上"转移"语义特征,从而使"带"联系三个语义角色,即"施事"、"对象"和"受事",如:"乃礼天子所御,带以弓韣,授以弓矢。"(《仲春》)"带以弓韣"中,"施事"即有司,在语境中省略,"对象"即"天子所御",亦承上文省略,"受事"即"弓韣"。在句法层面上,没有"转移"语义特征的"带其剑"不能变换为"带以其剑",而附加上"转移"语义特征的"带弓韣"可以变换为"带以弓韣"。

1.3　语义层面与句法层面的对应是相对的。仅以双宾动词和双宾结构为例。诚如上文所说,双宾动词一般都具有"转移"的语义特征,双宾结构的语义可以解释为:甲方发出动作,致使事物丙由甲方转移至乙方,或由乙方转移至甲方。前者我们称之为外向转移;后者我们称之为内向转移。"授予"义动词、"告示"义动词属于外向转移,"取得"义动词、"闻问"义动词属于内向转移。外向转移动词既可以构成 A 式双宾结构(A 组),也可以构成 C 式双宾结构(C 组);内向转移动词只构成 C 式双宾结构(唯"夺"一词例外)。这些都反映出语义层面与语法层面相对应的一面。

然而,具有"转移"语义特征的动词未必都是双宾动词,例如"卖"、"馈"、"让"等诸词,在《吕》中都只带一个宾语;而某些不具有"转移"特征的动词,如"若"、"谓"等,却可以带双宾语。此外,同是表示外向转移的双宾动词有的只构成 A 式双宾结构,如"与"("与我衣"),有的只构成 C 式双宾结构,如"献"("献之惠王")。再如上文提及的"夺",虽属内向转移动词,但只构成 A 式双宾结构("夺之国")。这些又反映出语义层面与句法层面非对应的一面。

2. 述语动词对宾语的选择。请看下表：

动词语义特征／宾语语义类型	动作动词					状态	关系	情态
	及物				不及物			
	一般及物	致使	位移	转移				
受事宾语	+			+				
对象宾语	+			+	（+）			
施事宾语	+							
当事宾语						+		
工具宾语	+							
空间宾语			+	+				
使事宾语	+	+		+	（+）	（+）		
意事宾语					（+）	（+）	（+）	
系事宾语							+	
述事宾语								+

　　[附加上临时语义特征的动词所带的宾语类型用（　）标示]

　　关于上表的几点说明：

　　（1）动作动词最为活跃，可以带受事宾语、对象宾语、施事宾语、工具宾语、空间宾语、使事宾语、意事宾语等各种类型宾语；状态动词次之，可以带当事宾语、使事宾语、意事宾语；关系动词更次之，可以带系事宾语、意事宾语；情态动词最不活跃，只带述事宾语。

　　（2）"致使"语义特征较为活跃，可以附加在及物动作动词、不及物动作动词、临时转类的动词、状态动词之上，而使该类动词带使事宾语；"意使"语义特征一般只附加在由他类词临时转类的动词之上。

（3）由他类词临时转类的动词所带宾语类型与其原来的词类有关。由名词临时转类的动词一般带受事宾语、对象宾语，如：

> 吾举登也，已耳而目之矣。……是耳目人终无已也。（《知度》）按：受事宾语。
>
> 代君好色，请以其（弟）姊妻之。（《长攻》）按：对象宾语。
>
> 三士羽翼之也。（《举难》）按：受事宾语。

也可带意事宾语，如：

> 必不之赖。（《离俗》）

偶尔带使事宾语，如：

> 东卫之亩。（《简选》）

由数词临时转类的动词只带使事宾语，《吕》中仅见"参"、"倍" 2 词，如：

> 每斲者以吾参夫二子者乎。（《贵直》）按：参，使并列为三。
>
> 今吾倍所以为偏枯之药。（《别类》）

由形容词临时转类的动词既可带使事宾语，也可带意事宾语，是自由的。如：

> 薄赋敛。(《原乱》)
> 干东土。(《爱类》)

(以上带使事宾语)

> 当时而薄之。(《任地》)
> 人主自智而愚人。(《知度》)

(以上带意事宾语)
偶尔带对象宾语，《吕》中仅见"巧"一词：

> 多诈则巧法令。(《上农》)

(4) 关系动词中表示存在的"有"亦可带兼语，构成兼语句，如：

> 有一妇人逾垣入。(《知接》)

"一妇人"的语义角色为"系事/施事"。

四　述宾结构的句法功能

1. 充当句法成分

述宾结构最基本的句法功能是充当谓语（约占总数的88％，例见上文），此外，还可以充当宾语、定语、主语、状语等句法

成分。分别举例如下:

1.1　充当宾语。例如:

禁止伐木。(《孟春》)

请见宣王。(《知士》)

舜言治天下。(《有度》)

宋之庖丁好解牛。(《精通》)

伯乐学相马。(《精通》)

不若审之。(《贵生》)

是谓发天地之房。(《仲冬》)

可以托天下。(《贵生》)

欲禁天下之食。(《用兵》)

(以上充当动词宾语)

此生於得圣人。(《劝学》)

故适心之务在於胜理。(《适音》)

杜赫说周昭文君以安天下。(《谕大》)

客有以吹籁见越王者。(《遇合》)

务在乎明其火振其树而已。(《期贤》)

(以上充当介词宾语)

几点说明:

(1)带不同意义类型宾语的述宾结构充当宾语的差异。《吕》中,述宾结构充当宾语共计 1013 例,带不同意义类型宾语的述宾结构充当宾语的情况按其出现频率排序如下:

述 + 受事宾语(792,约占总数的 78%) > 述 + 系事宾语

（95，约占9%）＞ 述＋对象宾语（44，约占4%）＞ 述＋使事
宾语（44，约占4%）＞ 述＋空间宾语（17，约占2%）＞
述＋述事宾语（12，约占1%）＞ 述＋当事宾语（7，不到
1%）＞述＋意事宾语（2，不到1%）＞ 述＋工具宾语（0）／
述＋ 施事宾语（0）

　　上述序列表明：带受事宾语的述宾结构充当宾语的能力相对来
说最强；其次是带系事宾语、对象宾语、使事宾语、空间宾语的述
宾结构；至于带述事宾语、当事宾语、意事宾语的述宾结构充当宾
语对述语都有特殊的选择（见附表1），可视为特例；处于萌芽状态
的，带工具宾语或施事宾语的述宾结构不能充当宾语。

附表1

　带不同语义类型宾语的述宾结构充当宾语对述语动词的选择一览表

带不同语义类型宾语的述宾结构 \ 述语动词及介词的类型	情态动词	动作动词	关系动词	介词		
				於	以	乎
述＋受事宾语	477	199	79	28	8	1
述＋系事宾语	68	13	10	2	1	1
述＋对象宾语	27	10	2	2	3	0
述＋述事宾语	0	7	2	3	0	0
述＋意事宾语	1	0	0	0	1	0
述＋使事宾语	35	5	0	1	2	1
述＋空间宾语	9	4	3	0	0	1
述＋当事宾语	2	0	0	5	0	0
述＋施事宾语	0	0	0	0	0	0
述＋工具宾语	0	0	0	0	0	0

　　（2）述宾结构充当宾语的位置。

　　述宾结构充当宾语，其位置亦在述语之后；在述语之前者仅
17例（约占总数的2%），属特例。述宾结构充当宾语，其位置
在述语之前者分两种情况：

① 用结构助词作标记（5）。如：

养生之谓也。（《节丧》）
全生之谓。（《节丧》）

充当述语的动词仅"谓"一词，前置者为充当宾语的整个述宾结构。如《节丧》例中的"养生"。

② 不用结构助词作标记（12）。如：

公谁欲相？（《贵公》）
是何能为？（《先识》）
人莫之能解。（《君守》）
莫之敢禁。（《勿躬》）

充当述语的动词均为情态动词（仅见"欲"、"能"、"敢"3 词），前置者仅为充当宾语的述宾结构中的代词宾语而已。① 如《贵公》中的"谁"，《先识》中的"何"，《君守》中的"之"。

（3）述宾结构充当宾语对述语的选择。

述宾结构充当宾语，不言而喻，其述语动词必须是能带谓词性宾语的动词。本文在 3.1.1 节中按语义特征的不同将《吕》中的动词分为四个大类：动作动词、状态动词、关系动词和情态动词。这四类动词，除状态动词外，都可以带谓词性宾语。当然，这只是一个笼统的说法，因为动作动词，据其语

---

① 前置的代词宾语也可置于述语之后，如：莫肯之为。（《不苟》）／天下莫敢之危。（《分职》）就《吕》的语言材料来看，文中所举"莫之敢禁"当属基本形式，而"莫敢之危"当属特例。

义特征还可以分出许多次类，而有一些次类是不能带谓词性宾语的。例如"位移动词"、"致使动词"等。上述三类可以带谓词性宾语的动词，根据其在《吕》中带述宾结构宾语的出现频率排序如下：

情态动词（619）＞动作动词（238）＞关系动词（96）。

带不同语义类型宾语的述宾结构充当宾语，对述语动词的选择存在着差异，其具体情况见附表1。

（4）述宾结构充当宾语对介词的选择。

《吕》中，述宾结构充当介词宾语共出现60例；带述宾结构宾语的介词仅见"於"、"以"、"乎"3词，其中以"於"为主（41），其次是"以"（15）、"乎"（4）。

带不同语义类型宾语的述宾结构充当宾语对介词的选择亦有差异，见附表1。

（5）诚如2.2.2节中所说，由谓词充当的宾语不一定都是谓词性宾语；同理，由述宾结构充当的宾语也偶有临时转指事物的。例如：

死无道，逆也。（《观世》）

守无道而救不义。（《禁塞》）

是息有道而伐有义也。（《振乱》）

上述例句中的"无道"、"有道"、"有义"分别转指"无道之君"、"有道之君（国）"、"有义之君（国）"。

1.2　充当主语。例如：

立官者，以全生也。（《本生》）

全生为上。（《贵生》）

可胜在彼。(《决胜》)

死之可矣。(《上德》)

知人固不易矣。(《任数》)

夫去人滋久。(《听言》)

让国,大实也。(《不屈》)

执民之命,重任也。(《行论》)

礼士莫高乎节欲。(《下贤》)

所谓全生者,六欲皆得其宜也。(《贵生》)

用民有纪有纲。(《用民》)

务乐有术。(《大乐》)

几点说明:

(1)按主语与谓语的语义关系分析,主语的语义类型大致可分为四类,即施事主语、受事主语、存在主语和主题主语。①《吕》中,述宾结构充当主语共出现 90 例,按其语义类型,基本上都是主题主语(82),见上文《本生》至《贵生》后例;只有少数是存在主语(8),见上文《用民》、《大乐》例。

(2)述宾结构充当主语,其谓语虽然以谓词性的(包括动词或动词短语、形容词、数词、谓词性指示代词)为主(73),但也可以是体词性的(7),如上文《不屈》、《行论》例,还可以是小句(10),如上文的《下贤》、《贵生》后例。

带不同语义类型宾语的述宾结构充当主语对谓语的选择存在着差异,其具体情况见附表2。

---

① 参见杨伯峻、何乐士《古汉语语法及其发展》,第 758—770 页。

附表 2

带不同语义类型宾语的述宾结构充当主语对谓语的选择一览表

谓语的类别 带不同语义类型 宾语的述宾结构	谓语性的				形容词	数词	代词*然	体词性的	小句
	动词或动词短语								
	动作	状态	关系	情态					
述 + 受事宾语	8	0	18	6	19	0	2	6	6
述 + 系事宾语	0	2	0	0	0	1	0	0	0
述 + 对象宾语	0	0	1	1	1	0	0	1	2
述 + 述事宾语	0	2	0	0	0	0	0	0	2
述 + 意事宾语	0	0	0	0	0	0	0	0	0
述 + 使事宾语	0	1	1	1	0	0	0	0	0
述 + 空间宾语	0	0	0	0	5	0	0	0	0
述 + 当事宾语	0	0	0	0	4	0	0	0	0
述 + 施事宾语	0	0	0	0	0	0	0	0	0
述 + 工具宾语	0	0	0	0	0	0	0	0	0

（3）述宾结构充当主语，其位置在谓语之前；但偶有在谓语之后者（2）：

> 命也夫事君。（《执一》）
> 易哉为君。（《任数》）

仅见于感叹句；谓语及其句末语气词前移只是为了加重语气，以表达强烈的情感。

（4）由述宾结构充当的主语也偶有临时转指事物的。例如：

> 今无道不义存。（《振乱》）／无道与不义者存。（《禁塞》）／若是三。（《任数》）／如此者三。（《忠廉》）／如此者再。（《直谏》）

　　试比较上述两组例句，显然，《振乱》例中的"无道"转指"无道者"；《任数》例中的"若是"转指"若是者"。

　　（5）述宾结构充当主语，其前面有时出现标记。《吕》中，主语前的标记或用副词"凡"（10）、"唯"（1），或用语气词"夫"（5）。例如：

> 凡事人，以为利也。（《离谓》）
>
> 凡行赏，欲其博也。（《不苟》）
>
> 凡为善难。（《审分》）
>
> 唯得其道为可。（《用民》）
>
> 夫得圣人，岂有里数哉。（《赞能》）

1.3　充当定语。例如：

> 此全性之道也。（《本生》）
>
> 欲钟之心胜也。（《权勋》）
>
> 墨子设守宋之备。（《爱类》）
>
> 去食粟之鸟。（《慎小》）
>
> 此无君之患。（《恃君》）
>
> 哭国之法斫。（《贵直》）
>
> 尧有欲谏之鼓。（《自知》）
>
> 舜以卑父之号。（《举难》）

　　《吕》中，述宾结构充当定语共出现119例，均须借助虚词"之"；唯中心语为名词"故"例外。例如：

> 由重生故也。（《本生》）

不知要故也。(《当染》)

此生乎不知乐之情而以侈为务故也。(《侈乐》)

考察《吕》,这种情况共出现 8 例,均出现在表明判断、说明原因的句子中,句末均有"也"作为标记。[1]

带不同语义类型宾语的述宾结构充当定语存在着差异,例如带"系事宾语"中的"类同宾语"的述宾结构,带"意事宾语"、"施事宾语"、"工具宾语"的述宾结构,均未见充当定语。其具体情况见附表 3。

附表 3

带不同语义类型宾语的述宾结构充当定语、主语一览表

带不同语义类型宾语的述宾结构 ＼ 充当定语、主语	充当定语		充当主语
	借助虚词"之"	直接充当定语	
述 + 受事宾语	83	6	65
述 + 系事宾语	21	2	3
述 + 对象宾语	5	0	6
述 + 述事宾语	6	0	4
述 + 意事宾语	0	0	0
述 + 使事宾语	3	0	3
述 + 空间宾语	1	0	5
述 + 当事宾语	2	0	4
述 + 施事宾语	0	0	0
述 + 工具宾语	0	0	0

1.4 充当状语。例如:

---

[1]　考察先秦其他书,名词"故"的多音节修饰语亦很少借助虚词"之",与《吕》相同。详见拙文《〈吕氏春秋〉不含"之"的体词性向心结构的考察》,注释 7。

　　奈何其假之道也。（《权勋》）

　　若何其沈於酒也。（《达郁》）

　　若何而服四荒之外。（《知度》）

　　功若此其大也。（《开春》）①

　　说如此其无方也。（《必己》）

　　《吕》中，述宾结构充当状语只是个别现象。我们之所以这样说，一是述宾结构充当状语出现频率极低，只有 18 例，只占述宾结构总数的 0.1% 左右；二是充当状语的述宾结构仅见"奈何"、"若何"、"若此"、"如此"四种凝固格式；三是"奈何"等充当状语并不是自由的，须借助虚词"其"（14）或"而"（4）。

　　1.5　述宾结构充当句法成分一览表。

句子成分 频率统计	谓语	宾语	主语	定语	状语	补语
出现频率	12375	1013	90	119	18	0
占总数的百分比（%）	88	7	0.6	0.8	0.1	0

　　（按：上表中，述宾结构构成"者"字结构、"所"字结构未计在内）

　　统计数字表明：述宾结构充当谓语是其最基本、最主要的语法功能；其次是充当宾语；述宾结构极少充当主语、定语；至于

----

　　① 　关于此类句子的句法结构，语法学界尚有不同的看法；本文采用了周法高先生的观点，参见《中国古代语法·造句编（上）》第三节"副语"。

充当状语则是个别现象；述宾结构不能充当补语。

2. 构成"者"字结构、"所"字结构

2.1　构成"者"字结构。例如：

> 杀人者死。(《去私》)
>
> 丈人智惑於似其子者。(《疑似》)
>
> 无骨者不可令知冰。(《任数》)
>
> 凡有角者无上齿。(《博志》)
>
> 杀其不能鸣者。(《必己》)
>
> 卑师者不听。(《劝学》)
>
> 生之者地也。(《审时》)
>
> 如秦者立而至。(《贵因》)
>
> 教寡人者众矣。(《审为》)

《吕》中，述宾结构构成"者"字结构共出现 425 例。述宾结构构成"者"字结构基本上是自由的，除了尚处于萌芽状态的带"施事宾语"、"工具宾语"的述宾结构之外，带其他语义类型宾语的述宾结构都可以构成"者"字结构。述宾结构构成的"者"字结构或指称动作的发出者，如《去私》、《必己》、《贵因》诸例；或指称具有某一特征的事物，如《任数》、《博志》例；其语义所指取决于述语动词的语义特征。

2.2　直接构成"所"字结构。例如：

> 不知其所受之。(《用众》)
>
> 有所匿其力也。(《审分》)
>
> 人之所乘船者。(《壹行》)

　　　　吾无所用之。(《高义》)

　　("述语＋受事宾语"构成的"所"字结构)

　　　　此寡人所欲闻也。(《顺说》)
　　　　非而细人所能识也。(《慎势》)

　　("述语＋述事宾语"构成的"所"字结构)

　　　　贱所有馀。(《离俗》)

　　("述语＋系事宾语"构成的"所"字结构)
　　几点说明:
　　(1)述宾结构直接构成"所"字结构是不自由的:
①《吕》中,仅见37例,不到述宾结构总数的0.3%,出现频率极低;②十类述宾结构中,仅见带"受事"(16)、"述事"(17)、"系事"(4)三类宾语的述宾结构直接构成"所"字结构;③带"述事宾语"的述宾结构直接构成"所"字结构,其述事宾语只能是单音节动词,前后无附加成分(17),如《顺说》、《慎势》例中的"闻"、"识";直接构成"所"字结构的、带"系事宾语"的述宾结构仅见"有馀"(4)。
　　(2)述宾结构直接构成的"所"字结构,其语义所指亦取决于宾语的语义类型:①宾语如果是"述事宾语","所"字结构指称动作的受事。如《顺说》例中"所欲闻"指称"闻"的受事。②宾语如果是"系事宾语","所"字结构指称具有某一特征的事物,与"者"字结构指称相同。请看下面的例句:

　　　　荆所有馀者地也，所不足者民也。今君王以所不足益所
　　有馀。（贵卒）

　　"所有馀"义同"有馀者"，指称"地"。③宾语如果是"受
事宾语"，"所"字结构一般指称与动作相关的对象、凭借、原
因等（13），见上文《用众》、《审分》、《壹行》诸例，该"所"
字结构在语义上可以理解为在"所"与述宾结构之间隐含着一
个语义介词。如《用众》例"不知其所受之"的意思是"不知
从谁那里接受了它"，"所受之"可以理解为"所自受之"或
"所从受之"；同样，《审分》、《壹行》例中的"所匿其力"、
"所乘船"可以理解为"所以匿其力"、"所以乘船"。但也有特
殊情况（3），列举如下：

　　　　所被攻者不乐。（《精通》）
　　　　若慈亲孝子者之所不辞为也。（《节丧》）
　　　　君之所予位禄者，鹤也。（《忠廉》）

　　《精通》例中"所被攻"即指"被攻者"，"所"字结构指
称"攻"的受事；《节丧》例中"所不辞为"指称"为"的受
事；之所以这样，是由于这两例中述宾结构的宾语都是由动作动
词充当的缘故。也正因为在这一点上与"述事宾语"相当，故
而其所指亦相同。《忠廉》例"所予位禄"指称"予"的对象。
此例与上文《用众》例虽然都是指称动作的对象，但二者有别。
《用众》例可以理解为隐含着一个语义介词，此例不可；这是由
于两句中述语动词的语法功能不同。"予"具有"转移"的语义
特征，可以带双宾语，如："王予之朱方。"（《慎行》）而"受"
只能带一个宾语。

3. 带非介词结构补语

3.1　非介词结构补语的语义类型。

《吕》中，述宾结构带非介词结构补语共出现 75 例（约占总数的 0.5%），按其语义可分为时间补语（38）、处所补语（22）、工具补语（5）、度量补语（5）、对象补语（1）、施事补语（1）、动量补语（3）。分别举例如下：

> 用刀十九年。（《精通》）
> 伊尹奔夏三年。（《慎大》）
> 狐援出而哭国三日。（《贵直》）
> 先立春三日。（《孟春》）

（以上为时间补语）

> 无用火南方。（《仲夏》）
> 或遇之山中。（《介立》）

（以上为处所补语）

> 射之矢。（《忠廉》）①
> 买之五羊之皮。（《慎人》）

（以上为工具补语）

---

① 今有"射箭"一语，但考察先秦文献未见"射矢"，因而"矢"不是"射"的宾语。

去鲁国五十里而封之。(《贵信》)

追北千里。(《首时》)

(以上为度量补语)

无益我者也。(《观世》)

(以上为对象补语)

无使太公之社盖之屏。(《贵直》)①

(以上为施事补语)

鞭荆平之坟三百。(《首时》)

伍子胥说之半。(《首时》)按:"之"代王子光。

所以求之万也。(《察贤》)高诱注:故人多求之也。②

(以上为动量补语)

统计数字表明:(1)述宾结构一般不能带非介词结构补语;(2)述宾结构所带的非介词结构补语以时间补语、处所补语为主,至于其余类型的补语,由于其出现频率极低,均

---

① 此例上文云:"殷之鼎陈於周之廷,其社盖於周之屏……亡国之社不得见於天,亡国之器陈於廷,所以为戒……其无使齐之大吕陈之廷,无使太公之社盖之屏。"综观上文,"盖之屏"当理解为"盖之於屏","盖"用于被动,"之"复指"太公之社",意思是"被屏遮盖上"。

② 转引自陈奇猷《吕氏春秋校释》,第1442页。

当视为特例。

3.2 充当非介词结构补语的词语类别。

充当非介词结构补语的词语类别仅见名词语（67）、数量短语（5）、数词（3）三类。其中名词语充当补语的能力相对来说最强，不仅出现频率高（约占89%），而且可以充当"时间"、"处所"、"工具"、"对象"、"施事"各类补语；数量短语只充当"度量"补语；数词只充当"动量"补语。

3.3 带非介词结构补语的述宾结构的语义类型。

只有带"受事"、"对象"、"空间"、"系事"四类宾语的述宾结构才可以带非介词结构补语。

"述+受事宾语"带"时间"补语，见上文《精通》例；带"处所"补语，见《仲夏》例；带"工具"补语，见《忠廉》例；带"度量"补语，见《首时》前例；带"施事"补语，见《贵直》例；带"动量"补语，见《首时》后2例。

"述+对象宾语"带"时间"补语，见上文《贵直》例；带"处所"补语，见《介立》例。

"述+系事宾语"只带"对象"补语，见上文《观世》例。

"述+空间宾语"带"时间"补语，见上文《慎大》例；带"度量"补语，见《贵信》例。

上述四类述宾结构带非介词结构补语的能力存在差异，具体情况请看下表：

带非介词结构补语的述宾结构，其带补语的能力可以描写为：

述+受事宾语 > 述+对象宾语 > 述+空间宾语 > 述+系事宾语。

补语的语义类型 述宾结构 的语义类型	时间	处所	工具	度量	对象	施事	动量
述＋受事宾语	22	21	5	1	0	1	3
述＋对象宾语	7	1	0	0	0	0	0
述＋系事宾语	0	0	0	0	1	0	0
述＋空间宾语	9	0	0	4	0	0	0

4. 关于多级述宾结构

4.1　多级述宾结构的界说。本文在第 1 节曾经提到，述宾结构的宾语有时自身又是一个述宾结构，这种述宾结构我们称之为多级述宾结构。例如：

简子 可 谓 好 从 谏 矣。（《期贤》）
－ —————— 述宾（第一层）
　－ ———— 述宾（第二层）
　　－ —— 述宾（第三层）
　　　－ － 述宾（第四层）

上述分析，是以述语动词为核心逐层切分的；多级述宾结构的层级取决于该述宾结构切分的层次，如《期贤》例中，"可谓好从谏"共切分出四层述宾结构，即为四级述宾结构。为便于说明多级述宾结构中各层述语动词的位置及其特点，本文按照述语动词构成的述宾结构中所含的层次将其定级。如《期贤》例中，"可"构成的述宾结构中包含四层述宾结构，本文称之为 ＜4＞级述语动词，"谓"构成的述宾结构中包含三层述宾结构，则称之为 ＜3＞级述语动词，以次类推，"好"为 ＜2＞级述语动词，"从"为 ＜1＞级述语动词。

4.2　多级述宾结构列举。考察《吕》，多级述宾结构共计出现 905 例（按：这里统计的数字指的是独立的多级述宾结构，凡包含在其他述宾结构中的述宾结构，如包含在四级述宾结构中的三级述宾结构，未单独计算），约占述宾结构总数的 6%。举例如下：

> 宋之庖丁好解牛。(《精通》)
> 伯乐学相马。(《精通》)
> 禁止伐木。(《孟春》)
> 富人请赎之。(《离谓》)
> 我不言伐莒。(《重言》)
> 命封黄帝之后於铸。(《慎大》)
> 不若审之。(《贵生》)
> 何谓去害。(《尽数》)
> 类有人。(《序意》)
> 可以托天下。(《贵生》)
> 臣不敢哭师也。(《悔过》)
> 丑不若黄帝。(《贵公》)

（以上为二级述宾结构）

> 晏子可谓知命矣。(《知分》)
> 可谓能听矣。(《谨听》)
> 焉得为利剑。(《别类》)
> 君恐不得为臣。(《不侵》)

（以上为三级述宾结构）

李悝可谓能谏其君矣。（《骄恣》）

文公可谓知求欲矣。（《为欲》）

简子可谓好从谏矣。（《期贤》）

患在知能害人。（《骄恣》）

（以上为四级述宾结构）

关于多级述宾结构的几点说明：

（1）《吕》中，多级述宾结构最多为四级。其中，二级述宾结构是基本形式，共出现 858 例，约占多级述宾结构总数的 95%；三级述宾结构（28 例）、四级述宾结构（19 例）出现频率很低，属于特例。

（2）多级述宾结构各级的述语动词必须是可以带谓词性宾语的谓宾动词，而状态动词不能带谓词性宾语，因此，状态动词不能构成多级述宾结构；其他各类动词构成多级述宾结构的具体情况，请看下表：

动词的类别 述语 动词的级数	动作动词	状态动词	关系动词		情态动词
			存 在	类 同	
<2>级述语动词	225	0	2	88	590
<3>级述语动词	4	0	0	18	25
<4>级述语动词	1	0	0	0	18

统计数字表明：构成多级述宾结构，情态动词能力最强，动作动词、关系动词次之。

需要指出的是，情态动词、动作动词、关系动词构成二级以上的述宾结构都是不自由的，只是特例而已。①构成二级以上的述宾结构的情态动词仅见"可"一词；而且是凝固的"可谓"格式，如上文《期贤》例。考察《吕》，情态动词构成二级以上的述宾结构共43例，而"可谓"格式即有40例便是证明。关系动词不能构成四级述宾结构，也不能构成独立的三级述宾结构。表中18例<3>级述语动词均为"谓"一词，而且全部出现在凝固的"可谓"格式中。至于动作动词虽然可以构成独立的四级述宾结构，见上文《骄恣》例，① 以及独立的三级述宾结构，见上文《不侵》例；但一是频率极低，二是该多级述宾结构中必须含有情态动词，如《骄恣》例中的"能"，《不侵》例中的"得"，可见也是有严格限制的。②情态动词、动作动词、关系动词构成二级以上述宾结构，无论是<3>级述语动词，还是<4>级述语动词之前都不能有任何附加成分（仅1例例外，见《不侵》例，<3>级述语动词之前出现否定副词"不"）。

（3）独立的多级述宾结构的句法功能。《吕》中，独立的多级述宾结构在句中只充当谓语（约占总数的94％，例见上文），唯3例二级述宾结构例外。列举如下：

　　　　夫欲定一世……其势不厌尊。（《慎势》）
　　　　夫去害务与不能去害务，此贤不肖之所以分也。（《博志》）
　　　　若夫欲利人之心，不可以加矣。（《长利》）

　　《慎势》、《博志》例中，"欲定一世"、"不能去害务"在句中充当主语，以"夫"为标记；《长利》例中"欲利人"充当

---

　　① 《骄恣》例中的"在"非表"存在"的关系动词，而是指出所在，相当于"在于"，本文归入动作动词。

定语，以"之"为标记。

此外，二级述宾结构也可以构成"者"字结构（49）。如：

> 善用兵者。（《决胜》）
> 不能为君者。（《当染》）

二级述宾结构构成的"者"字结构在语义上只指称动作的发出者。

二级述宾结构不能直接构成"所"字结构，偶见借助"以"构成"所"字结构者（5）。如：

> 句践之所以能报其雠也。（《乐成》）
> 此史定所以得行其邪也。（《去宥》）

该"所"字结构在语义上只指称原因。

以焦点理论重新分析《孟子》中的
"吾""我"之别

华建光

提　要：上古汉语"吾""我"存在何种区别，前人多从格位角度来考察，只是偶尔提到两者的语义—语用之别。本文旨在用焦点理论来重新分析《孟子》中的"吾""我"，逐一比较考察两者在各种格位上作焦点的能力差异，以及相应的语音—语义差别。本文认为：《孟子》时代，"我""吾"的格位分工格局已经基本瓦解，两者主要是"焦点/非焦点"之别。

关键词：孟子；吾；我；格位；焦点

引　言

1. 前人研究综述

自马建忠（1898）① 之后，格位研究成为寻找"吾""我"区别的最主要视角，"'吾'作宾语很受限制"也基本成为共

---

① 《马氏文通》（1898：43）云："'吾'用于主次、偏次者为常，至外动之宾次，唯弗辞之句则间用焉，以其先乎动字也。若介字后宾次，用者仅矣。'我''予'两字，凡次皆用焉。"

识。①而诸家所关注的问题则主要有以下三个，即（1）"吾"作宾语限制到底有多大；（2）"吾""我"是否还存在其他格位对立②；（3）位于同一格位时，"吾""我"是否还有其他差异。

对前两个问题，黄盛璋（1963）、贾则复（1981）对先秦诸书的统计，已经给予了回答，即（1）"吾"主要是不能作句尾宾语③；（2）先秦时，"吾""我"在作主语和定语上已经不存在严格的格位对立。至于第三个问题，学者们虽先后提出了一些看法，但解释力都不强，如：胡适（1922）、山崎直树（1993）、杉田泰史（1993）等④。

---

① 马氏之后，时有文章否认"吾""我"的格位差异，如：高名凯（1948）、洪诚（1962）、金守拙（1956）。但这些文章都无法解释"吾""我"在作宾语上的对立。金守拙（1956）试图撇开"变格"问题，完全从"位"角度来重新分析"吾""我"。其文认为：（1）该字能否作词句语尾取决于其声调，平声则可，仄声则否。（2）"我"为仄声，故"我"间或可作词句语尾，后面可以有停顿，是重读（stressed）；"吾"为平声，故"吾"不能作词句语尾，后面不能有停顿，为非重读（unstressed）。周法高（1956）对金氏第二点很赞同，对第一点则进行了驳斥，可供参考。

② 前人对这一问题给出了四种答案，如下表所示：

代表性文章或著作	宾语	主语	定语
马建忠（1898）	我	我/吾	我/吾
高本汉（1929）	我	吾	吾
胡适（1922）	我	吾	我/吾
王力（1958）	我	我/吾	吾

③ 贾文统计《论语》、《左传》、《庄子》，发现21例"吾"作宾语的句子，其中：作前置宾语16例，后置宾语5例。黄文则统计先秦19部文献，只发现1例"吾"作句尾宾语的句子。

④ 胡适（1922）提出：（1）"我"有时用作主语，"以示故为区别或故为郑重之词"；（2）作定语时，"吾"表单数为常，"我"表复数为常。第一点实际上是吸纳了赵惪《四书笺义》"就己而言则曰吾，因人而言则曰我"的说法。胡适将赵说局限于解释作主语的"我"，这有很大的人为色彩，贾则复（1981）对此已有驳斥。第二点则不符合《论语》实际的语言事实，详见廖礼平（1991）。山崎直树（1993）、杉田泰史（1993）的观点，本文拟在1.2节着重进行分析和检验，此不赘述。

2. 本文的研究方法及研究任务

2.1　研究方法。前人研究出现分歧的一个主要原因就是材料的不同质性。因此，本文将采取专书研究的方法来考察"吾""我"，即以《孟子》为专书，以《论语》为参照语料①。此外，前人已发现"我"作主语和定语时有"强调自我""加强语气"的特点。而"强调"与"焦点"多有相通之处，因此本文将尝试运用焦点理论来分析"吾""我"之别。

2.2　研究任务。本文的研究任务主要有三，即（1）详细描写"吾""我"的格位差异；（2）以《孟》检验杉田泰史（1993）、山崎直树（1993）的结论；（3）尝试运用焦点理论来寻找位于同一格位上"吾""我"的差异，并将这一发现应用于解释"吾""我"存在对立的格位上，以求突破格位限制，对"吾""我"差别作出统一性和整体性的解释。

3. 本文所用的术语

本文涉及的术语有主位、述位、焦点、对比焦点、常规焦点、常规配位、非常规配位等。这些术语的定义主要依据张伯江、方梅（1996）。下面仅作一简要介绍。

3.1　主位/述位。主位表达的是说话者认为次要的信息，是表述的出发点，一般是旧信息；述位表达的是说话者认为重要的

---

① 以下简称《孟》、《论》。《孟》依杨伯峻《孟子译注》，中华书局 1960 年版，例句标记方法是：M + 篇次 + 则次。《论》依杨伯峻《论语译注》（中华书局 1958 年版），标记方法是：L + 篇次 + 则次。只标"篇次 + 则次"者出自《孟子》。此外，《孟》引《尚书》、《诗经》、夏谚等的句子，均不列入统计范围，如："《诗》云：'戎狄是膺，荆舒是惩，则莫我敢承。'"（《孟子》6.9）"有孺子歌曰：'沧浪之水清兮，可以濯吾缨；沧浪之水浊兮，可以濯吾足。'"（《孟子》7.8）

信息，是表述的核心，一般是新信息。主位和述位之间有停顿，有时还有表示停顿的句中语气词。一般是主位在前，述位在后①。如：

　　彼，丈夫也；我，丈夫也。(《孟子》5.1)（主位：彼、我；述位：丈夫)

3.2　焦点/常规焦点/对比焦点。焦点是说话者重点强调的信息，可分为常规焦点和对比焦点。常规焦点一般位于句末，以常规重音标识；对比焦点则是说话者采取对比方式来凸显重要信息，以对比重音来标识。如：

　　今日我疾作，不可以执弓，吾死矣夫。(《孟子》8.24)（常规焦点：死)
　　吾于子思则师之矣，吾于颜般则友之矣。（《孟子》10.3)（对比焦点：子思、颜般；师之、友之)

3.3　常规配位句/非常规配位句。常规配列句的焦点是常规焦点；非常规配列句则含有对比焦点。本文认为上古汉语中宾语（O）和动词（V）的配位有常规与非常规之别。在肯定句中，"V+O"是常规配位，常规焦点是宾语。在否定句和问句中，"O+V"是常规配位，其中：否定句的焦点是动词，问句的焦点则是疑问代词。如：

____

①　有时述位会整体或局部移至主位之前，那是为了突出前置部分的焦点特征。如："甚矣，吾衰也。"（《论语》7.5)

吾何修而可以比于先王观也。(《孟子》.4)(焦点：何)

诸侯之礼，吾未之学也。(《孟子》5.2)(焦点：学)①

《孟》"吾""我"的格位差别

1."吾""我"的格位②比较

1.1 《孟》中"吾""我"在各格位上的比率③情况如下表所示：

表1   《孟》中"吾""我"的格位比较

格位 \ 频次/比率	吾	我
主语	73（0.54）	62（0.46）
定语	42（0.63）	25（0.37）
宾语	0（0.00）	40（1.00）
兼语	0（0.00）	6（1.00）
表语	0（0.00）	4（1.00）
总计	115（0.46）	137（0.54）

为比较方便，下面列出《论》中"吾""我"在各格位上的比率情况，如下表：

---

① 宾语"之"复指话题"诸侯之礼"，只有回指作用，没有什么信息含量，所以是非重要信息。又对比下文"虽然，吾尝闻之矣"，可确定焦点是"学"。

② 本文所用"格位"概念，比较宽泛，实际上就是指句法位置。

③ 在某格位上，"吾"的比率＝"吾"的频次／("吾"的频次＋"我"的频次)，"我"的比率亦如此计算。因为《孟》中"吾""我"总次数的比率是"0.46：0.54"，所以，当在某格位上"吾"的比率＞0.45，就可认为"吾"在该格位上出现的可能性比较大些。"我"的判断方式仿此。

表 2 　　　　　　　《论》中"吾""我"的格位比较

格位 频次/比率	吾	我
主语	92 （0.85）	16 （0.15）
定语	16 （0.80）	4 （0.20）
宾语	3 （0.11）	24 （0.89）
兼语	0 （0.00）	1 （1.00）
表语	0 （0.00）	1 （1.00）
总计	112① （0.46）	46 （0.54）

1.2 　根据上面两表，可以作出以下四点判断，即：

（1）在宾语位置上，"我"占绝对优势，"吾"则一般不能处于这个格位。《孟》中100%选用"我"，《论》80%的情况是选用"我"。

（2）在兼语和表语位置上，"我"也占绝对优势，"吾"为0例。

（3）在主语位置上，"吾"较占优势：《论》中"吾"的比率＝0.85＞0.71，《孟》中"吾"的比率＝0.54＞0.46。但从绝对数量上看，"我"作主语的频次也很高：《论》16次，《孟》62次。因此，"我"在作主语上不存在严格的格位限制。

（4）在定语位置上，"吾"较占优势：《论》中"吾"的比率＝0.80＞0.71，《孟》中"吾"的比率＝0.64＞0.46。但从绝对数量上看，《论》"我"作定语4次，而《孟》则高达24次。因此，《论》中"我"作定语的格位限制还比较严格，而《孟》中则已经松弛。

---

① "吾"有1例是和后面的名词性成分构成同位关系，即："夫子欲之，吾二臣者皆不欲也。"（《论语》16.1）

2. 以《孟》检验杉田泰史（1993）、山崎直树（1993）的观点

2.1　杉田泰史（1993）以《论》为专书，以"述语的语义"来分化作主语的"吾""我"，指出：如果是［＋积极］述语，则用"吾"；如果是［＋消极］述语，则用"我"。但《论》、《孟》中有很多"吾""我"作主语，但述语却完全相同的句子。这些例子足以否定杉田的观点。比如：

> 我未见力不足者。（《论语》4.6）
> 吾未见刚者。（《论语》5.11）
> 我欲仁，斯仁至矣。（《论语》7.30）
> 我不欲人之加诸我也，吾亦欲无加
> 诸人。（《论语》5.12）
> 我明告子。（《孟子》6.6）
> 吾明告子：天子之地方千里，不千里，
> 不足以待诸侯。（《孟子》12.8）
> 不知足而为屦，我知其不为蒉也。（《孟子》11.7）
> 吾今而后知杀人亲之重也。（《孟子》14.7）
> 我不识能至否乎。（《孟子》4.2）
> 吾何以识其不才而舍之。（《孟子》2.7）

2.2　山崎直树（1993）以《左传》为专书，以语气来分化作主语的"吾""我"，指出："吾"作主语，通常出现在否定句、疑问句、"其"字句[①]等带有非现实性语气的句子，"我"作主语则

---

① 山崎所言的"其"字句是表"命令、疑问、反语、意愿、不久的将来"等的句子。《论》、《孟》中，这种"其"字句很罕见，所以以下表中不作专门统计。

没有明确的标志。

　　山崎的这一观点，与以下两点语言事实不合。首先，《孟》表明"吾""我"作主语只是一定程度上和语气有关：疑问句和"未"字句倾向于用"吾"，"非"字句则用"我"，而"不"字句对"吾""我"的选择则没有明显的倾向性。如下表所示①：

表 3　　　　《孟》否定句、疑问句中主语"吾""我"的比较

格位　　　　频次/比率	吾	我
"未"字句	9（0.90＞0.46）	1②（0.10＜0.54）
"不"字句	8（0.37＜0.46）	14（0.63＞0.54）
"非"字句③	0（0.00＜0.46）	3④（1.00＞0.54）
疑问句	11（0.85＞0.46）	2（0.15＜0.54）

　　其次，"已完成态"是典型的现实语气，而在《论》、《孟》中有些已完成时态的句子却反而完全倾向于选"吾"作主语，

---

①　《论》的情况和《孟》有所差异。如下表：

语气　　　　频次/比率	吾	我
"未"字句	8（0.73＞0.71）	3（0.27＜0.29）
"不"字句	16（0.89＞0.71）	2（0.11＜0.29）
"非"字句	0（0.00＜0.71）	2（1.00＞0.29）
疑问句	7（1.00＞0.71）	0（0.00＜0.29）

②　这1例为："舜为法于天下，可传于后世，我由未免为乡人也，是则可忧也。"（《孟子》8.28）
③　山崎未统计"非"字句。所谓的"未"字句、"不"字句，就是指述语受"未""不"修饰的句子。"非"字句，则指判断句表语部分含"非"的句子。
④　这3例如下："非我也，岁也。"（《孟子》1.3）"非我也，兵也。"（《孟子》1.3）"我，非爱其财而易之以羊也。"（《孟子》1.7）

如完成态的"闻"字句①。这刚好和山崎的结论相反。如下表：

表4   《论》、《孟》"闻"字句中主语"吾""我"的比较

专书 / 频次/比率	吾	我
《论》	6 (0.90 > 0.71)	0 (0.00 < 0.29)
《孟》	15 (0.37 > 0.46)	0 (0.00 < 0.54)

山崎同时也提出区别定语"吾""我"的方法，即"吾"作定语，或者是谈到说话人自己或说话人个人所有物的时候，或者是对与自己属于同一集团的听话人谈到该集团所有物的时候；"我"作定语则是对与自己属于不同集团的听话人谈到说话人所在集团所有物的时候②。

《孟》中同样有很多反例可以驳斥该观点。首先以《孟子》1.7③为例。如果认定梁惠王与孟子分属不同集团，那么按照山崎的观点，对话中双方都应该用"我"来作定语，而不能用"吾"。可原文却刚好相反，"吾"作定语6次，而"我"却是0次。

下面一例中，说者听者之间现实的社会关系并没有改变，而上句是"吾"作定语，下句却是"我"作定语。这更能说明：定语选"吾"还是"我"，这和说者听者之间现实的社会关系没

---

① "闻"字句是述语动词为"闻"的句子，这些句子不都是完成态，有部分是未完成态和将来时。

② 这一论断实际上基于以下经验性判断："吾""我"的选用受制于说者与听者之间实际存在的社会关系。这一经验判断如果确实成立，那它的作用就不能仅仅限于分析定语位置上"吾""我"，而应该可用来分析其他各种格位上的"吾""我"。山崎将这一经验判断的作用范围限制在分析定语上，这有很大的人为色彩。

③ 限于篇幅，兹不引录。详见杨伯峻《孟子译注》，第14—17页。

有必然联系。

　　鲁君之宋，呼于垤泽之门。守者曰："此非吾君也，何其声之似我君也？"（《孟子》13.36）

《孟》中"吾""我"主要是"焦点/非焦点"之别

　　本文认为，《孟》中"吾""我"主要差别是"焦点/非焦点"之别。这种差别反映在语音形式上就是"重音/非重音"、"后有停顿/后不能有停顿"的差别，反映在语义和感情色彩上就是"自别、自信、自美"与"自谦、平和、亲昵"的差别。本文下面将按照句法位置来逐一证明"我""吾"之间的这一区别。

1. 作主语时

　　当说者为了强调话题时，话题才会成为焦点。这种焦点属于对比焦点，可暂称为话题焦点。根据类型学的研究成果，话题焦点会带有对比重音①。本文下面主要考察可以根据形式确定常规焦点或对比焦点位置的句子。

　　1.1　可以确定对比焦点位置的句子。

　　（1）"我"作主语有 19 例可以根据形式确定含有对比焦点。这些句子中的对比焦点都落在"我"上。如下：

　　　　尔为尔，我为我（《孟子》3.9）[2 次，又见（《孟子》

---

　　① 《孟》中话题焦点的确定，主要是根据句子成分对比或句子间的对比来确定。其他焦点则还可以根据焦点敏感算子来确定，如"夫"、"也"、"独"等。

10.1)] 彼以其爵，我以吾义（《孟子》4.2）彼以其富，我以吾仁（《孟子》4.2）彼以其爵，我以吾义（《孟子》4.2）吾闻之也：有官守者，不得其职则去；有言责者，不得其言则去。我无官守，我无言责也（《孟子》4.2）彼，丈夫也；我，丈夫也（《孟子》5.1）舜，人也；我，亦人也（《孟子》8.28）舜为法於天下，可传於后世，我由未免为乡人也（《孟子》8.28）以位，则子，君也；我，臣也（《孟子》10.7）彼长而我长之，非有长於我也（11.4）犹彼白而我白之，从其白於外也，故谓之外也（《孟子》11.4）夫我乃行之，反而求之，不得吾心（《孟子》1.7）舜，人也；我，亦人也（《孟子》8.28）此莫非王事，我独贤劳也（《孟子》9.4）我亦欲正人心……（《孟子》6.9）我，非爱其财而易之以羊也（《孟子》1.7）我，非尧、舜之道，不敢以陈于王前（《孟子》4.2）

(2)"吾"作主语有16例可以根据形式确定含有对比焦点。这些句子中的对比焦点主要落在述语上，而都不落在"吾"上。其中大都是"闻"字句。如下：

自反而不缩，虽褐宽博，吾不惴焉；自反而缩，虽千万人，吾往矣（《孟子》3.2）于齐国之士，吾必以仲子为巨擘焉（《孟子》6.10）诸侯之礼，吾未之学也。虽然，吾尝闻之矣（《孟子》5.2）吾他日未尝学问，好驰马试剑。今也父兄百官不我足也（《孟子》5.2）吾闻用夏变夷者，未闻变于夷者也（《孟子》5.4）吾闻出于幽谷迁於乔木者，未闻下乔木而入于幽谷者（《孟子》5.4）吾为之范我驰驱，终日不获一；为之诡遇，一朝而获十（《孟子》6.1）不失

其身而能事其亲者，吾闻之矣；失其身而能事其亲者，吾未
之闻也（《孟子》7.19）舜往于田，则吾既得闻命矣。号泣
于旻天，于父母，则吾不知也（《孟子》9.1）吾未闻枉己
而正人者也，况辱己以正天下者乎（《孟子》9.7）吾闻其
以尧、舜之道要汤，未闻以割烹也（《孟子》9.7）吾於子
思则师之矣。吾於颜般则友之矣（《孟子》10.3）

（3）比较上面两组句子可以发现：对比焦点落在主语上
时，主语只能用"我"；落在其他句子成分上时，主语则只能
用"吾"。这表明："我"作主语实际上是出于特殊的语用目
的。

1.2　可以确定常规焦点位置的句子。

（1）含疑问代词"何"的反问句。这类反问句共 10 例，常
规焦点在述语上。其中 7 例的主语是"吾"，只 3 例是"我"。
"吾"作主语的 7 例中，4 例是"何 + VP + 哉"格式，1 例是
"如 + NP + 何 + 哉"格式。如下：

彼以其富，我以吾仁；彼以其爵，我以吾义。吾何慊乎
哉（《孟子》4.2）彼，丈夫也；我，丈夫也。吾何畏彼哉
（《孟子》5.1）在彼者皆我所不为也，在我者皆古之制也。
吾何畏彼哉（《孟子》14.34）吾何为不豫哉（《孟子》
4.13）吾如有萌焉何哉（《孟子》11.9）

其余 5 例"何"字反问句，均在（《孟子》9.7），其中
"吾"2 例，"我"3 例。下面将该则相关部分引录如下：

伊尹耕于有莘之野，而乐尧、舜之道焉。非其义也，非

其道也，禄之以天下弗顾也，系马千驷弗视也。非其义也，非其道也，一介不以与人，一介不以取诸人。汤使人以币聘之，嚣嚣然曰："我^{1}何以汤之聘币为哉？我^{2}岂若处畎亩之中，由是以乐尧、舜之道哉？"汤三使往聘之，既而幡然改曰："与我处畎亩之中，由是以乐尧、舜之道，吾^{1}岂若使是君为尧、舜之君哉？吾^{2}岂若使是民为尧、舜之民哉？吾^{3}岂若於吾身亲见之哉？天之生此民也，使先知觉后知，使先觉觉后觉。予，天民之先觉者也，予将以斯道觉斯民也，非予觉之而谁也？"（《孟子》9.7）

　　案，汤第一次聘伊尹时，伊尹呈现出的是一种"自清、自得、自乐"的隐者品格，所以在回答汤的使者时，嚣嚣然（闲暇貌）地用"我"（我^1、我^2）作主语来强调自己的这种价值选择。而当汤三使人聘请时，伊尹则已经幡然改变了自己的价值选择，以先觉者自居，以先觉来觉后觉。这时伊尹不再强调自己的独立品格，而是强调自己新的价值取向——"觉后觉"。所以用"吾"作主语（吾^1、吾^2、吾^3），焦点是"使是君为尧、舜之君"、"使是民为尧、舜之民"。而"使……为"其实就是"觉后觉"理想的具体化。

　　根据以上分析，在反问句中，如果说者没有强调自己时，则常规焦点在述语上，主语用"吾"。如果说者强调自己时，则主语用"我"，是对比焦点，述语是常规焦点。

　　（2）含疑问代词"何"的疑问句。这些句子有 2 例，常规焦点在"何"上，主语都是"吾"。如下：

　　　　吾何修而可以比於先王观也（《孟子》2.4）吾何以识其不才而舍之（《孟子》2.7）

（3）"矣"字句。句尾"矣"表示完成、确定语气，强调述语所表动作或状态的完成或发生的确定性。所以"矣"可以看作是焦点敏感算子，在其前的动词是焦点。《孟》、《论》"矣"字句中的"吾""我"情况如下：

表 5　　《论》、《孟》"矣"字句中的"吾"、"我"比较

专书	频次/比率	吾	我
《论》		17（1.00 > 0.71）	0（0.00 < 0.29）
《孟》		12（1.00 > 0.46）	0（0.00 < 0.54）

根据表5，"矣"字句排斥"我"作主语，这是因为："矣"使其前的动词成为强式焦点，而根据"单一强式焦点原则"［徐杰、李英哲（1993）］，一句只能有一个强式焦点，所以"矣"字句不能用"我"作主语。《孟》"矣"字句如：

吾惛，不能进於是矣（《孟子》1.7）吾尝闻大勇于夫子矣（《孟子》3.2）今日我疾作，不可以执弓，吾死矣夫（《孟子》8.24）吾生矣（《孟子》8.24）吾于《武成》，取二三策而已矣（《孟子》14.3）……

（4）"闻"字句。何乐士（1984）指出《左传》只有"吾闻……"之类的句子，而没有"我闻"格式的句子。《论》、《孟》也是如此。这两书中共有33例"闻"字句，其中《孟》26例，《论》7例。"闻"字句主要是以下两种格式，即

A式："吾 + 闻（之也）：小句/NP"。小句/NP 表达的是新信息，或者是对比强调的旧信息，所以焦点是小句/NP。如：

　　　　吾闻之也：君子不以其所以养人者害人（《孟子》
2.15）吾尝闻大勇于夫子矣（《孟子》3.2）吾闻用夏变夷
者，未闻变於夷者也（《孟子》5.4）吾闻诸夫子：人未有
自致者也，必也亲丧乎（《论语》19.17）

　　B 式："小句，吾闻之也。" B 式是 A 式宾语主题化后形成
的句子。小句表达的是上文已经提到的旧信息，"之"是复知旧
信息，所以焦点是句尾的述语"闻"。如：

　　　　不失其身而能事其亲者，吾闻之矣。失其身而能事其亲
者，吾未之闻也（《孟子》7.19）如有政，虽不吾以，吾其
与闻之（《论语》13.14）

　　（5）综上，《孟》中"吾""我"作主语时的差别可以归结
如下：当话题不是对比焦点时，主语用"吾"，为非重音，后面
不能有停顿；当话题是对比焦点时，主语用"我"，有对比重
音，后面有停顿。主语用"吾"，说者主要是将自己作为客观叙
述所涉及的对象来看待；主语用"我"，说者主要是将自己作为
一个主观叙述者来看待，侧重强调说者自己的态度和心理感受。

2. 作定语时

　　"我"、"吾"在作定语时也存在"焦点/非焦点"的对立。
说者用"我"作定语时，焦点是"我"，有强调自我①，自别于

――――――――――

　　① 这个"自我"不仅可以是说者"自我"，也可以是任指人类每一个独立个体
（整体）的自我。

他者（包括听者）的言语目的。"我"所强调的"自我"，是作为个体的"自我"，所以《论》、《孟》中定语"我"所指均为单数①。而用"吾"作定语时则是一般地陈述，有时具有拉近与听者心理距离的言语目的。所以作定语的"吾"所指既可以是单数，也可以是复数。

2.1 《论》中有 4 例"我"作定语的语例，均有证据表明"我"是说者强调的成分，是对比焦点。这 4 例如下：

> 信而好古，窃比于我老彭（《论语》7.1）② 三人行，必有我师焉（《论语》7.22）③ 我之大贤与，于人何所不容？我之不贤与，人将拒我，如之何其拒人也（《论语》19.3）④

2.2 《孟》中"我"作定语有 25 例，其中 10 例集中在（《孟子》11.7）、（《孟子》11.10）。如下：

> 孟子曰："……故凡同类者，举相似也，何独至于人而疑之？圣人与我同类者。故龙子曰：'不知足而为屦，我知

---

① "我"表"我方"、"我国"时，实际上是将自己所在集团看作一个区别于其他单位的整体，所以仍指称单数。这时的"我"相当于英语中指整体时的集合名词。

② "老彭"是殷人，"孔子"则是殷人后裔。用"我"以强调自己和"老彭"同属殷人，以区别于他者。

③ 此例"我"任指人类每一个个体的自我。代词任指实际上是一种语用强调，往往是句子的焦点。徐杰、李英哲（1993）已经指出疑问代词"谁"在任指时仍具有［＋F］，是句子的焦点。而"我"的情况也和"谁"相类似，也是在词汇库中就已经被指派了［＋F］，所以才能有任指强调的用法。

④ "我之大贤与"中的"我"，黄盛璋（1963）、贾则复（1981）、杉田泰史（1993）等均视为主语。

其不为蒉也。'屦之相似，天下之足同也。口之于味有同耆
也，易牙先得我口之所耆者也。如使口之于味也，其性与人
殊，若犬马之与我不同类也，则天下何耆皆从易牙之于味
也？……至于心，独无所同然乎？心之所同然者何也？谓理
也，义也。圣人先得我心之所同然耳。故理义之悦我心，犹
刍豢之悦我口。"（《孟子》11.7）

　　孟子曰："鱼，我所欲也；熊掌，亦我所欲也。二者不
可得兼，舍鱼而取熊掌者也。生，亦我所欲也；义，亦我所
欲也。二者不可得兼，舍生而取义者也。生，亦我所欲，所
欲有甚于生者，故不为苟得也；死，亦我所恶，所恶有甚于
死者，故患有所不辟也。……是故所欲有甚于生者，所恶有
甚于死者。非独贤者有是心也，人皆有之，贤者能勿丧耳。
一箪食，一豆羹，得之则生，弗得则死，嘑尔而与之，行道
之人弗受；蹴尔而与之，乞人不屑也。万钟则不辨礼义而受
之，万钟于我何加焉？为宫室之美、妻妾之奉、所识穷乏者
得我与？乡为身死而不受，今为宫室之美为之；乡为身死而
不受，今为妻妾之奉为之；乡为身死而不受，今为所识穷乏
者得我而为之，是亦不可以已乎？此之谓失其本心。"（《孟
子》11.10）

　　这两则中，孟子通篇以第一人称"我"的叙述角度来阐述
自己的仁义之说，用"我"来任指人类每一个个体的"自我"，
以强调和表明自己所言之道的普适性，即适用于每一个人，其中
也包括圣人和贤人——"圣人先得我心之所同然耳"、"非独贤
者有是心也，人皆有之，贤者能勿丧耳"。为了达到这个言语目
的，孟子在任何句法位置都只用"我"，不用"吾"。如果不承
认孟子有这个特殊的言语目的，那就很难解释这两篇通篇用

"我"的现象了。

　　剩余 15 个例子中，11 例可以根据形式判定有强调自我言语目的①。这些句子多表达说者自清、自辩、自别的言语目的，如下：

　　尔为尔，我为我，虽袒裼裸裎於我侧，尔焉能浼我哉（《孟子》3.9）（2 次）继而有师命，不可以请。久于齐，非我志也（《孟子》4.14）文王，我师也（《孟子》5.1）吾为之范我驰驱，终日不获一（《孟子》6.1）求，非我徒也（《孟子》7.14）或曰："寇至，盍去诸?"（曾子）曰："无寓人於我室，毁伤其薪木。"寇退，则曰："修我墙屋，我将反。"（《孟子》8.31）吾大者不能行其道，又不能从其言也。使饥饿於我土地，吾耻之（《孟子》12.14）此非吾君也，何其声之似我君也（《孟子》13.36）② 在彼者皆我所不为也，在我者皆古之制也，吾何畏彼哉（《孟子》14.34）

　　2.3　"吾"没有自别于人的语义和功能，所以其可以自然包含听者，从而表称复数。下面列出"吾"在《论》、《孟》中

------

　　①　还有 4 例很难根据上下文证明"我"为焦点，如下："夫子言之，于我心有戚戚焉。"（《孟子》1.7）"凡我同盟之人，既盟之后，言归于好。"（《孟子》12.7）"过我门而不入我室。"（《孟子》14.37）。其中引自（《孟子》12.7）的例句是引用齐桓公葵丘之盟的盟辞。《左传·僖公九年》亦作"凡我同盟之人"。齐桓公时，"吾"字还未广泛使用。因此，这例实际上可以忽略不计。

　　②　（《孟子》13.36）值得细加分析。现将相关原文引录如下：

　　　　孟子曰："王子宫室、车马、衣服多与人同，而王子若彼者，其居使之然也。况居天下之广居者乎? 鲁君之宋，呼于垤泽之门。守者曰: 此非吾君也，何其声之似我君也? 此无他，居相似也。"（《孟子》13.36）

　　如果将"呼"理解为"叫唤"，那么根据文义，鲁君很可能已经说出自己的鲁君身份。因此，守门人才会作出一个泛泛地客观的判断："此非吾君也。"接着，守门人猛然发现鲁君和自己国君的声音很相似，自问道："为什么鲁国的国君，他的声音会像我的国君呢?"守门者此疑问的焦点是在"我"上。若将"其声"替换为"彼之声"，"我"的焦点特征就更加明显了。

作定语时表单复数的情况。

表6　　　　《论》、《孟》定语"吾"表称单复数的比例①

专书 \ 频次/比率	单数	复数
《论》	14 (0.88)	2 (0.12)
《孟》	30 (0.71)	12 (0.29)

3. 作宾语、兼语、表语时

根据表1、表2，的确可以说：《论》、《孟》的"吾""我"在宾语、兼语、表语这三种格位上存在对立。又考虑到先秦汉语其他人称代词也存在格位分工，所以本文承认"吾""我"在以上三个格位上的对立。

---

① 以下5例的定语"吾"，很难断定所指称的"数"：

子在陈，曰："归与！归与！吾党之小子狂简，斐然成章，不知所以裁之。"（《论语》5.22）

孔子在陈，曰："盍归乎来！吾党之小子狂简，进取，不忘其初。"（《孟子》14.37）

案，以上两例没有指明听者是谁，"吾"是单数还是复数很难断定。但若依据《论》风格，听者为学生时则一般会省略。据此，则"吾"可以暂且断定为表复数。

叶公语孔子曰："吾党有直躬者，其父攘羊，而子证之。"孔子曰："吾党之直者异于是，父为子隐，子为父隐。直在其中矣。"（《论语》13.18）

案，据刘宝楠《论语正义》（中华书局1990年版，第536—537页），叶公是楚人，曾为令尹。所以他和孔子显然不属于同一乡党。因此，这两例中的"吾"表单数。

非吾徒也，小子鸣鼓而攻之，可也。（《论语》11.17）

案，此句（《孟子》7.14）引作"求非我徒也"。据此来看，孟子似乎是将"吾徒"的"吾"理解为单数。而黄生、黄承吉《字诂义府合按》（中华书局1984年版，第131页）已经指出"徒"犹"属"，非"师徒"之"徒"。因此，此例"吾"指称复数亦无不可。考虑到孔子说这话时的听者是其学生，姑且仍将该例"吾"看作是表复数。

　　但另一方面，本文也发现："我""吾"的焦点/非焦点之别一定程度上也体现在以上三个格位上，即（1）"吾"不能作句尾宾语，是"吾"不能作焦点的体现；（2）作兼语、表语的"我"，均具有强调自我的言语目的，是对比焦点。

　　3.1　作宾语时。

　　（1）"吾"。《孟》中"吾"未见作句尾宾语的语例，《论》有3例，均在否定句中，如下：

　　　　以吾一日长乎尔，毋吾以也（《论语》11.26）居则曰："不吾知也！"（《论语》11.26）如有政，虽不吾以，吾其与闻之（《论语》13.14）

　　本文认为否定句中"O＋V"是常规配置，焦点在句末述语上。所以，"吾"不能作句尾宾语，实际上意味着"吾"不能作焦点。这一点刚好也和英语的末尾焦点和末尾加重原则相合。

　　（2）"我"。《孟》中"我"作句尾宾语共15例，其中有10例根据形式对比可以确定已经转为对比焦点，含有对比重音①。例如：

　　　　彼恶敢当我哉（《孟子》2.3）姑舍女所学而从我（《孟子》2.9）是求有益於得也，求在我者也。是求无益于得也，求在外者也（《孟子》13.3）

　　《孟》中"我"作句中宾语共25例，其中作介词"于"、

---

　　① 　另有2例，"我"是任指用法，意义相当于"自己"，即万物皆备于我矣（《孟子》13.4）为宫室之美、妻妾之奉、所识穷乏者得我与（《孟子》11.10）

"为"、"与"宾语的句子有 10 例，都有强调自我的言语目的①。例如：

> 子盍为我言之（《孟子》4.10）万钟于我何加焉（《孟子》11.10）父母之不我爱，于我何哉（《孟子》9.1）昔者孟子尝与我言于宋（《孟子》5.2）奚可以与我友（《孟子》10.7）圣人与我同类者（《孟子》11.7）

剩余 15 例中，根据对比形式或任指可以确定"我"为焦点的句子有 11 例②。如下：

> 今也父兄百官不我足也（《孟子》5.2）父母之不我爱，于我何哉？（《孟子》9.1）告子先我不动心（《孟子》3.2）故齐人莫如我敬王也（《孟子》4.2）夫子教我以正，夫子未出于正也（《孟子》7.18）以德，则子事我者也（《孟子》10.7）仁义礼智，非由外铄我也（《孟子》11.6）在彼者皆我所不为也，在我者皆古之制也，吾何畏彼哉（《孟子》14.34）如欲平治天下，当今之世，舍我其谁也（《孟子》4.13）乡为身死而不受，今为所识穷乏者得我而为之（《孟子》11.10）是以我为悦者也，故谓之内（《孟子》11.4）

---

① "为＋我"（3 例）是强调动作行为的目的是为"说者"自我；"于＋我"（3 例）是强调某事物对于自己的价值或意义；"与＋我"（4 例）强调自我和他者的相对性和异同。

② 余有 4 例无法根据形式来证明"我"是焦点，即："知我者其惟《春秋》乎？罪我者其惟《春秋》乎。"（《孟子》6.9）"追我者谁也。"（《孟子》8.24）"有人于此，其待我以横逆。"（《孟子》8.28）

3.2　作兼语时

《论》、《孟》节中共有 7 例"我"作兼语的句子，"吾"则没有。这 7 例句子可以抽象为以下格式：NP + 以/谓/使 + 我 + VP。其中说者对"VP"所表的状态或判断均不乐意接受，实际上旨在申明自己的意愿和想法。换句话说，这些句子实际上是说者在为自己辩护，所以"我"也是对比焦点。这 7 例如下[①]：

> 二三子以我为隐乎？吾无隐乎尔（《论语》7.24）子敖以我为简，不亦异乎（《孟子》8.27）宜乎百姓之谓我爱也（《孟子》1.7）人皆谓我毁明堂，毁诸已乎（2.5）管仲、曾西之所不为也，而子为[②]我愿之乎（《孟子》3.1）吾王之好鼓乐，夫何使我至於此极也（《孟子》2.1）（2 次）

3.3　作表语时

《论》、《孟》中共有 5 例"我"作表语的句子，而"吾"则没有。这 5 例都是对比句，"我"是对比焦点，含有"自别于人"或"推清罪责"的言语目的。如下：

> 门人厚葬之。子曰："回也视予犹父也，予不得视犹子也。非我也，夫二三子也！"（《论语》11.11）
> 狗彘食人食而不知检，途有饿莩而不知发。人死则曰："非我也，岁也。"是何异于刺人而杀之，曰："非我也，兵也。"王无罪岁，斯天下之民至焉。（《孟子》1.3）

---

① 这 7 例的兼语"我"，也可以径直看作是宾语。但不管看作何种句子成分，都不会影响"我"作对比焦点这一结论。

② 王引之《经义述闻》认为此例的"为"犹"谓"。

　　尔为尔，我为我，尔焉能浼我哉？（《孟子》3.9）（2次）

结　语

　　1. 根据对《孟》中有形式可依语例的分析，证明《孟》时代"我""吾"主要是"焦点/非焦点"之别，而格位对立则是较为次要的区别。"我"之所以作焦点，这和"我"的语音、语义有关：（1）据金守拙（1956），"我"后可有停顿（"吾"则不能有停顿）；（2）黄敏（1987）指出："我"族同源词具有"高耸、突兀"义①，故"我"本是"自高、自大"的己称②。

　　2. 在"我""吾""焦点/非焦点"之前可能存在一个格位对立的阶段："我"不能作主语或定语，"吾"不能作宾语、兼语、表语。但到《论》、《孟》时代，"吾""我"的这种格位分工格局已经开始瓦解，"我"已经侵入主语和定语位置，"吾"则侵入宾语位置。

参考文献：

马建忠：《马氏文通》，商务印书馆 1898 年版，1983 年版。

胡适：《吾我篇》，《胡适文存》第 1 集，卷二，亚东图书馆 1922 年版，第 15—22 页。

高本汉：《原始中国语为变化语说》，《东方杂志》第 5 期，商务印书馆 1929 年版，第 77—89 页。

高名凯：《汉语语法论》，开明书店 1948 年版。

---

　　① 据黄文，这一义系的"我"族同源词如"峨"、"嵯峨"、"娥"等。
　　② "毋意，毋必，毋固，毋我。"（《论语》9.4）其中"我"为"固执于自我"的意思。这也证明"我"本含有"强调自我"之义。

周法高：《中国古代语法·称代篇》上，中华书局 1956 年版，1990 年版。

王力：《汉语史稿》，中华书局 1958 年版，1980 年版。

洪诚：《关于上古汉语人称代词形态问题的讨论》，《南京大学学报（人文科学版）》1962 年第 4 期，第 12—23 页。

黄盛璋：《古汉语的人身代词研究》，《中国语文》1963 年，第 6 期，第 443—472 页。

周生亚：《论上古汉语人称代词繁复的原因》，《中国语文》1980 年版，第 2 期，第 127—136 页。

贾则复：《对"朕"、"余（予）"、"吾"、"我"的初步研究（下）》，《陕西师范大学学报》（社会科学版）1981 年第 2 期，第 78—91 页。

何乐士：《〈左传〉的人称代词》，何乐士著，《古汉语语法研究论文集》，商务印书馆 1984 年版，第 287—317 页。

黄敏：《释〈我〉》，复旦大学中国文学语言研究所编，《语言研究集刊》（第 1 辑），复旦大学出版社 1987 年版，第 184—196 页。

廖礼平：《从〈论语〉"吾我"二字的使用看胡适的〈吾我篇〉》，《古汉语研究》第 4 期，古汉语研究杂志社 1991 年版，第 63—65 页。

山崎直树：《〈左传〉"吾"、"我"格表示的分裂条件》，《古汉语研究》1993 年第 1 期，第 90—96 页。

徐杰、李英哲：《焦点和两个非线性语法范畴："否定""疑问"》，《中国语文》1993 年第 2 期，第 81—92 页。

杉田泰史：《〈论语〉的第一人称代词"吾"、"我"的区别》，《古汉语研究》1993 年第 4 期，第 27—32 页。

张伯江、方梅：《汉语功能语法研究》，江西教育出版社 1996 年版。

夏先培：《〈左传〉的"我"和"吾"》，《湖南社会科学》（文教历史版）2002 年第 1 期，第 108—110 页。

张玉金：《西周汉语第一人称代词的语音和语源问题》，《华南师范大学学报》（社会科学版）2003 年第 2 期，第 70—74 页。

张玉金：《论西周汉语第一人称代词句法功能问题》，《古汉语研究》

2004 年第 3 期，第 31—37 页。

　　作者简介：华建光，男，1981 年出生，中国人民大学文学院博士研究生，专业方向为上古汉语语法。

"使动"还是"意动"

李　林

提　要：本文从语义关系入手区分"使动"用法和"意动"用法。认为仅用"客观变化"和"主观看法"这对语义特征有时无法有效地分化"使动"用法和"意动"用法，而能否变换成兼语式是有效分化二者的又一对语义特征，凡能变换成兼语式的是"使动"用法，否则是"意动"用法。

关键词：使动；意动；语义关系；变换；兼语式

"使动"用法和"意动"用法是古代汉语中两种常见的语法现象，也是古代汉语语法教学的重点和难点问题。说它们是重点，是因为现代汉语中这两种语法现象已基本消失；说它们是难点，是因为它们的语法结构形式都是"动词＋宾语"，却有不同的语义关系，二者如何区分往往不容易讲清楚。而且，它们还与一般的动宾结构的语义关系有所不同。本文从两个有争议的句子入手，谈谈如何辨析"使动"用法和"意动"用法。

常见的古代汉语教材及语法专著一般都会给"使动"用法和"意动"用法下明确的定义，如郭锡良等（1991）《古代汉语》说："所谓使动用法，是指谓语动词具有'使宾语怎么样'的意思。""所谓意动用法，是指谓语动词具有'认为（或以为）

宾语怎么样’的意思。”但我们在教学实践中感觉这样的定义用于区分这两种句式时常常不能奏效。

区分不同的句式，应该从语法结构和语义关系两个方面入手，既然"使动"用法和"意动"用法在语法结构上相同，就只能从语义上分化。常见的古代汉语教材及语法专著一般也都会从语义角度谈及"使动"用法和"意动"用法的区别，如郭锡良等（1991）《古代汉语》："使动用法是使宾语怎么样。意动用法则是认为（或以为）宾语怎么样。是主观的看法，客观不一定必然如此。"即看句子所表示的是"主观"还是"客观"的意义。这可以作为区分"使动"用法和"意动"用法区别性特征。

下面是几组经常用来证明"使动"用法和"意动"用法区别的例句：

1. a 君子之学也以<u>美</u>其身。（《荀子·劝学》）
   b 吾妻之<u>美我</u>者，私我也；妾之<u>美我</u>者，畏我也；客之<u>美我</u>也，欲有求于我也。（《战国策·齐策一》）
2. a 工师得大木，则王喜，以为能胜其任也；匠人斲而<u>小之</u>，则王怒，以为不胜其任也。（《孟子·梁惠王上》）
   b 孔子登东山而小鲁，登泰山而<u>小天下</u>。（《孟子·尽心上》）
3. a 赵孟之所贵，赵孟能<u>贱之</u>。（《孟子·尽心上》）
   b 左右以君<u>贱之</u>也，食以草具。（《战国策·齐策四》）

每组 a 句中的画线部分是使动用法，b 组是意动用法。

以第一组为例，a 句中的"美"是"使变美"，即"提高完善"的意思，表示一种客观上的变化；b 句中的"美"则是主观上认为美，客观上并不如此，因为后来邹忌见到城北徐公，发现自己"弗如远甚"。2、3 组同此。

如此看来，"主观"、"客观"这一对语义特征是区分"使动"用法和"意动"用法的有效标准（规则）。

但我们又发现，上面三组例句都是形容词的"使动"用法和"意动"用法。"主观"、"客观"这对语义特征对区分名词的"使动"用法和"意动"用法是否有效？要回答这个问题，还是从具体的用例入手。

例句一：

魏王使客将军辛垣衍令赵帝秦。（《战国策·赵策三》）

这是一个非常典型的例子。这篇文章一般选本都题为《鲁仲连义不帝秦》，标题中也有"帝秦"二字。"帝秦"是"使动"用法还是"意动"用法，就是一个有争议的问题。王力先生（1984）主编的《古代汉语》中注释："帝，用如动词。"看来是有意回避这一敏感问题。

"帝秦"可以解释为"把秦当作帝"。我们注意到，"把 × × 当作 × ×"是有歧义的句式，既可以理解为"使 × × 成为 × ×"，也可以理解为"认为 × × 是 × ×"。前者表达的是一种客观的变化，后者恰好是一种主观的看法。我们在教学中进行的调查显示，注重该句客观因素的人认为"帝秦"是"使动"用法；注重主观因素的人认为是"意动"用法。这表明"主观"、"客观"这一对语义特征对分化名词的"使动"用法和"意动"用法，尤其是可理解为"把 × × 当作 × ×"这样的句式并不十分有效。

王力先生（1984）主编的《古代汉语》说：使动用法"实际上是以动宾式的结构表达了兼语式的内容"。王力先生这段话从另一个角度分析了"使动"用法的语法形式和语义特征："动宾式"是语法形式，"兼语式的内容"就是"使动"用法的又一个语义特征。在这一观点的启发下，我们发现，"使动"用法与兼语式有变换关系，所有的"使动"用法都可以变换成兼语式。看下列例句：

    1. 劳师以袭远，非所闻也。（《左传·僖公三十年》）

    2. 今媪尊长安君之位。（《战国策·赵策四》）

    3. 是以圣人苟可以强国，不法其故。（《商君书·更法》）

    4. 夫子所谓生死而肉骨也。（《左传·襄公三十年》）

    5. 乘势，则哀公臣仲尼。（《韩非子·五蠹》）

    6. 大夫种、范蠡存亡越，霸勾践。（《史记淮阴侯列传》）

前三例是形容词的"使动"用法，后三例是名词的"使动"用法。这些语段都可以变换成兼语式：

1. 劳师　　　　　→　　使师劳
2. 尊长安君之位　→　　使长安君之位尊
3. 强国　　　　　→　　使国强
4. 肉骨　　　　　→　　使枯骨长肉
5. 臣仲尼　　　　→　　使仲尼为臣
6. 霸勾践　　　　→　　使勾践称霸

原式和变换式的语义关系相同。

而"意动"用法则不能作这样的变换。因此，能否变换成兼语式是"使动"用法和"意动"用法的又一对区别性特征。

据此，"使动"用法的语义特征可以描写为"客观变化 + 兼语式内容 +"；"意动"用法的语义特征可以描写为"主观看法 + 兼语式内容 –"。

下面再来分析"帝秦"。由于"主观"、"客观"这对特征无法分化该语段，那么就看它是否能变换成兼语式。《鲁仲连义不帝秦》一文中恰好有"赵诚发使尊秦昭王为帝"和"闻魏即将欲令赵尊秦为帝"这样的句子。"帝秦"和兼语式"尊秦（昭王）为帝"语义关系相同，可以构成变换关系：

帝秦 → 尊秦昭王为帝

因为"使动"用法可以变换成兼语式，"意动"用法不能变换成兼语式，由此证明"帝秦"是"使动"用法而不是"意动"用法。郭锡良等（1991）《古代汉语》在《戊午上高宗封事》一文"此鲁仲连所以义不帝秦"下注解"不帝秦，不尊秦为帝。帝：用作使词，尊……为帝"。是很精当的解释。

例句二：

      是欲臣妾我也，是欲刘豫我也。（胡铨《戊午上高宗封事》）

句中"臣妾我"、"刘豫我"与例一"帝秦"一样，用"主观"、"客观"这对特征无法分化，但也可以变换成兼语式，因此是"使动"用法。郭锡良等（1991）《古代汉语》在文中的注解说："臣妾"和"刘豫"都是"名词用作使动"，也很准确。

这个句子与例句一的区别是用作使动的名词前有一个助动词"欲"。李运富（1989）认为这是"使动"用法，并指出："这似乎是一条规律，凡是用‘欲'修饰的动词决不是意动词。"刘婉（1996）也认为这是使动，指出："动化的形容词名词前有‘能''欲'等能愿动词辅助的一般作使动。"因此是否有助动词"能"、"欲"等可以作为区别"使动"用法和"意动"用法的形式标准。但由于并非所有的"使动"式前都有助动词，这条标准缺乏普遍性。

　　这两个例句还有一个共同点，即从时间上看，动词使宾语发生的变化都是未然之事。我们连续十年（十次）用"帝秦"这个例子在课堂上让十个班的学生（每班人数 40 人到 80 人不等）对两种用法进行选择，每次都有 70% 以上的人选择"意动"用法，最多时可达 95%！而绝大多数人选择"意动"用法理由就是由于句中的"帝秦"处于未然状态。其实，"使动"用法的"客观"变化或许只是一种可能性，或许只是一种意愿，也可能是未然状态，这正是把这种句子理解为"意动"用法的思维误区，上文的分析已经表明，是否"使动"用法应看能否变换成兼语式，而与时间（已然、未然）无关。

　　因此，我们认为区分"使动"用法和"意动"用法，尤其是名词的"使动"用法和"意动"用法，主要看动词所表示的是客观变化还是主观看法，以及能否变换成兼语式，这是这两种句式的区别性特征，此外别无他途。

参考文献：

王力：《古代汉语》，中华书局 1984 年版。

郭锡良等：《古代汉语》，天津教育出版社 1991 年版。

中国人民大学中文系古代汉语教研室：《古代汉语》，中国人民大学出版社 1998 年版。

刘婉：《使动、意动用法辨析》，《古汉语研究》1996 年第 1 期。

李运富:《"使动"、"意动"误例辨》,《青海大学学报》1989 年第 4 期。

作者简介: 李林,男,1953 年出生,中国人民大学文学院教授,主要研究方向为古代汉语语法、训诂学。

试论汉语处置式的发端①

龙国富

提　要：本文讨论汉语处置式的发端。一些学者认为汉语处置式发端于唐代的把字句，（如王力，1958）另一些学者认为它发端于先秦时期的以字句。（如梅祖麟，1990）作者认为汉语处置式发端于两汉时期表示受事（到）的以字句，受事（到）产生之前"以"字宜作一般介词，受事（到）产生之后以字句宜作广义处置式。如果从汉语处置式的总体来看，它发端于魏晋南北朝时期。

关键词：汉语处置式；受事（到）；发端

弄清汉语处置式的发端，对准确地把握整个汉语处置式的历史演变具有极其重要的意义。目前学术界关于汉语处置式的发端主要有两种观点：一种认为汉语处置式发端于唐代兴起的把字句，以字句和处置式之间没有关系。主张这一观点的有王力（1958 [1980]）、祝敏彻（1957）、贝罗贝（1989）和刘子瑜（2002）等人。然而这一论断很难对两汉以后"PO₁V 之"格式

---

① 本研究工作是国家社科基金项目（05CYY002）的部分成果。

中的"以"、"持"、"将"、"取"字作出合理的解释。①另一种认为先秦以字句是汉语处置式的源头。主张这一观点的有陈初生（1983）、叶友文（1988）、梅祖麟（1990）、吴福祥（2003）等人。这里的问题是，先秦时期表工具和表受事（给/作/告）的"以"字是同一个范畴里的两个小类，很难让我们把表工具的以字句当做工具式，把表受事的以字句当做处置式。正如曹广顺、龙国富（2005：328—329）所考察的，在 $PO_1V_2O_2$ 句式里，以字句表示工具和表示受事是同一个范畴里的两个小类，都是一般介词的用法，不属于严格意义上的处置式。

依据王力（1980：408），判断汉语处置式的标准有二：就形式上说，用一个介词把宾语提到动词的前面；就意义上说，虽然它不都表示处置，但是它的主要作用在于表示一种有目的的行为，一种处置。鉴于此王力给它命名为"处置式"。本文认为汉语处置式发端于两汉发展起来的受事（到）。

1. 受事（到）之前"以"字是介词

自西汉以来，汉语以字句产生一种新的句式——受事（到），②这种句式的语法意义是把受事放到某处，其处所词是由

---

①　在"PO_1V之"格式中的以字句，一般把它看作广义处置式。这类例子如：（1）彼曾往王子所，白言：佛已出世，天今知不，已受我请，于舍卫国安居，可以此园卖之，我当与百千金钱。彼言：不卖。（同上，卷五十）（2）时梵德王复问优波伽摩那婆：摩那婆，汝于今者经营何事，而于是处炽热大地而行于路？尔时优波伽即以上事向顶德王分别说之。（隋阇那崛多译《佛本行集经》卷五十四）。

②　对于受事（到）的产生，前人早已注意到了。杨伯峻、田树生编著的《文言常用虚词》说："'以'字介绍动作行为的对象，有突出宾语的作用。可以译为'把'或不译。"举《史记》为例："复以弟子一人投河中，——又把一个徒弟扔进河里。"参见第305页。梅祖麟（1990）进一步强调，新兴的处置（到）就有把宾语提到动词前面的功能。参见第200页。

名词和位置词组成。受事（到）最早在《史记》里出现。如：

（1）稍益近之，高渐离乃以铅置筑中，复进得近，举
筑扑秦皇帝，不中。（《史记·刺客列传》）

（2）复以弟子一人投河中。（《史记·滑稽列传》）

处置（到）的兴起是以字句在发展过程中所表现出来的一
个很重要的转折点。Bennett（1981）提出处置式承源于具有提
宾功能的"以"字，梅祖麟（1990）观察到受事（到）产生的
作用，他认为受事（到）的出现是处置式发展中的重要一步。
从句子的组合关系、语法意义和语法功能等方面来看，以字句在
受事（到）产生之前和产生之后是不相同的，性质上存在着明
显的差异。我们通过考察认为，受事（到）产生之前表示受事
的"以"字只作一般介词，而受事（到）产生之后表示受事
（给/到）的以字句则宜作广义处置式。

1.1　受事（到）产生之前表示受事的"以"字宜作一般介
词

受事（到）产生之前表示受事的"以"字宜作一般介词，
这是因为：

1.1.1　受事和工具产生的时间相同

从汉语史的角度来看，"以"字介引工具和介引受事产生的
时间相同。从春秋战国时期开始，作介词的"以"字既可引进
工具同时也可引进受事。如：

（3）秋，王以诸侯伐郑，郑伯御之。（《左传·桓公六
年》）

（4）公之未婚于齐也，齐侯欲以文姜妻郑太子忽。

（《左传·桓公六年》）

例（3）"以"字介引工具，例（4）"以"字介引受事，介引工具和介引受事是同时出现的，唯一的差别是工具出现的频率比受事更占优势。根据曹广顺、龙国富（2005）的考察，《论语》中"以"字表示工具与受事出现的比例分别占"以"字句的93%和7%，《韩非子》中"以"字表示工具与受事出现的比例分别占"以"字句的92%和8%。这表明"以"字表示工具与受事相伴而生。

1.1.2　受事与工具关系密切

"以"字介引受事和介引工具关系密切，下面的用例可以略见一斑。（张赪2002）如：

（5）王闻之，使赐之属镂以死。将死，曰："树吾墓槚，槚可材也。"（《左传·哀公十一年》）

此例中的"树"有"植"的意思，"吾墓"既可作动作行为的受事，指"用槚植吾墓"，又可作动作行为的场所，指"把槚植在吾墓上"。同样"槚"既可理解为动作行为进行的方式，也可理解为动作行为的受事。当"吾墓"作受事时，"槚"作方式；当"吾墓"作场所时，"槚"作受事。到了《史记》句子结构发生了变化。如：

（6）吴王闻之，大怒，赐子胥属镂之剑以死。将死，曰："树吾墓上以梓，令可为器。"（《史记·吴太伯世家》）

"吾墓"带上方位词"上"，专指场所，"梓"与"以"结合，成为表受事的介词词组。

先秦时期，"以"字既可以作工具又可以作受事。如：

(7) 夫子教我以正，夫子未出於正也。(《孟子·离娄章句上》)

"以"介引的内容"正"既是"教"的受事，又是"教"的工具和手段，而且，这里的"以"的引进受事的用法是在引进工具这一类用法的基础上发展起来的。

从语法性质上看，例(7)所介引的工具和受事没有明显的差别，可见"以"字表示工具和表示受事关系是密切的。如果我们把受事（给/告/作）看作广义处置式，那么工具和受事应该是两种不同性质的类型，从工具到受事应该出现一个语法化的链条，这是语言演变规则的必然要求。(Traugott 等 1991) 但是依据该时期的语言事实，很难推断出先秦时期从工具到受事（给/告/作）是汉语处置式演变的一个环节，因为受事与工具仅仅是同一性质类型中的两个小类。

1.1.3 语义和语法功能一致

在语义和语法功能上"以"字介引工具和介引受事是一致的。

首先，这两种结构的语义属性并没有明显的差异。简单来讲，介引工具既包括介引动作行为的具体工具，也包括介引动作行为赖以表现的手段、前提和凭借，后者可以看作是抽象的工具，属于广义的工具或凭借。如：

(8) 以王命讨之。(《左传·隐公十年》)

(9) 以五十步笑百步。(《孟子·梁惠王上》)

更进一步地说，"以"字引进动作行为发生的原因，也是一种凭借，它也是表示动作行为凭借的引申。（郭锡良 1998）如：

（10）君子不以言举人，不以人废言。（《论语·卫灵公》）

同样，"以"字介引动作行为直接涉及的受事，是表示动作行为的方式，其实这就是凭借的扩展，只不过是意思稍微抽象了一些。如：

（11）生，事之以礼，死，事之以礼。（《论语·为政》）

其次，在语法功能上不论是"以＋工具"还是"以＋受事"，都是在谓语前后修饰谓语。可见在受事（到）产生之前，在语义和语法功能上受事与工具都是一致的。从先秦至西汉时期"以"字的工具和受事，其来源都是动词语法化为工具介词和受事介词，其句法结构都同处于 O_1 与 O_2 不同指的 $V_1O_1V_2O_2$ 结构中。

现代汉语把字句和以字句有相似的形式。如：

（12）a. 你不能把书送给他。

　　　　b. 天子不能以天下与人。（《孟子·万章上》）

（13）a. 百姓把他当作父母官。

　　　　b. 百姓皆以王为爱也。（《孟子·梁惠王上》）

尽管"以"字的受事（给/作）句和现代汉语把字句有相似的情形，但从历史的角度看，二者存在着根本的差别。这主要是由于下面诸多因素所造成的：时代背景不一，西汉之前处置式还没有产生，谓语的形态相当单一，基本上是以单音节为主的动词，谓语动词的复合形式没有出现，动结形式也没有产生，等等。表示受事（给/作）的"以"字应该还是一般介词。

只要从语言的事实出发，我们就不难发现，西汉之前的"以"表示受事的用法只宜看作一般介词，而不宜归入广义处置式。对于"持"、"取"、"将"等做工具和受事的用法，都是在受事（到）出现以后才产生的，理当无须论及。

已有的研究把受事（到）产生之前和产生之后介引受事的"给"、"告"、"作"类结构统称作广义处置式。但从上面的分析来看，在受事（到）产生之前，"以"字介引的工具和介引的受事二者相伴而生，关系密切；在语义和语法功能上，介引工具和介引受事在本质上没有差别，表示受事的以字句并不适宜作广义处置式，而只适宜归属于"以"字介词用法的一个小类。

2. 受事（到）之后的以字句是广义处置式

我们发现，受事（到）产生之后用作受事的以字句倒可以看作是广义处置式的。因为以字句出现了如下四个方面的变化：

2.1　语法功能的变化

从汉代开始，"以"字出现用作处置（到）的句式，受事（到）作为一种新的语法功能，有提宾的作用，即把宾语提到谓语动词的前面。在受事（到）没有产生之前，受事宾语多在谓语动词之后。而受事（到）出现之后，受事宾语开始向谓语动词之前移动，对比下面的用例：

（14）a. 谯之曰："何为置砾汤中？" 对曰："尚浴免，则臣得代之，是以置砾汤中。"（《韩非子·内储说下》）

b. 稍益近之，高渐离乃以铅置筑中，复进得近，举筑扑秦皇帝，不中。（《史记·刺客列传》）

从受事（到）产生之前与受事（到）产生之后的比较中可以看出，其语法功能有着明显的区别。受事（到）产生之前，受事宾语是后置的，例（14a）"置砾汤中"的受事"砾"在动词之后做动词"置"的宾语。受事（到）产生之后，受事宾语则是前置的，例（14b）"以"字将受事"铅"移到了"置"的前面，"以铅"做状语，具有处置的功能。"置砾汤中"和"以铅置筑中"相比，语义关系不变，受事（到）前置突出了受事宾语的作用。

先秦时期，受事（到）一般都是在动词的后面的，直到"以"字出现了介引受事（到）这种新的用法之后，它才有了把宾语提到动词前面的功能。

受事（到）的产生，除了能使以字句的受事（到）具有把宾语提前的作用以外，还能促使新出现的"持"、"取"、"将"、"捉"、"把"字句的受事（到）也具有把宾语提前的作用。请对比下面的用例：

（15）a. （富父）埋其首于子驹之门，以命宣伯。（《左传·文公十二年》）

b. 汝持此卵埋彼国市中大树下。（姚秦鸠摩罗什译《众经撰杂譬喻》，4/538c）

（16）a. 遂置姜氏于城颍。（《左传·隐公元年》）

    b. 如取<u>地狱人</u>安置著天上。（姚秦鸠摩罗什译
《大庄严论经》，4/295c）

（17）a. 衣三属之甲，操十二石之弩，负服矢五十个，
置<u>戈</u>其上。（《荀子·议兵篇》）

    b. 时彼门师大婆罗门，即自<u>将一伞盖神明</u>置于囊
裹。（隋阇那崛多译《佛本行集经》，3/863a）

（18）然目连有大神力，知我不可，或能捉<u>我</u>掷他方世
界，此事不可。（东晋佛陀跋陀罗共法显译《摩诃僧祇律》，
22/340b）

（19）把<u>舜子头发</u>悬在中庭树地。（《敦煌变文集·舜子
变》）

受事（到）的提宾功能引起受事（给）也具有大量把宾语
提前的作用。（梅祖麟1990）如：

（20）a. 夷吾谓曰："诚得立，请割<u>晋之河西八城</u>与
秦。"（《史记·秦本纪》）

    b. 我今知汝补汝父位，于干沓和中最为上首，当
以彼拔陀<u>干沓和王女</u>与汝为妻。（后秦佛陀耶舍
共竺佛念译《长阿含经》，1/65c）

（21）a. 文公修政，施惠<u>百姓</u>。（《史记·晋世家》）

    b. 世尊取<u>死人髑髅</u>授与梵志。（东晋僧伽提婆译
《增壹阿含经》，2/650c）

（22）a. 我当施汝<u>百味饮食</u>。（吴支谦译《撰集百缘
经》，4/215c）

    b. 尔时诸小王持<u>国界</u>奉上转轮王。（西晋法立共
法炬译《大楼炭经》，1/281b）

（23）a. 发教封内，而巴人致贡，施德诸侯，而八戎来服。（《史记·商君列传》）

b. 当将甘露分布与汝，而有偈说。（《佛本行集经》，3/736c）

（24）是时世尊复更捉一髑髅授与梵志，梵志曰：是何人耶，女耶？（《增壹阿含经》，2/651b）

（25）把他堂印将去。（《嘉话录》）

从以上用例对比看出，受事（给）和受事（到）都应该是一般动宾句的变式。这些新的句式之所以具有处置的这种功能，是因为受事（给）和受事（到）提宾造成的。王力（1980：408）、黄宣范（Huang，1984：54—85）认为把字句中"把"字的功能就是把宾语提前。魏晋南北朝时期的以字句一旦受事（给/到）被提到动词之前，它的处置功能就变得非常明显。所以把受事（到）式看做广义处置式产生的一个重要特征是毫无疑义的。

2.2　句式的变化

在"以"字介引受事（到）产生之前，表示受事（到）的句式是"V＋O（＋于）＋N"（N指处所名词），受事在动词的后面，"以"字介引的受事（到）产生以后，受事（到）在句式上发生了变化，受事移到了动词的前面，处所词后面出现了位置词，且前面出现了介词，由"VO［于（著/在）］N（L）"演变为POV于（著/在）NL（L指位置词）。如：

（26）a. 复投一弟子河中。（《史记·滑稽列传》）

b. 我当以此五百乘车饮食布在道中。（姚秦佛陀耶舍共竺佛念译《四分律》，22/655b）

除了以字句的受事（到）句式发生变化以外，"持"、"取"、"将"、"捉"、"把"字句的受事（到）句式也发生了相应的变化，即也由"VO〔于（著/在）〕N（L）"演变为"POV〔于（著/在）〕NL（L指位置词)"，例见（15）—（19）。

2.3　动词的复词化

在受事（到）句式发生变化的同时，"以"字的受事（给）句式单音节动词复合词化，动词由 V 变成了"V 与"。对比下面的例子：

> （27）a. 阮家既嫁丑女与卿，故当有意，卿宜察之。（《世说新语·贤媛》）
>
> 　　　b. 比丘即以蜜饼授与之，其儿则食之。（后汉支娄迦谶译《阿阇世王经》，16/394a）

很明显，在例（27a）中只有单音节动词"嫁"，而在用例（27b）中则有了动词复词"授与"。

不仅如此，新出现的"持"、"取"、"将"、"捉"、"把"字的受事（给）句式的动词也相应地复合词化，如例（21）—（24）。

从上面的分析看出，两汉以后，"以"的受事（到）句式发展成为"PO_1V 于（著/在）NL"，受事（给）句式发展成为"PO_1V 与 O_2"，动词由 V 变成了"V 与"，这些变化都是以字句向广义处置式发展的重要特征。

2.4　新的处置式结构产生

以字句除了在"PO_1VO_2"结构中表示处置以外，还在 O_1 与"之"不同指的"PO_1V 之"格式中表示处置。如：（以下用例转

引自曹广顺、龙国富，2005：322）

（28）a. 时世尊知而故问阿难：众鸟何故鸣唤？阿难具
以上因缘说之，是故众鸟鸣唤。（姚秦佛陀耶舍译
《四分律》卷十）

b. 时比房比丘闻之即问言：汝等何故高声大唤？
时十七群比丘具以此事说之。（同上，卷十二）

c. 彼即往王子所，白言：佛已出世，天今知不，
已受我请，于舍卫国安居，可以此园卖之，我
当与百千金钱。彼言：不卖。（同上，卷五十）

d. 时梵德王复问优波伽摩那婆：摩那婆，汝于
今者经营何事，而于是处炽热大地而行于路？
尔时优波伽即以上事向顶德王分别说之。（隋阇
那崛多译《佛本行集经》卷五十四）

e. 其人担金，至僧伽蓝，付僧维那，具以上事向
僧说之。（元魏慧觉等译《贤愚经》卷三）

f. 时婆罗门即问其妇，妇即以此因缘具向夫婿
说之。（东晋僧伽提婆译《增壹阿含经》卷二十
九）

（28a）和（28b）两例中的动词“说”表示“告诉”的
意思，是三价动词，“之”分别指“世尊”和“比房比丘”。
（28c）中的动词“卖”表示“出售”的意思，也是三价动
词，“之”指“我”。“之”与 O_1 不同指，这三例是“给予”
类“$P_{广义处置}O_1V$ 之”式广义处置式。（28d）（28e）（28f）三
例中的动词“说”都表示“言说”的意思，对象都被提到动
词的前面，动词仍是三价，“之”是形式标记，这三例是
“$P_{广义处置}O_1P_{对象}O_2V$ 之”式广义处置式。诚如魏培泉（1997）

所说，狭义处置式中动词是两价的，只出现施事、受事两个论元，而广义处置式中动词则是三价的，可以出现三个论元。（曹广顺、龙国富，2005）显然例（28）都属于后者。

2.5 新的处置式的兴起

处置式是一种口语性很强的句式结构，但文言词"以"却不能适应口语成分的需要，自受事（到）句式发展以来，"持"、"取"、"将"、"捉"、"把"字等处置式也就随之发展起来。参见曹广顺、遇笑容（2000）、魏培泉（1997）、朱冠明（2002）、曹广顺、龙国富（2005）等人的论述。

不仅如此，这些新的处置式还产生了新的系统。根据曹广顺、龙国富（2005）的研究，"持"、"取"、"将"、"捉"和"把"用作广义处置式都不是从工具演变而来的，而是从 O_1 与 O_2 不同指的 $V_1O_1V_2O_2$ 连动式得来的，受事和工具之间不存在依赖关系，呈平行发展趋势。其演变模式为：

工具：$V_{连动} + O_1 + V + O_2 \rightarrow P_{工具} + O_1 + V + O_2$ （持、取、将、捉、把）

受事：$V_{连动} + O_1 + V + O_2 \rightarrow P_{广义处置} + O_1 + V + O_2$ （持、取、将、捉、把）

把受事（到）产生以后出现的"持"、"取"、"将"、"捉"、"把"与"以"字相比，它们的受事存在不同的来源，前者引进的受事从动词虚化而来，后者引进的受事则从工具引申而来。

汉代"持"字开始替代"以"字；两晋时期又有"将"字开始替代"以"字。[①]到了隋代，"将"字替代"以"字形

---

① 根据曹广顺、龙国富（2005）的研究，"持"对"以"的替代和"将"对"持"的替代不是简单的词汇替换，每一个词都有它们各自从实到虚的演变过程。另参见马贝加（2000）。

成了定式。《佛本行集经》用于受事的"以"字只有 19 例，"将"字则达到了 57 例。"持"、"取"、"将"、"捉"、"把"字广义处置式的迅速崛起，一方面使以字句的使用数量迅速减少，另一方面存留下来的"以"字受事句也具有广义处置式的特征。

因受现代汉语把字句类型的影响，过去学术界曾把先秦时期"以"字受事（给/作）句看作处置式。如：（下面两例引自梅祖麟，1990）

(29) a. 齐侯以许让公。（《左传·隐公十一年》）

b. 吾必以仲子为巨擘焉。（《孟子·滕文公上》）

基于上面语言事实的调查和分析之后，我们进一步认为，以字句应该以受事（到）的产生为界，在受事（到）产生之前，表示受事的"以"字宜看作是一般介词，而到受事（到）产生之后，表示受事的以字句则宜看作是广义处置式，这其中也包括了"持"、"取"、"将"、"捉"、"把"字等句。由此看来，受事（到）的产生是处置式发展最为关键的一步，它使以字句出现了新的语法功能，扩大了受事的使用范围，造成了动词结构关系的复杂化，大大地推进了新的处置式系统的产生和发展。

参考文献

贝罗贝：《早期"把"字句的几个问题》，《语文研究》1989 年第 1 期。

曹广顺、遇笑容：《中古译经中的处置式》，《中国语文》2000 年第 6 期。

曹广顺、龙国富：《再谈中古汉语处置式》，《中国语文》2005 年第 4 期。

陈初生:《早期处置式略论》,《中国语文》1983 年第 3 期。

戴浩一:《以认知为基础的汉语功能语法刍议》,戴浩一、薛凤生编:《功能主义与汉语语法》,北京语言学院出版社 1994 年版、1989 年版。

冯春田:《近代汉语语法研究》,山东教育出版社 1999 年版。

郭锡良:《介词"以"的起源和发展》,《古汉语研究》1998 年第 1 期。

蒋绍愚:《把字句略论》,《中国语文》1997 年第 4 期。

蒋绍愚:《元曲选中的把字句》,《语言研究》1999 年第 1 期。

蒋冀骋:《论明代吴方言的介词"捉"》,《古汉语研究》2003 年第 3 期。

刘子瑜:《唐宋处置式的来源》,宋绍年编:《汉语史论文集》,武汉出版社 2002 年版。

吕叔湘:《汉语语法论文集》,商务印书馆 1948 年版。

马真:《简明实用汉语语法》,北京大学出版社 1981 年版。

马贝加:《对象介词"将"的产生》,《语言研究》2000 年第 4 期。

梅祖麟:《唐宋处置式的来源》,《中国语文》1990 年第 3 期。

钱学烈:《试论全唐诗中的把字句》,《纪念王力先生九十诞辰文集》,山东教育出版社 1992 年版。

沈家煊:《如何处置"处置式"》,《中国语文》2002 年第 5 期。

王力:《汉语史稿》,中华书局 1980 年版。

吴福祥:《再论处置式的来源》,《语言研究》2003 年第 3 期。

薛凤生:《"把"字句和"被"字句的结构意义》,戴浩一、薛凤生编:《功能主义与汉语语法》,北京语言学院出版社 1994 年版、1989 年版。

叶友文:《隋唐处置式内在渊源分析》,Journal of Chinese Linguistics,16 (1),1988。

杨平:《朱子语类的"将"字句和"把"字句》,宋绍年主编:《汉语史论文集》,北京语言文化大学出版社 2003 年版。

张赪:《汉语介词词组词序的历史演变》,北京语言文化大学出版社 2003 年版。

祝敏彻：《论初期处置式》，《语言学论丛（第一辑）》，北京新知识出版社 1957 年版。

朱冠明：《中古译经中的"持"字处置式》，《汉语史学报（第二辑）》，上海教育出版社 2002 年版。

黄宣范 *Morphology As a Cause of Syntactic Change*；*the Chinese Evidence*，Journal of Chinese Linguistics，1984/16（1）．

Bennett，P. A. *The Evolution of Passive and Disposal Sentences.* Journal of Chinese Linguistics，9（1），1981.

Hopper，Paul J. and Elizabeth Closs Traugott. *Grammaticalization.* Cambridge University Press，1993.

Harris A. C. & Campbell L. *Historical Syntax in Cross – Linguistic PersPective.* Cambridge University Press，1995.

Kuno，Suzumo. *Functional Syntax*：*Anaphora*，*Discourse and Empathy.* The University of Chicago Press，1987.

Sun，Chaofen. *Word – order Change and Grammaticalization in the History of Chinese.* Standford：Standford University Press，1996.

Trask R. L *Historian Linguistics.* Edward Arnold（Publishers）Limited，1996.

作者简介：龙国富，男，1968 年出生，中国人民大学文学院，主要从事古代汉语、汉语语法史和佛经语言研究。

试论《祖堂集》前两卷与后十八卷语言的时代差异

龙国富

提　要： 本文通过从《祖堂集》交代的时间、诸语法现象和文献材料三个方面的考察入手，力求证明《祖堂集》前两卷与后十八卷的语言在时代上存在差异，并得出《祖堂集》前两卷属于初中唐和唐以前的语言，后十八卷属于晚唐五代时期的语言的结论。

关键词： 《祖堂集》；语言时代差异；文献学；语言学

前　言

由于汉语史中的语料相当复杂，有一些语料的真伪和时代需要作进一步的鉴别和分析。太田辰夫曾在《中国语历史文法·跋》中提出了"同时资料"和"后时资料"的观点。对于《祖堂集》这部现存的最早的禅宗语录集，历来被视为研究禅宗史和语言史的珍贵资料。其语料问题的复杂，可以说是牵涉到语言的方方面面，诸如：语言的时代问题，语言的方言问题和语言的文白问题。梅祖麟（2001）和刘勋宁（1998）认为，《祖堂集》中有闽方言成分的存在，而张美兰（2003）认为，《祖堂集》中除有闽方言成分之外，还应该有通语成分的存在。就《祖堂集》中语言的时代来说，在《祖堂集》卷二"第三十二祖弘忍和尚""第三十三祖惠能和尚"等语录中有诸如"迄今唐保大十年壬子岁"（公元 952 年）的提法，类似提法的出现总共不下七次。由于受到它的干扰，不管是在宗教史研究领域，还是在语言史研究领域，我们总爱把《祖堂集》视为晚唐五代时期的文献。如语言学界太田辰夫（1987［1958］）在他所编辑的《〈祖堂集〉口语语汇索引》中，就很明确地把《祖堂集》断定为晚唐五代的作品。

当然，随着研究的深入，我们不能不对《祖堂集》是否都是晚唐五代时期的语言产生怀疑。曹广顺（2006）提出了把公元 952 年看作《祖堂集》成书的时间值得怀疑的观点。并提出了在编辑《祖堂集》时可能使用了唐代以前的材料的看法。日本学者衣川贤次（1998）和张美兰（2001）也提出，后人刊刻《祖堂集》时有补入添加内容的可能。本文认为，《祖堂集》前两卷与后面十八卷不是同时代的语言。

一　公元 952 年不能说明前两卷和后十八卷是同期的语言

一般认为，《祖堂集》成书的时间应该是公元 952 年前后，但到目前为止我们并没有看到它就是成书时间的准确记载，准确地说，公元 952 年只是交代出编者所在的时间，而不是《祖堂集》的成书时间。我们是不能把它作为成书时间的充要条件来对待的。

我们应该注意到的是，《祖堂集》中虽然有七次提到"今唐保大十年壬子岁"（公元 952 年）这一时间，但却都出现在前两卷中

的"六祖惠能"禅师及其以前的祖师的材料里。这就是说，公元
952 年只是交代出编者所在的时间。从另一方面看，前两卷所介绍
的祖师距编者所在年限至少有二百年之上，编者所辑录的先代禅
师的"实录""行录"比编者编书时间（公元 952 年）起码要早
在二百年以上，有的"实录""行录"或材料甚至远到中古时期。
显然，这些"实录"、"行录"材料是不能被看作与编者是同时代
的语言的。前两卷材料应该说是唐或唐以前的，包括引用的魏晋
南北朝译经和历代先祖禅师语言的记录。从第三卷到第二十卷的
十八卷文献，如果我们再一次从时间上来判断，到底是不是与前
两卷是同一时期的语言呢？答案也并不那么肯定。在后十八卷中，
也没有任何材料能够证明《祖堂集》的成书时间就是公元 952
年。从《祖堂集》的编写过程来看，《祖堂集》之所以名为"祖
堂集"，文僜（也作"省僜"，号净修禅师）在序中说："今则
招庆有静、筠二禅德，袖出近编，古今诸方法要，集为一卷，目
之《祖堂集》。"这就可以看出，正如曹广顺先生所说："《祖堂
集》中出现的'迄今唐保大十年壬子岁'这一时间不是判断它
成书时间的充要条件"，也就是说，我们并不能仅凭这一时间，
就断定公元 952 年是《祖堂集》成书的时间，并断定《祖堂集》
是晚唐五代时期的语言。从我们的考察来看，《祖堂集》中的语
言，尤其是前两卷的语言，存在着不同的历史层次，它与后十八
卷根本就不处于相同历史时期。下面是我们的取证。

二　从语言上看前两卷和后十八卷
非同一时期语言

　　使用《祖堂集》材料的人，往往忽略了《祖堂集》前两卷
和后十八卷在语言方面存在的差异。但曹广顺先生（2006）却

注意到，前两卷语言和第三卷以后的语言有明显的不同。如第二人称代词，在第二卷"三十二祖弘忍和尚"之前，只用"汝"，不用"你"。唐五代时期新出现的一些虚词或语法现象，像结构助词"底""地"，表示动态的"却"，表示时态的"来""去"等，在《祖堂集》的前两卷中或者不用，或者极少使用，而在后十八卷中却普遍使用。我们通过进一步的研究，发现前两卷和后十八卷在人称代词、指示代词、疑问句式和动补结构等方面也存在很大的差异。

1.　人称代词的差异

"某""某甲"等词，本不是第一人称代词，可是它们的用法却能指代第一人称，吕叔湘先生（1985：45—48）把它们称作"隐名代词"。《祖堂集》中"某""某甲""专甲""厶甲"都可用来指代第一人称，相当于"我"。"某甲"共出现237次，作主语、宾语、定语和兼语。前两卷中仅出现6次，并且都出现在"第三十祖大隋三祖"语录以后，其余的231次则出现在后十八卷中。"某"出现15次，作主语和宾语，都在后十八卷中。"专甲"出现32次，"厶甲"出现13次，也都在后十八卷中。"厶"和"专"都是"某"字的俗简体，"厶甲""专甲"都指"某甲"。（袁宾、张秀清，2005；王启涛，2006）《祖堂集》中"某""某甲""专甲""厶甲"用作第一人称的用例：

（1）你若如此，投某出家则不得。（《祖堂集》卷三）

（2）某甲未曾游天台，你自但去。（《祖堂集》卷三）

（3）佛日云："厶甲暂来礼见和尚，不宿。"（《祖堂集》卷七）

（4）宗和尚问："谁在这里念经？"对云："专甲独自

念，别无人。"(《祖堂集》卷十八)

据袁宾、张秀清（2005：560）的考察，用作第一人称代词的"某""某甲""专甲""厶甲"，主要见于晚唐五代和北宋。通过我们的初步考察发现，这些用作称代功能的词在唐代俗语口语里开始出现，到晚唐五代约定俗成，得到广泛运用，北宋初具规模。《祖堂集》前两卷中，除"某甲"出现了6次以外，其他的词都还没有出现，但在后十八卷中这些词则已使用开来了。从这一点看，前两卷接近唐初和唐以前的语言，后十八卷更接近晚唐五代的语言。

"你"做第二人称代词，唐代中后期开始通用。《祖堂集》中"你"字共出现392次，前两卷中仅出现8次，并且都集中在"唐土五祖弘忍和尚"语录里，其余的384次都出现在后十八卷中。"弘忍和尚"语录用"你"的例子如：

（5）是你诸人，若依此偈修行而得解脱。（《祖堂集》卷二"弘忍和尚"）

据吕叔湘先生（1985：3—4）的考察，唐代以前都用"汝"，唐代开始用"你"，到晚唐五代"你"和"汝"并行使用，实际上，"你"就来源于古代的"尔"。第二人称代词"你"在正史中最早可见于唐代编纂的《北齐书》《周书》《隋书》之中，计有8次。（太田辰夫1987）如：

（6）你父打我时，竟不来救。（《北齐书·帝纪》卷一）

这些用例说明，最迟到唐代时，"你"的称代义已经和"汝"

相同了，具备了和"汝"同用的条件。依照"汝"和"你"的使用情况，《祖堂集》前两卷中，除了"弘忍和尚"语录接近唐代的材料以外，其余的更接近唐以前的材料。后十八卷中"汝"和"你"并行出现，比较接近晚唐五代的材料。

第三人称代词古代汉语用"彼""其""之"，近代汉语用"他"。《祖唐集》中第三人称代词"他"共出现 188 次，[①] 其中后十八卷中出现 184 次，前两卷中仅出现 4 次，这 4 次都出现在"第三十二祖弘忍和尚"和"第三十三祖惠能和尚"这两个内容之中。又第三人称"他家"出现 5 次，见于后十八卷。"他"和"他家"的用例如：

（7）送将至店，道诚与他柴价钱。（《祖堂集》卷二"惠能和尚"）

（8）他家若在佛法中，用心三日，便合见。（《祖堂集》卷二十）

据郭锡良（1980）、王力（1985：270）、吕叔湘（1985）的考察，"他"做第三人称代词产生于唐代。冯春田（2000：47—50）认为，第三人称代词"他"的产生当不晚于初唐，晚唐五代开始，"他"的使用更为普遍，并且出现了"他家"的形式。我们进一步考察发现，晚唐五代时期的第三人称代词"他"主要用作主语和宾语，作宾语时与"之"并行使用，到宋代，"他"已经占据了主导地位。据此，我们可以断定《祖堂集》前

---

① 曹广顺（2006）研究，《祖堂集》中"他"总计出现 337 次，其中用作第三人称代词 188 次，作主语 42 次，宾语 114 次，定语和兼语各 16 次，其中作宾语的最多。我们进一步发现第三人称代词"他"前两卷 4 次，后十八卷 184 次。

两卷，除了"弘忍和尚"和"惠能和尚"这两种语录应该属于唐代的材料以外，其余的可以视为唐以前的材料。后十八卷中"他"用例更为普遍，主要用作主语和宾语，作宾语的"他"共出现 114 次，与"之"（145 次）基本并行而用，依此，我们可以断定，这应该视为晚唐五代的材料。

2. 指示代词的差异

"与摩""任摩""伊摩""只没""只摩""只宁"是近代汉语中产生的一组泛指代词。《祖堂集》中"与摩"共出现 505 次，前两卷中除了唐代"第三十一祖道信和尚"和"第三十二祖弘忍和尚"的语录里出现 3 次以外，其余 502 次都出现在后十八卷中。又《祖堂集》中"任摩"13 次，"伊摩"1 次，"只没"2 次，"只摩"6 次，"只宁"4 次，但都出现在后十八卷中，前两卷中无一用例。

（9）与摩则无圣去也。（《祖堂集》卷二"道信和尚"）

（10）学人不重朝廷贵，不可条然只摩休。（《祖堂集》卷九）

（11）独坐觉灵凉，行时也只宁。（《祖堂集》卷十九）

据吕叔湘（1985：298）考察发现，"与摩""任摩""伊摩""只没""只摩"都见于唐五代，冯春田（2000：83—85）考察发现，"只宁"最早见于唐代。而据我们的初步考察发现，"与摩"产生于唐初，盛行于晚唐五代，"任摩""伊摩""只没""只摩"出现于唐五代，而且各词之间形成一种对抗，对抗的结果是"与摩"占了上风。从唐五代到宋代，它们都使用于禅宗语录中，而它们的形成应该与方言有关。在《祖堂集》的前两卷中，"道信和尚"和"弘忍和尚"的语录里开始出现"与摩"，这两种语录与唐初的语言接近，其余的则更与唐以前的语言接近。后十八卷中，"与摩"得到普遍使用，"任摩""伊摩""只没""只摩"等只有少数用例，依此可以断定后十八卷与晚唐五代语言接近。

"这（者）""这（者）个""这（者）里""这边""这般"是近代汉语新出现的一组近指代词。《祖堂集》中近指代词"这（者）"61 次，"这（者）个"215 次，"这（者）里"139 次，"这边"10 次，"这般"3 次。（吴福祥，1996；冯春田，2000：83—118）前两卷中除了"这个"有 2 次用于"第三十二祖弘忍和尚"语录里以外，其余的都出现在后十八卷中。"这个"一词在后十八卷中很常见。例见吴福祥（1996）和冯春田（2000：83—118）。

据吕叔湘（1985：195—200）和冯春田（2000：83—118）的考察，"这（者）""这（者）个"产生于唐代，"这（者）里""这般"产生于晚唐五代。加在名词前面的"这（者）"，较早的用例在唐初的文献里可以见到，晚唐五代已普遍存在。"这（者）个"唐代就已出现，晚唐五代数量增多，可以用作指示和称代。"这（者）"跟"个"之间加用"一"字的用例，在唐五代还很少见，宋代以后逐渐增多。我们看到"这（者）里""这边"的用例是晚唐五代的，用作指示和称代，前者多于后者。"这些""这底"始见于宋代，"这般"开始出现时是与名词组合，表示样态，首见于晚唐五代，到宋代出现表称代和指示的用法。从《祖堂集》中的近指代词来看，前两卷除了在"弘忍和尚"语录中"这个"出现 2 次，其余的指代词一次都没有出现。据此我们可以断定，"弘忍和尚"语录接近唐代语言，其余都比较接近唐以前的语言。后十八卷中"这（者）""这

（者）个""这（者）里""这边""这般"等词广泛使用，"这些""这底"还没有出现。据此我们可以断定，后十八卷比较接近晚唐五代的语言。

与近指代词"这"系词同时，远指代词"那"系词也是唐代产生的一组新的指代词。《祖堂集》中"那"6 次，"那个"10 次，"那里"9 次，"那边"20 次，"那头"2 次。"那"系词的这些用法在前两卷中都没有出现，也只使用在后十八卷中。

据吕叔湘（1985）和冯春田（2000：120—125）的考察，"那""那里""那个""那头"出现于唐代，"那边"出现于晚唐时期。通过我们的进一步考察，"那"用作远指代词出现于初唐，后面都要跟名词。唐代中后期"那"后面带"个"字，用例不多见，到宋代开始普遍使用。唐代中期开始出现"那里"，称代方所。晚唐开始出现"那边""那头"。宋代出现"那些""那下""那厢""那的"。依此来看，《祖堂集》前两卷与后十八卷的语言归属和近指代词"这"系词所反映的情况一致。

另外，顺便提及的是"这（那）＋量＋名"形式。《祖堂集》中"这＋量＋名"形式共 103 次，"那＋量＋名"形式共31 次，除了 1 例"这＋量＋名"形式用于前两卷中"第三十一祖道信和尚"语录里以外，其余的不管是"这＋量＋名"，还是"那＋量＋名"，都出现在后十八卷中。据吕叔湘（1985）和梅祖麟（1987）的考察，"这（那）＋量＋名"形式在唐代已经出现。我们的考察发现，它们在初中唐只出现少数用例，晚唐五代才得到普遍使用。依据"这（那）＋量＋名"形式的使用看，《祖堂集》前两卷与后十八卷的语言归属也和近指代词远指代词所反映的情况相同。

从以上人称代词和指示代词的使用和分布的状况中，我们不难看出，前两卷中除了"第三十二祖弘忍和尚"和"第三十三祖惠能和尚"两个内容比较接近唐代初中期的语言以外，其余的应当更接近魏晋南北朝和隋朝时期的语言，而后十八卷更是接近晚唐五代时期的语言无疑。由此我们不能不断定，《祖堂集》中的前两卷和后十八卷并不是同一时期的语言。

3. 疑问句式的差异

3.1 特指疑问句的差异

用疑问指代词"阿那""阿那个""那个""那里""阿那里"等提问的特指疑问句唐五代开始出现了。《祖堂集》中用"阿那"提问的问句出现 2 次，用"阿那个"提问的问句 37 次，用"那个"提问的问句 6 次，用"那里"提问的问句 4 次，用"阿那里"提问的问句 2 次，由这些疑问代词组成的疑问句都出现在后十八卷中，前两卷中无一用例。

据张美兰（2003：132）的考察，用疑问指代词"阿那""阿那个""那个""那里""阿那里"等提问的特指疑问句出现于唐五代。我们初步调查发现，疑问指代词"那"字在魏晋南北朝时期开始出现询问处所的用法，唐初"那"字只零星地出现在询问人物的用法上，到晚唐五代"阿那""阿那个""那个""那里""阿那里"等形式相继产生，宋元时期进入成熟阶段。从《祖堂集》中"那"字的使用来看，前两卷中还没有出现"那个"等形式的特指疑问句，这证明前两卷应该属于晚唐五代前的材料。后十八卷中出现了"那个"等形式的特指疑问句，这证明后十八卷应该比较接近晚唐五代时期的材料。

用疑问指代词"什摩""为什摩""作摩生""什摩生""作摩"等"摩"字系形式提问的特指疑问句唐代开始出现了。《祖堂集》中用"什摩"的特指问句出现 819 次、用"作摩生"的问句 402 次，"为什摩"的问句 202 次，这三个是用得最多的。而前两卷中"什摩"只有 4 次，"摩生"只有 2 次，"为什摩"只有 2 次，并且都只出现在"道信和尚""弘忍和尚""惠能和尚"等语录之中。其余的都出现在后十八卷中。除此之外"什摩生"的问句 4 次，"作摩"的问句 35 次，它们也都全出现在后十八卷中。

据吕叔湘（1985：123）和张美兰（2003：144）的考察，用"什摩"的特指问句始见于唐代文献，用"作摩生"的特指问句始见于唐五代文献。我们发现"为什摩"产生于唐代，"什摩生""作摩"始于晚唐五代。《祖堂集》中"什摩""为什摩""作摩生""什摩生""作摩"等形式特指疑问句的使用情况，也仍然体现出前两卷和后十八卷的语言差异，前者靠近唐和唐之前，后者则靠近晚唐时期。

"争"字特指疑问句最早见于唐代的诗文里，（吕叔湘 1985：334）到晚唐五代则普遍盛行起来。《祖堂集》中"争"用于特指疑问句共出现 92 次，其中单用"争"字提问 72 次，"争奈（那）……何"16 次，"争奈"4 次。前两卷中只有单用的"争"出现过 2 次，其余的则都在后十八卷中。"争"字特指疑问句所表现的情况和"摩"字系的情况相同。

3.2   是非问句和反复问句的差异

据吴福祥（1997）的研究，句末用疑问语气词"摩"的是非疑问句始见于唐代，普遍使用于晚唐五代。《祖堂集》中句尾用"摩"的是非问句共出现 190 次，它几乎都出现在后十八卷中，前两卷中仅出现两次，见于"第三十三祖惠能和尚"语录之中。从语气词"摩"的出现来看，《祖堂集》中"摩"字是非问句，前两卷的使用跟唐代初期是非问句的面貌基本一致，后十八卷的使用跟晚唐五代是非问句所体现的情况大体一致。

对于反复问句"VP – neg"形式，魏晋南北朝时期都用"VP不"，个别用"VP无"，唐代"VP也无"形式开始产生，晚唐五代"VP不"和"VP也无"并行发展。（龙国富，2004）《祖堂集》前两卷中"VP不"15次，"VP也无"2次，只见于唐"惠能和尚"语录之中。这一使用状况体现出魏晋南北朝隋唐时期的语言面貌。后十八卷中"VP不"和"VP也无"的使用频率高，"VP不"占了186次，"VP也无"占了280次。这一使用状况和晚唐五代时期的语言面貌相似。

由"还"表疑问的"还VP"式反复问句始见于唐代，不受地域和方言的限制，晚唐五代以后大量出现。《祖堂集》中这种句式共出现457次，（张美兰，2003：220）其中前两卷中只在"弘忍和尚"和"惠能和尚"语录中出现4次，这两种材料跟"还VP"式反复问句初期的情况比较接近，其余的趋向于唐以前的语言。但是后十八卷中此句式共有453次，这跟"还VP"式反复问句晚唐五代时期的情况比较接近。

3.3　选择问句的差异

带连接成分"还"字的选择问句产生在晚唐五代。（阚绪良，1988）《祖堂集》中这类选择问句共出现5次，都出现在后十八卷中。带连接成分"是"字的选择问句也产生在晚唐五代。（阚绪良，1994）《祖堂集》中这类选择问句共出现25次，也都出现在后十八卷中。从这两种选择问句的使用来看，后十八卷比较接近晚唐五代时期的语言。

从上面四种疑问句使用来看，和上面代词的使用一样，前面两卷中除"第三十二祖弘忍和尚"和"第三十三祖惠能和尚"两个内容比较接近初中唐的语言以外，其余的都比较接近唐以前的语言，而后十八卷更接近于晚唐五代时期的语言。

4. 动补结构的差异

《祖堂集》中前两卷和后十八卷在动补结构方面也存在着一定的差异，可以佐证上述观点。这种差异主要表现在"V+动词"述补结构、"V+形容词"述补结构和"V+趋向动词"述补结构等方面。下面举例性地略加考察：

对于汉语动结式，现在多数学者认为它产生于魏晋南北朝，普遍使用于晚唐五代。（李平，1987；梅祖麟，1991；蒋绍愚，1999；刘承慧，1999）《祖堂集》动结式中表示完成和结果的补语动词共35个，其中有22个补语动词只出现在后十八卷里，如"见"（31次）、"倒"（9次）、"到"（10次）、"动"（4次）、"断"（9次）、"堕"（1次）、"及"（3次）、"开"（11次）、"累"（7次）、"落"（4次）、"断"（9次）、"定"（3次）、"散"（1次）、"杀"（15次）、"死"（2次）、"送"（5次）、"退"（1次）、"折"（5次）、"住（驻/柱）"（15次）、"著"（61次）、"转"（1次）、"毕"（10次）。有13个补语动词既在前两卷中使用，也在后十八卷中使用。如"成"（4：16）、"尽"（2：30）、"觉"（1：11）、"破"（1：29）、"取"（2：32）、"却"（5：110）"损"（1：2）、"止"（2：2）、"作"（1：56）、"讫"（4：14）、"竟"（7：9）、"已"（52：76）、"了"（7：100）。后十八卷的出现比例远远超过前两卷。这13个补语动词中，"成""尽""觉""破""取"五个在前两卷中都见于"唐净修禅师赞言"之中。我们可以看出，动结式前两卷中还没有普遍出现，主要集中在后十八卷中。

《祖堂集》中"V+形容词"述补结构中的形容词共7个，"正"（1次）、"圆"（1次）、"满"（4次）、"明"（10次）、"久"（6次）、"遍"（2次）、"彻"（2次），它们都用在后十八卷中，前面两卷中一个也没有出现。

　　《祖堂集》"V＋单音节趋向动词"述补结构中的单音节趋向动词共 8 个，其中"起""来"出现次数最多。表示趋向的"起"字共出现 97 次，可以用在 VC、VCO 和 VOC 等述补结构中。前两卷中"起"字只在唐代"惠能和尚"的内容里出现过一次 VCO 结构，后十八卷中出现 96 次。表示趋向的"来"字共出现 294 次，可以用在 VC 和 VOC 述补结构中，只有 5 次出现在前两卷中，289 次在后十八卷中。表示结果的"起"（10 次）、"来"（24 次）、"出"（3 次）、"去"（15 次）、"过"（13 次）、"入"（3 次）、"上"（3 次）、"下"（7 次）都出现在后十八卷中，前两卷中一次都没有出现。

　　《祖堂集》中作补语的双音节趋向动词"起来"（1 次）、"出去"（5 次）、"出来"（1 次）、"过去"（2 次）、"上来"（1 次）、"上来"（4 次），也都出现在后十八卷中。

　　另外，据吴福祥（1996，2002）等学者的研究，表示能性和状态的"V 得 C"结构出现于晚唐五代。《祖堂集》中表能性的"V 得 C"述补结构共出现 5 次，还有"得"字式状态补语"V 得 C"结构共出现 8 次，它们都出现在后十八卷中。

　　从以上四类补语使用情况的考察来看，它和前面所考察到的代词与疑问句的使用情况一样，前两卷中除"第三十二祖弘忍和尚"和"第三十三祖惠能和尚"两个内容接近初中唐的语言以外，其余的更接近唐以前的语言，后十八卷则全是晚唐五代的语言。当然要指出的是前两卷中净修禅师的偈颂语言应该例外。

三　从文献上看前两卷代表唐及唐以前的语言

　　如前所述，《祖堂集》在编写过程中，是有所本的，它是利用前人的语录、行录等材料编辑而成的。《祖堂集》作为禅宗语录，在内容和语言方面本具有承传性。在文体上前两卷模仿魏晋南北朝时期的佛经，散文体与偈颂体交错出现，讲求四字格的节律形式，很少押韵。这些特点和翻译佛经有着明显的共性。从文献上看，前两卷存在有魏晋南北朝和隋代译经及这两个时期的本土文献，以及唐代僧侣记录前师祖的语言，等等。前两卷中的小字注是否为宋人或高丽人增补，当作别论。前两卷共有 2.5 万字，其中直接或间接来源于魏晋南北朝和隋代的汉译佛经有 3000 字。如：

　　载《故本起经》云："佛之威神，至尊至重，不生边地之倾斜也。此迦毗罗城，三千日月，乾坤之中央也。往古诸佛，皆兴于此。"（见 10 页）该文段出自吴支谦译《佛说太子瑞应本起经》："三千日月万二千天地之中央也，佛之威神，至尊至重，不可生边地，地为倾邪，故处其中。周化十方，往古诸佛兴，皆出于此。"（见 3/473b）

　　又载《楼炭经》云："真阇王有一太子，名波迳迦，译云大鱼王也。"（见 13 页）该文段出自西晋法立共法炬译《大楼炭经》："真阇王有子，名波延。"（见 1/309a）

　　又载《佛本行经》曰："金团天子奉菩萨敕，为其观察。观察已竟，白菩萨言：'有刹利种，姓瞿昙氏，刹利帝后。依瞿昙大仙学道，从师姓瞿昙氏。元本以来，世世为金轮王之种族，乃至遮王苗裔以来，子孙相承，住彼迦毗罗城，释种之所都也。其中有王，名师子颊王。此王有太子，名输头檀那王。今此王者，于一切世间天人之中有大名称，堪为菩萨托生之处。'菩萨叹曰：'善哉！善哉！汝善观察诸王种姓，如汝所说，我定生彼。'"（见 17 页）该文段出自隋天竺三藏阇那崛多译的《佛本行集经》："金团白言：有一刹利，元本已来，从于大众，平量安立。世世转轮圣王之种，乃至甘蔗苗裔已来，子孙相承，在彼迦毗罗婆苏都释种所生。其王名为师子颊王，其子名为输头檀王。一切世间天人之中，有大名称。尊者堪为彼王作子，护明菩萨，报金团言：善哉善哉，金团天子，汝善观察诸王种家，我亦念在于此家生。"（见 3/679a）

据我们调查，像上面这样的译经有下面十三种：

《故本起经》，出自吴支谦译，又名《佛说太子瑞应本起经》/《楼炭经》，出自西晋法立共法炬译/《本行经》，出自北凉昙无谶译，亦名《佛所行赞经》/《普曜经》，出自西晋竺法护译/《(阿)育王经》，出自梁僧伽婆罗译/《涅槃经》，出自东晋法显译/《十二因缘经》，出自吴支谦译/《长阿含经》，出自后秦佛陀耶舍共竺佛念译/《中阿含经》，出自东晋瞿昙僧伽提婆译/《因果经》，出自刘宋求那跋陀罗译/《(四分)律》，出自姚秦佛陀耶舍共竺佛念等译/《俱舍论》，出自陈真谛译/《佛本行(集)经》，出自隋阇那崛多译（根据吕澂、汤用彤和任继愈等先生的研究，以上译经的年代和译者都是确定的）。

值得一提的是，《祖堂集》前两卷中有的译经引文出处有失偏颇。有把后秦佛陀耶舍共竺佛念译的《长阿含经》中的内容误作刘宋求那跋陀罗译的《过去现在因果经》中的内容。如载《因果经》云："中天大夏种姓有四，谓刹利帝种、婆罗门种、毗舍罗种、首陀种。刹利王种最为高贵，劫初以来，相承不绝。余之三姓，非此所论，但明佛姓，自分五别。"（见 11 页）而《因果经》中根本没有这方面的记载。这段文字应该源于《长阿含经》，此经中有"何谓为四，一者刹利种，二者婆罗门种，三者居士种，四者首陀罗种"（见 1/37a）的内容。

又有把同经异译的唐地婆诃罗译的《方广大庄严经》误作西晋竺法护译的《普曜经》。如载《普曜经》云："佛初生时放大光明，照十方界。地涌金莲，自然捧足。东西南北，各行七步。观察四方，一手指天，一手指地，作师子吼：天上天下唯我独尊。"（见 18 页）而《普曜经》中没有这方面的记载。这段文字应该源于《方广大庄严经》，此经中有："初生之时，能于十方，各行七步，举手唱言：天上天下，唯我最尊，唯我最胜。"（见 3/613c）

还有把刘宋求那跋陀罗译的《过去现在因果经》的内容误作隋阇那崛多译的《佛本行集经》，把西晋竺法护译的《佛说过去世佛分卫经》的内容误作西晋竺法护译的《普曜经》，把《佛本行集经》的内容误作《阿含经》，等等。从总体上看，所有引用的佛经都出自初唐和初唐以前的作品。

前两卷中有对历代众佛祖及前六祖的语言记录共 1.7 万字，这些材料是编者根据前人所载材料编辑而成的，所记录的祖师距编者最近的也已经有二百多年，可以断定这些材料是初唐和初唐以前的。

前两卷中还有 400 字的资料来自魏晋南北朝至唐初的中土文献，所载的中土文献有《山海经》、《周异记》、《七事记》、《西域记》等。

另外，前两卷中有净修的书赞共 33 次，每个佛祖都有一偈，约有 2000 字。净修禅师是静、筠二禅师的师傅，其生卒年代是公元 847?—972 年，净修（福先招庆）收在卷十三，文中提到净修出家参禅，以及受到"郡使钦仰"的经过，却没有提及他的卒年。这说明这些书赞的年代应在公元 972 年之前。

通过对以上文献的考证，我们能够断定《祖堂集》前两卷的语言出自初中唐和初中唐以前。

结　论

　　因为，我们不能证明前两卷与后十八卷在语言上有一致性，所以前两卷与后十八卷都成书于 952 年的说法也就得不到强有力的支持。相反，我们的事实足以证明，前两卷与后十八卷的语言没有一致性。在语言的变化中，语音和词汇的变化比语法的变化要快，这三者之中只有语法现象的变化最慢。《祖堂集》前两卷和后十八卷在语法方面所表现出来的这些不同，二者之间最短的时间差距至少也得有二百至三百年，有的甚至会更久。所以，我们的结论是，《祖堂集》前两卷和后十八卷的语言存在时代上的差异，前两卷中除"第三十一祖道信和尚""第三十二祖弘忍和尚""第三十三祖惠能和尚"的内容和净修禅师的偈颂应属于初中唐的语言以外，其余的应都属于唐以前的语言，后十八卷则与晚唐五代的语言比较接近。

参考文献：

曹广顺：《〈祖堂集〉语法研究》，未刊稿，2006 年，即将由河南大学出版社出版。

郭锡良：《汉语第三人称代词的起源和发展》，《语言学论丛》1980 年第 6 期。

芳泽胜弘：《〈祖堂集〉索引》，日本京都花园大学禅文化研究所 1994 年版。

阚绪良：《〈祖堂集〉中疑问副词"还""可"》，《第三届近代汉语论文集》1988 年版。

阚绪良：《〈五灯会元〉里的"是"字选择问句》，《中国语研究》1994 年第 36 期。

蒋绍愚:《近代汉语研究概况》,北京大学出版社 1994 年版。

吕叔湘著、江蓝生补:《近代汉语指代词》,学林出版社 1985 年版。

龙国富:《姚秦译经助词研究》,湖南师范大学出版社 2004 年版。

梅祖麟:《"这""那"不能单独作主语》,《中国语文》1987 年第 3
期。

梅祖麟:《现代汉语选择问句的来源》,《中央研究院历史语言研究所
集刊》第四十九本第一分册,1978 年版。又见《梅祖麟语言学论文集》,
商务印书馆 2000 年版。

梅祖麟:《〈祖堂集〉的方言基础和它的形成过程》,未刊稿,2001 年。

太田辰夫:《中国语历史文法》,蒋绍愚、徐昌华译,北京大学出版社
1987 年版。

王　力:《汉语史稿》,中华书局 1985 年版。

王启涛:《"厶甲"的使用以及"厶"表"专"义见于隋唐》,《中国
语文》2006 年第 3 期。

吴福祥:《敦煌变文语法研究》,岳麓书社 1996 年版。

吴福祥:《汉语能性述补结构"V 得/不 C"的语法化》,《中国语文》
2002 年第 1 期。

袁　宾、张秀清:《禅录词语"专甲"与"某专甲"源流考释》,《中国
语文》2005 年第 6 期。

衣川贤次:《〈祖堂集〉札记》,禅文化研究所纪要 24 号 1998 年版。

张美兰:《〈祖堂集〉语法研究》,商务印书馆 2003 年版。

张美兰:《高丽海印寺海东新开印版〈祖堂集〉校读札记》,《古汉语
研究》2001 年第 3 期。

本文使用的《祖堂集》是日本花园大学禅文化研究所影印本,1994 年
版。

从《摩诃僧祇律》看中古
汉语情态动词的连用

朱冠明

提　要：　情态动词连用是中古汉语中十分常见的语言现象。本文以《摩诃僧祇律》所提供的语言事实为基础，在广泛收集了中古情态动词连用的实例的基础之上，借鉴现代语言学对情态意义的分析，从连用的类别、范围、句法层次、语序、连用形式的发展等多方面探讨了中古情态动词的连用及其规律。

关键词：　情态动词；连用；中古汉语；摩诃僧祇律

引　言

1. 《摩诃僧祇律》简介

《摩诃僧祇律》（简称《僧祇律》）是佛教大众部所奉持之广律，40 卷，约 52 万字，佛陀跋陀罗与法显于东晋义熙十四年（418）二月共同译出。此律梁僧佑《出三藏记集》、隋费长房《历代三宝纪》、唐智升《开元释教录》、《隋书·经籍志》等均有收录。日本《大正新修大藏经》刊第 22 册，经号 1425。

从汉语史研究的角度看，《僧祇律》具有很高的语料价值，是一个理想的研究文本。说它具有很高的语料价值，是从这几个标准来衡量的：它具有足够的篇幅；它的译者迄无异议，年代可以精确到月份；它记载的大量的制戒缘由故事所反映的社会生活尤其是日常生活面之广，举凡衣食住行、婚丧嫁娶、市井买卖、詈骂殴斗，无不包括，是一般正统文献无法比拟的；它也包括了极为丰富的口语成分，口语化程度比较高，这一点朱冠明（2006a）有详细的论述，此处不赘。① 可以说，《僧祇律》较为全面真实地反映了中古汉语的面貌。

　　情态动词连用是中古汉语一个十分突出的现象，对此柳士镇（1992）、李明（2001）等学者都有所关注。尽管情态动词的连用先秦便已出现，如比较常见的有"可得"、"能得"、"愿得"等，但同中古相比，先秦连用形式在数量和种类上都远不如中古丰富。原因在于，一则中古新产生了一些情态动词，已有的情态动词产生了新的语义类型，数量上多于先秦，这样有了更多的连用的可能性；二则中古情态动词连用的范围比先秦有所扩大，比如"宜"、"当"都是先秦产生的情态动词，且在先秦有较高的出现频率，但其连用形式"宜当"　"当宜"却在中古才出现。《僧祇律》作为一部集中反映中古汉语面貌的文献，为我们提供了丰富的情态动词连用例证。本文即打算以《僧祇律》提供的情态动词连用现象为基础，分析中古汉语情态动词的连用类型及其规律。

---

　　① 　朱庆之先生（1992）即从这几个方面全面论述了中古汉译佛典的语言特点及其在汉语史研究中无与伦比的价值；汪维辉先生在第二届中古汉语国际研讨会（杭州，2001）上发表会议论文《试论〈齐民要术〉的语料价值》时，也口头提出这样的标准。

2. 情态与情态动词的语义类型

情态（modality）作为一个语法范畴，其核心的语法意义是表示说话人对句子所表达的命题或命题所描写的情景的观点或态度（Lyons，1977：452、739）。语言中表示情态的形式多种多样，但同英语一样，汉语中情态这一语法范畴的核心成员是情态动词（modal auxiliaries）。参照 Lyons（1977）、Palmer（1986、1990）、Bybee（1994）等对英语情态动词的分析，我们把汉语情态动词作如下的分类（以现代汉语中较典型的情态动词为例词代表）：[1]

类型 程度	知识情态	道义情态		动力情态	
		该允	估价	主语指向	中性（条件）
可能性	可能 他~到上海了	可以 你~进来	I配 他不~当班长	I能 他~说德语	能 从苏州一小时就~到上海
盖然性	应该 他~到上海了	应该 你~进来	II值得 这本书~看	II愿意 我~一个人去	
必然性	一定 他~到上海了	必须 你~进来			要 学生~遵守考场纪律~

知识情态（epistemic modality）表示说话人对命题（"他到上海"）真实性作出可能/盖然/必然的主观判断和推测；道义情态（deontic modality）该允类表示说话人对句子主语实施某一动作（"进来"）的可能性/盖然性/必然性施加主观的影响；动力情态（dynamic modality）与说话人的主观态度无关，主语指向类表示句子主语的能力或意愿，中性（条件）类表示一种客观的可能性/必然性。估价类与主语指向类均与可能性/盖然性/必

---

① 关于情态意义、情态动词的语义类型、汉语情态动词的范围与分类等问题的具体讨论，参见朱冠明（2002：9—17）。

然性这种语义程度无关，但估价类涉及说话人的主观态度。①

从表中可以看到，情态动词从语义类型（kinds）上可分为知识、道义和动力三大类，从语义程度（degrees）上可分为可能性、盖然性和必然性三个等级。本文对中古情态动词连用及其规律的探讨，就是基于对情态动词语义的这种分类。

3. 情态动词的连用

所谓连用（co - occurrence），是指两个或两个以上的情态动词在线性序列上连续出现。马庆株先生（1988）把现代汉语能愿动词的连用分为两类，一类是连续连用，一类是间隔连用；挨在一起形成一个复杂能愿结构的称为连续连用，被其他成分隔开而形成两个或更多能愿结构的称为间隔连用。如（转引自马庆株 1988）：

> 一个受过文字训练的人，说起话来应该能够更细致、更有条理……（吕叔湘《语文常谈》第 8 页）
> 嫁了人连自己的袜子都不会或不肯洗，那才是自私呢。（老舍《婆婆话》）

前例是连续连用，后例是间隔连用。中古未见情态动词的间隔连用，本文只讨论连续连用的情况。

同英语相比，情态动词连用是汉语的一个特点，不能连用是英语情态动词区别于其他助动词的形式特征之一（Palmer,

---

① 李明先生（2001：5；2002）把汉语助动词分为"认识、道义、条件、估价"四类，与本文分类大体一致，只是未将主语指向类纳入助动词范围，且估价类独立为一类，没有隶属于道义类。

1990：4）。① 但汉语中也并非任意两个情态动词都可以连用，刘月华等先生（2001：172）认为"只要意义上允许，能愿动词可以连用。"赵元任先生（1996：610）也说："有许多像'肯得可以'之类的说法不用，只是因为意思不通而已。"可见情态动词的语义对其连用存在一定的制约性。中古情态动词的连用同样受到语义因素的制约，但同现代汉语相比，中古又有它自身的特点。

一　《僧祇律》及其他中古文献所见情态动词连用形式

我们对《僧祇律》进行的穷尽性调查，共发现 36 个情态动词的连用形式②，即：

> 能勘，可勘，勘能，愿欲，愿乐，能得，可得，可中，足能，可得，应当，应宜，当应，宜应，宜当，应当，可应，应可，应得，当须，必应，要应，必当，欲得，欲须，必欲，堪应，当乐，必欲，当堪，当能，当得，当可，当须，必欲，必能。

---

① 但连用绝非汉语情态动词独有的特点。据 Palmer（1986：35），法语的情态动词便可连用，如：

（1）II veut pouvoir … （他愿能……）

（2）II peut vouloir … （他可能愿……）

② 同一连用形式但意义及连用类别不同，我们分别计算。比如"应当"，既可以是两个道义情态动词连用，也可以是两个知识情态动词连用，这样计作 2 个连用形式。此外还有三个情态动词连用的形式"愿欲乐"和"必当欲"等。因为三个以上的情态动词连用在中古非常少见，且反映出的连用规律同两个情态动词连用基本一致，故本文不考虑三个以上情态动词的连用。

为了更全面地分析中古情态动词的连用类型及其规律，我们将柳士镇（1992：129—133）、李明（2001：41—42）所列的中古情态动词连用形式，以及我们在其他中古文献中所发现的情态动词连用形式一并罗列出来，并综合加以分析。这样总共 69 个情态动词连用形式［其中序号用"〈　〉"的例句转引自柳士镇（1992：129—133）、李明（2001：41—42），不一一注明］，按照我们下文分类的顺序一一列出：

(1) 是中尽寿能勘忍不？（《僧祇律》，22/414b）

(2) 弟子六人悉愚暗，无可能言，必触忌讳。（《太平经》卷 46 "道无价却夷狄法第 62"）

(3) 无手脚人宛转来至其所，作是言："阿阇梨，我甚痛苦，不可勘忍，颇有少药施我，我欲疾死。（《僧祇律》，22/470a）

(4) 其中有二三比丘勘能行者，得越比尼罪。（《僧祇律》，22/274a）

(5) 诸比白佛："何因缘笑，唯愿欲闻。"（《僧祇律》，22/497b）

(6) 复语贼言："汝能出家不？"贼言："尊者，我本若出家，不遭此苦。今甚愿乐，何由可得？"（《僧祇律》，22/384b）

(7) 我今俗人多事，不能得往，愿阿阇梨数数往看。（《僧祇律》，22/289c）

(8) 若今受此秽欲事，终不可能得此道。（《佛本行集经》，3/782b）

(9) 比丘多饮酒已，欲使不醉，可得尔不？（《僧祇律》，22/386c）

〈10〉以此推之，可足知矣。(《贤愚经》，4/400c)

(11) 此宝可中作器，饮释伽罗浆。(《僧祇律》，22/462a)

(12) 凡有所须，皆应无阙，七世已来，堪得存济，以充供养，兼得行檀，作诸功德。(《佛本行集经》，3/885a)

(13) 种种诸果，或始结子，或子欲熟，或子已熟，堪可食噉。(《佛本行集经》，3/675b)

(14) 佛告阿难："汝与三十人众俱去，足能伏彼。"(《僧祇律》，22/287b)

〈15〉馆宇既修，生房粗构，博士见员，足可讲习。(《魏书·郑道昭传》，1242)

〈16〉比来众师神术显变，今察奇妙，足任伏彼。(《贤愚经》，4/361b)

〈17〉……则其年闰八月也，至此容可大寒邪！(《三国志·魏志·武帝纪》注)

〈18〉春稻必须冬时积日燥曝。(《齐民要术》卷2"水稻")

〈19〉五月湿热，蠹虫将生，书经夏不舒展者，必生虫也。五月十五日以后，七月二十日以前，必须三度舒而展之。须要晴时，于大屋下风凉处，不见日处。(《齐民要术》卷3"杂说")

〈20〉疗疾者，要须别引，消息用之耳。(《水经注》卷13)

(21) 师可得着我衣，我不得着师衣。(《僧祇律》，22/527c)

(22) 日时尚早，比丘复欲余行，应当白去。不白去者，波夜提。(《僧祇律》，22/390a)

（23）王教严重，事应宜速。（《僧祇律》，22/383c）

（24）计此一粒，百功乃成，当应尽食，何故弃地？（《僧祇律》，22/406b）

〈25〉此名犀犬，得之者，令家富昌。宜当养之。（《搜神记》卷12）

（26）欲有杀罚，宜应白王。（《僧祇律》，22/230a）

（27）出家之人，宜当诸根具足。（《僧祇律》，22/419a）

（28）朕疾患淹年，气力惙弊，如有非常，委任城大事，是段任城必须从朕。（《全后魏文》卷7）

（29）尔时世尊……便即告难陀言："汝今难陀须必知时洒扫寺地，所有澡盥，悉令水满。"（《佛本行集经》，3/913c）

（30）义恭虑世祖船乘陋小，劲虏突中流，容能为患，乃进说曰：……（《宋书·武三王传》）

（31）作是念：阿阇梨是一食人，应当须粥。（《僧祇律》，22/462c）

（32）又复言："正有孔雀，毛衣彩饰，观者悦目，可应为王。"（《僧祇律》，22/288c）

（33）二十僧中少一比丘，欲出罪者，是比丘不得出罪，诸比丘应可语。（《僧祇律》，22/263a）

（34）若得畜金银者，亦应得蓄五欲。（《僧祇律》，22/310c）

〈35〉尧舜时旧有此官，今天降印，宜可复置。（《搜神记》）

〈36〉父转年大，教告诸子当可施行，护身口意，布恩施德。（《生经》，3/100b）

〈37〉方今皇猷载晖，旧域光被，诚应综核暑度，以播

维新。承天历术，合可施用。（《宋书·律历中》）

〈38〉率实甲万人过浙江，谓思祖曰："应须作檄。"（《南齐书·王敬则传》）

（39）邑虽违科，当必绳正法，既举文书，操弹失理，至乃使邑远诣阙廷。（《三国志·钟繇华歆王朗传》裴注引《魏略》）

（40）不得着雨衣种种作事，当须大雨时被浴。（《僧祇律》，22/320a）

（41）假使应待，则相去弥年，亦宜必待，乃为衰经永服以穷生，吉蠲长绝于宗庙，斯不可矣。（《南齐书·礼下》）

〈42〉欲设主人祖送，不可舍去，宜须待之。（《三国志·魏志·曹爽传》注引《魏末传》）

（43）诸比丘应如是教：长老，比丘必应成就五法入众。（《僧祇律》，22/424a）

〈44〉君饮太过，非摄生之道，必宜断之！（《世说新语·任诞》）

〈45〉欲明此术甚难，须当身视，识其形色。（《三国志·蜀志·杜琼传》）

（46）前人若解、不解，要应作是语。（《僧祇律》，22/313a）

〈47〉然人情难保，要宜考核，两难其实。（《三国志·魏志·和洽传》）

（48）吾昔尝与共在桓宣武府，见使才皆尽，虽履屐之间，亦得其任。以此推之，容必能立勋。（《世说新语·识鉴》）

（49）乐叹曰："此儿胸中当必无膏肓之疾。"（《世说新语·文学》）

（50）世祖以天下始平，民未忘兵，而歆唱之，事宜必

克，复遣汉平蜀。(《华阳国志》卷5)

(51) 比丘乞食至一家，放糒囊置一处，从檀越乞水欲饮。檀越作是念：此比丘必当须糒。(《僧祇律》，22/355b)

(52) 我今欲得索某家女，当为我求。(《僧祇律》，22/274a)

(53) 应语檀越言："此树已干，欲须用。"(《僧祇律》，22/495c)

(54) 若有急事必欲去者，应给粮食，属累行伴。(《僧祇律》，22/507c)

(55) 时众鸟……即共集议："此鹦鹉鸟聪明黠慧，堪应为王。"便拜为王。(《僧祇律》，22/289a)

(56) 单于知恭已困，欲必降之。(《后汉书·耿弇传》)

(57) 诸长老莫助破僧事，当乐助和合僧。(《僧祇律》，22/284b)

(58) 汝等必欲令我分耶？(《僧祇律》，22/251a)

(59) 汝兄弟薄义多疑少信，谁当堪忍为汝分财？(《僧祇律》，22/251a)

(60) ……白佛言："我之相命，当有儿不？"世尊告曰："汝当有儿，福德具足，生长已大，当乐出家。"(《贤愚经》，4/430a)

(61) 男家便作是念：谁能为我和合？唯有沙门，多诸方便，能说法者，当能为我和合之。(《僧祇律》，22/274b)

(62) 何时当得自手供养世尊？(《僧祇律》，22/463a)

(63) 此残水亦当可饮。(《僧祇律》，22/508a)

(64) 牙师念曰：诸比丘皆当须用。(《僧祇律》，22/391a)

（65）彼转轮王必能飞腾虚空，而行住于地上。（《佛本行集经》，3/690b）

（66）妇人念言：此优陀夷必欲作如是如是事。（《僧祇律》，22/264b）

（67）以此入阵，必能济身，又不失马。（《僧祇律》，22/375a）

（68）彼胜而骄，我败而惧，以惧敌骄，必可克也。（《三国志·诸夏侯曹传》）

二　中古情态动词连用形式的类别

1. 分类方法

如下页连用图左栏所示，根据本文开头对情态动词的分类，我们可以把情态动词的语义类型分为三个层级。以动力情态为例，动力情态为第 1 级；动力情态可分为主语指向和中性两类，为第 2 级；主语指向类又可分为表能力和表意愿两类，为第 3 级。其中道义情态估价类和知识情态只有两级。按照不同层级内的连用，我们将情态动词的连用分为以下几类：

A. 同义连用，即同属于某一第 3 级内的两个情态动词之间的连用。

B. 同小类连用，即同属于某一第 2 级内的两个情态动词之间的连用，不包括 A 类。

C. 同大类连用，即同属于某一第 1 级内的两个情态动词之间的连用，不包括 A 类 B 类。

D. 异类连用，即分别属于不同的第 1 级内的两个情态动词之间的连用。

中古情态动词连用总图

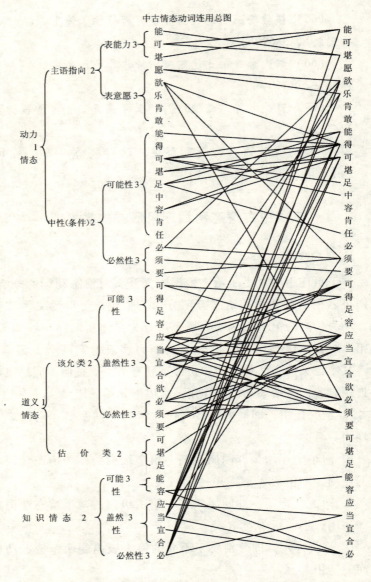

(上图表示连用时语序上左边一栏的词在前，右边一栏的词在后)

2. 同义连用

能堪$_1$ 可能$_2$ 可堪$_3$ 堪能$_4$（同属动力情态主语指向表能力）

愿欲$_5$ 愿乐$_6$（同属动力情态主语指向表意愿）

能得$_7$ 可能$_8$ 可得$_9$ 可足$_{10}$ 可中$_{11}$ 堪得$_{12}$ 堪可$_{13}$ 足能$_{14}$ 足可$_{15}$ 足任$_{16}$ 容得$_{17}$ 容可$_{18}$（同属动力情态中性表可能性）

必须$_{19}$ 须要$_{20}$ 要须$_{21}$（同属动力情态中性表必然性）

可得$_{22}$（道义情态该允类表可能性）

应当$_{23}$ 应宜$_{24}$ 当应$_{25}$ 当宜$_{26}$ 宜应$_{27}$ 宜当$_{28}$（同属道义情态该允类表盖然性）

必须$_{29}$ 须必$_{30}$（同属道义情态表必然性）

容能$_{31}$（同属知识情态表可能性）

应当$_{32}$（同属知识情态表盖然性）

3. 同小类连用

可应$_{33}$（道义情态该允类：可能性——盖然性）

应可$_{34}$ 应得$_{35}$ 宜可$_{36}$ 当可$_{37}$ 合可$_{38}$（道义情态该允类：盖然性——可能性）

应须$_{39}$ 当必$_{40}$ 当须$_{41}$ 宜必$_{42}$ 宜须$_{43}$（道义情态该允类：盖然性——必然性）

必应$_{44}$ 必宜$_{45}$ 须当$_{46}$ 要应$_{47}$ 要宜$_{48}$（道义情态该允类：必然性——盖然性）

容必$_{49}$（知识情态：可能性——必然性）

当必$_{50}$ 宜必$_{51}$（知识情态：盖然性——必然性）

必当$_{52}$（知识情态：必然性——盖然性）

4. 同大类连用

欲得$_{53}$（动力情态：主语指向表意愿——中性表可能性）

欲须$_{54}$（动力情态：主语指向表意愿——中性表必然性）

必欲$_{55}$（动力情态：中性表必然性——主语指向表意愿）

堪应$_{56}$（道义情态：估价类——该允类表盖然性）

5. 异类连用

欲必$_{57}$（动力情态主语指向表意愿——道义情态该允类表必然性）

当乐$_{58}$（道义情态该允类表盖然性——动力情态主语指向表意愿）

必欲$_{59}$（道义情态该允类表必然性——动力情态主语指向表意愿）

当堪$_{60}$（知识情态表盖然性——动力情态主语指向表能力）

当乐$_{61}$（知识情态表盖然性——动力情态主语指向表意愿）

当能$_{62}$当得$_{63}$当可$_{64}$（知识情态表盖然性——动力情态中性表可能性）

当须$_{65}$（知识情态表盖然性——动力情态中性表必然性）

必能$_{66}$（知识情态表必然性——动力情态主语指向表能力）

必欲$_{67}$（知识情态表必然性——动力情态主语指向表意愿）

必能$_{68}$必可$_{69}$（知识情态表必然性——动力情态中性表可能性）

三　中古情态动词连用的规律

从上举情态动词的连用例可以看出中古情态动词连用的一些规律。连用的范围（即哪两个情态动词可以连用）和连用的语序（即连用时哪个在前哪个在后）主要由情态动词的语义决定。

1. 情态动词连用的范围

大体来说，中古情态动词的连用同现代汉语一样，"只要意义上允许"，便可以连用。从我们考察的情态动词连用形式的范围来看，某些类的情态动词，由于意义上不允许，一般不和某些类的情态动词连用。具体如下（"×"表示两者一般不连用）：

1.1　动力情态主语指向表能力　×　动力情态主语指向表意愿

表能力的"能、堪、可"一般不和表意愿的"愿、欲、乐、肯、敢"连用。这两类情态动词都涉及句子主语内在的性向（disposition），一为"能力"，是句子主语客观具备的能力技能；一为"意愿"，是句子主语主观选择的倾向。主观客观之间具有不相容性，二者不能构成支配关系，以现代汉语为例：

＊他能愿说英语。｜　＊他愿能说英语。

支配关系下，"能愿说"指句子主语客观具备"愿说"的能力，但"愿说"根本不是一种客观的能力；"愿能说"指句子主语主观倾向选择"能说"，但是否"能说"根本不由选择，所以二者在逻辑上相悖。后句"他愿能说英语"在一种情况下句子是通的，即"愿"意为"希望"，但此时句子可变换为"他愿他能说英语"，"愿"已经不是情态动词。

另外，现代汉语中二者可以构成并列关系，但必须是间隔连用：

他能而且愿说英语。

但这种间隔连用是现代汉语才出现的用法，中古未见。这两类既不能构成支配关系，也不能构成并列关系，所以不能连用。

1.2　同大类：表可能性　×　表必然性

同属于某一大类动力情态、道义情态或知识情态内表可能性的情态动词一般不与表必然性的情态动词连用。道理很简单，因为从逻辑上讲，可能性和必然性存在这样的等值关系：

可能不 ≡ 不必然　必然不 ≡ 不可能

可能性意味着非必然性，必然性意味着非可能性，如果二者连用，逻辑上矛盾。以现代汉语"可能"和"一定"为例，假如二者连用，会得到如下句子：

*他可能一定不来。

因为"一定不" ≡ "不可能"，通过等价替换，上句可变换为

*他可能不可能来。

这是一个自相矛盾的句子，故而不成立。①

但不属于同一大类的表可能与表必然的情态动词之间可以连用，如知识情态表必然性的"必"可以同动力情态中性类表可能性的"能、可"连用为"必能"、"必可"。因为二者不属于同一层面，"必"表主观推测的必然性，"能、可"表客观存在的可能性，"必能""必可"表示说话人主观推测必然存在某种客观可能性，逻辑上并无矛盾。

1.3　道义情态该允类 × 知识情态/动力情态中性类

道义情态该允类情态动词一般不与知识情态和动力情态中性类情态动词连用，也是因为缺乏连用的语义基础。

知识情态与道义情态都表达说话者的主观态度或观点，但前者是说话人对命题真实性的推测判断，属于认识的世界；后者是说话人作为某种权威对听话人表达一种指令，属于社会的现实的世界。说话人不可能表达一种指令，同时又对自己表达这种指令

---

① 有一个特例，同属知识情态的"容"和"必"，一表可能性，一表必然性，但二者可连用为"容必"，见前文（第119页）附例（48）。其中原因有待进一步研究。

的真实性进行推测判断。以现代汉语为例：

> a 我可以／必须进来吗？——你可以／必须进来。
> b 我可以／必须进来吗？——*你可能可以／必须进来。

前例 a 答语是典型的道义情态动词的用法，表示说话人以权威的身份对听话人施加影响。后例 b 答语加上知识情态动词"可能"后则句子不通。除非说话人不再是权威的身份，只是对某种客观可能性／必然性进行推测，那么句子是通的；但此时"可以／必须"已不是道义情态动词而是动力情态中性类情态动词。

同样，道义情态该允类也不能和动力情态中性类连用，因为中性类表示的是一种客观可能性／必然性，说话人并不能对客观可能性／必然性的有无施加主观的指令。

2. 情态动词连用的句法层次

马庆株先生（1988）指出，现代汉语能愿动词的连续连用只能是述宾结构，能愿动词以一般动词作宾语，这个述宾结构又作前一个能愿动词的宾语，是谓词性结构递归性的典型表现，后一个能愿动词与前一个能愿动词没有直接的组合关系。即

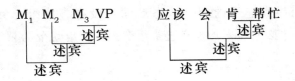

但中古情态动词连用的情况与现代汉语有所不同，两个连用的情态动词既可以如上没有直接组合关系，也可以是并列关系，组合起来与一般动词构成述宾结构。即：

$$M_1 \; M_2 \quad VP \qquad M_1 \; M_2 \quad VP$$

述宾　　并列

述宾　　　　　　述宾

2.1　同义连用

所有同义连用的两个情态动词都是并列关系。如"能堪VP"、"应当VP"等均应切分为"能堪 ｜ VP"、"应当 ｜ VP"。

2.2　同小类连用

同小类连用实际上只包括道义情态该允类表盖然性与表可能性（应可/可应）、表盖然性与表必然性（宜必/必宜）的连用，以及知识情态表盖然性与表必然性（当必/必当）的连用，也都是并列关系。①

2.3　同大类连用

在我们考察的范围内这类连用形式只有动力情态的"欲得"、"欲须"、"必欲"3 个，和道义情态的"堪应"。动力情态类连用没有直接组合关系，分别应切分为"欲 ｜ 得 VP"、"欲 ｜ 须 VP"、"必 ｜ 欲 VP"；道义情态类连用是并列关系，应切分为"堪应 ｜ VP"。

2.4　异类连用

所有异类连用的两个情态动词都没有直接组合关系，如"当乐"、"必能"等均没有直接组合关系，应切分为"当 ｜ 乐VP"、"必 ｜ 能 VP"。

---

① 知识情态表可能性与表必然性连用的"容必"这一特例似也为并列关系，应切分为"容必 ｜ VP"。

3. 情态动词连用的语序

同现代汉语一样，中古情态动词连用的语序即哪个在先哪个在后也表现出一定的规律性，而且在语序规律上中古同现代有相当的一致性，同时也存在一些差异。

3.1 并列关系连用的语序

现代汉语不存在连续连用而为并列关系的情态动词。中古两个并列关系连用的情态动词理论上讲都可以相互颠倒，即既可以是 M_1M_2，也可以是 M_2M_1。从我们发现的连用形式来看，也基本符合这一规律，如"能堪/堪能"、"足可/可足"、"要须/须要"、"应可/可应"、"应当/当应"、"应宜/宜应"、"应须/须应"、"当宜/宜当"、"当须/须当"、"必须/须必"、"当必/必当"，等等。有些并列连用只有一种形式，如有"可能"而未见"能可"，我们推测只是因为调查的语料范围不够大，或相关文献记载不够全面，并非实际语言中不能有"能可"这种语序，因为在"足可"、"容可"、"应可"、"当可"、"宜可"等连用形式中，"可"都能居于后一位置。

但有例外如，"得"在所有的连用形式中（包括没有直接组合关系的连用）都居于后一位置，如"能得"、"可得"、"堪得"、"容得"、"欲得"、"应得"等。对此段业辉先生（2002：65）的解释是："'得'的义素中包含'结果'这一义素。……从事物的发展规律和人们的逻辑思维习惯来看，无论是事物，还是人们的思维，总是沿着'发生——发展——结局（结果）'这一轨迹进行的。……在没有特殊需要的情况下，（语言）就必须与事物发展规律及人们的思维习惯相吻合。由此看来，不包含'结果'义的'可'、'能'等助动词在前，包含结果义的'得'在后这种语言现象就不难理解了。"情态动词"得"由表"达成、实现"义的一般动词发展而来,段先生所谓的"结果"义,即"得"有侧重表示"达成、实现"的意味。[①] 我们赞同段先生这种分析。

3.2   没有直接组合关系的连用的语序

如前文 203 页所述,中古没有直接组合关系的连用形式实际上只有两类:一类是同大类连用中的"欲得"、"欲须"、"必欲"3 个,另一类是异类连用中的"欲必"、"当乐"等 13 个,前文已列。

3.2.1   同大类连用

据 203 页的分析,"欲得"连用中"得"自然在后一位置。

"欲须"和"必欲"中"须"和"必"同义,均属动力情态中性类表必然,由此看来,"欲"与二者连用似乎可互为先后。

3.2.2   异类连用

又可分为两类:

一为知识情态与动力情态连用,包括"当堪、当乐、当能、当得、当可、当须、必能、必欲、必可"9 个。规律是知识情态总在前一位置,没有例外。

一为道义情态与动力情态连用,包括"欲必、当乐、必欲"3 个。规律是道义情态在前一位置,但"欲必"是个例外(动力情态在前,道义情态在后)。据吴金华先生(1992:75),"欲必"只是中古时期流行的说法。因为并不符合汉语习惯和总体规律,所以到唐宋便逐渐消失。

异类连用的语序规律,中古与现代汉语基本一致。马庆株先生(1988)按语义把现代汉语能愿动词分为六个小类,其中第

---

① 参看杨平先生(2001)。

①类为可能动词 A 类（"可能"），第②类为必要动词（"应该"、"要"等）。马先生关于能愿动词连用语序的结论是①＞②＞③＞④＞⑤＞⑥，即①、②类总在其他各类之前。按我们对情态动词的分类，马先生的第①类是知识情态，第②包括道义情态，这两类总在其他类之前，这一点与中古一致。但知识情态并不与道义情态该允类连用，所以第①类和第②类之间不存在语序先后问题。①

　　在与其他类情态动词（中古仅含动力情态类）的连用中，知识情态和道义情态之所以总在先一位置，也是受它们语义的制约：二者都表达说话人的主观态度，是命题外成分，不受其他句子成分的支配；而动力情态是命题内成分，本身便是命题的一部分，假如知识情态或道义情态位于动力情态之后，便受动力情态的支配而成为命题的一部分，这与二者的语义属性相矛盾。②

---

①　马先生第②类中的"应该"既可属知识情态：

　　　　家里灯亮着，他应该在家。

也可属道义情态，

　　　　妻子病了，你应该在家陪她。

那么知识情态的"应该"应归入第①类，与"可能"同类，这样"应该"与"可能"属并列关系连用，可互为先后。现代汉语中"可能"并不如马先生所言，总在"应该"前。我们在互联网上用 Google 搜索引擎搜索关键字"应该可能"，搜索结果共有 722 篇文献，如：

　　　　主持人：其实就这个问题解决的途径来看，应该可能还有很多方式，还可以有调解或者说还可以诉讼，为什么你们没有把这个路走完就决定开始砸车了？　（《中电电视台〈实话实说〉："砸奔驰"》，http：//www.99sky.com/news/hubei/200201/15/0020.htm，2002/5/5）

说明同属知识情态的"可能"和"应该"连用时可以互为先后。

②　史金生先生（2003）从主观化程度的角度来分析了副词连用的语序，指出主观化程度越高的词越靠前，这也适用于情态动词语序的分析，显然知识和道义类情态动词的主观化程度要高于动力情态。

四　中古情态动词连用形式的发展

任何两个词的连用形式可能有三种发展的结果，一是这个连用形式因为长期连用而凝固成一个双音词；二是长期继续连用而未成词；三是这个连用形式消失。

1. 凝固成双音词

据李明先生（2001：89—90），中古以后由助动词复合而成的双音节助动词如下（下划线为笔者所加，表示中古已存在该连用形式）：

唐代有5个：<u>足可</u>、<u>应当</u>、<u>应须</u>、<u>当须</u>、<u>须要</u>

宋代有10个：<u>足可</u>、<u>应当</u>、合当、<u>应须</u>、<u>须当</u>、须合、<u>须要</u>、须著、须用、须索

元明有12个：<u>足可</u>、<u>堪可</u>、<u>应当</u>、合当、合应、合该、应该、<u>须当</u>、索合、索须、<u>须要</u>、索要

清代有6个：应该₁、<u>应当</u>、该当、合该、<u>须要</u>、应该₂

现代汉语有4个：应该₁、<u>应当</u>、可能、应该₂

（案：李明先生未将现代汉语"必须"视为助动词，也未列"须要"。据我们考察，"必须"在唐初即已凝固成双音情态动词；另外，现代汉语中的"可能"与中古连用形式"可能"并无直接来源关系。并详见朱冠明，2006b）

从上可见，中古连用形式在后代先后成词的共有8个，即足可、应当、应须、当须、须要、必须、须当、堪可。其中"足可、应当、须要、必须、堪可"属同义连用，"应须、当须、须当"属同小类连用。这8个词又有不同的命运，分别在不同的时代消失（宋：当须；元明：应须；清：足可、堪可、须当），

只有"应当"、"必须"和"须要"一直存留到现代汉语中。

2. 长期连用而未成词

笔者检索了《金瓶梅词话》和《红楼梦》各前六十回，发现4个中古时期已出现但一直未成词的连用形式：

（1）受人之托，必当终人之事。（《金瓶梅》第56回）

（2）可惜世人只知看戏，未必能领略这其中的趣味。（《红楼梦》第23回）

（3）潘金莲见李瓶儿有了官哥儿，……必欲唬死其子，使李瓶儿宠衰，教西门庆复亲于己。（《金瓶梅》第59回）

（4）小的们只在临敬门外伺候，里头的信息一概不能得知。（《红楼梦》第16回）

因为检索范围有限，明清存留的未凝固成词的中古情态动词连用形式可能不止这四个，但可以肯定的是，大量的连用形式已经消失。

3. 消失

中古情态动词连用形式留存到现代汉语中的只有3个：应当、必须、须要，其他数十个已全部消失。消失的原因主要有以下几点：

其一，很多情态动词本身已经消失，其连用形式自然不复存在，如"堪、欲、乐、足、容、任、合、宜"等。

其二，有些情态动词虽未消失，但局限于书面语，口语中基本已被其他同义的双音情态动词所替代，如：可—可以；必—必须/一定；须—须要/必须；应、当—应当/应该。原来的单音连用变成双音节连用,如"当可"变成"应该可以",那么原来的连用形式也就消失了。

　　其三,现代汉语情态动词的连用不如中古自由,这也是造成一些连用形式消失的原因。比如同义连用在中古非常常见,但现代汉语中同表道义情态该允类盖然性的"该"和"当"却不能以同样的方式构成"该当/当该"。

　　参考文献:

　　段业辉:《中古汉语助动词研究》,南京师范大学出版社2002年版。

　　李明:《汉语助动词的历史演变研究》,北京大学博士学位论文,2001年。

　　李明:《两汉时期的助动词系统》,《语言学论丛(第二十五辑)》,商务印书馆2002年版。

　　刘月华、潘文娱、故韦华:《实用现代汉语语法(增订本)》,商务印书馆2001年版。

　　柳士镇:《魏晋南北朝历史语法》,南京大学出版社1992年版。

　　马庆株:《汉语动词和动词性结构》,北京语言学院出版社1992年版。

　　史金生:《语气副词的范围、类别和共现顺序》,《中国语文》2003年第1期。

　　吴金华:《世说新语考释》,安徽教育出版社1994年版。

　　杨平:《助动词"得"的产生和发展》,《语言学论丛(第二十三辑)》,商务印书馆2001年版。

　　赵元任:《中国话的文法》(丁邦新译),赵元任卷,河北教育出版社1996年版。

　　朱冠明:《摩诃僧祇律情态动词研究》,复旦大学博士学位论文,2002年。

　　朱冠明:a.《略谈〈摩诃僧祇律〉的语料价值》,《正观》(台湾),2006年第38期。

　　朱冠明:b.《情态动词"该"的来源 附论"可能"》,《汉语史学报

（第六辑）》，上海教育出版社 2006 年版。

　　Bybee，J. et al. *The Evolution of Grammar*，Chicago and London ：The U-
niversity of Chicago Press，1994.

　　Lyons，J. *Semantics*，2 vol. Cambridge：Cambridge University Press，
1977.

　　Palmer，F. R. *Modality and the English Modals*，2nd ed. London：Long-
man，1990.

　　Palmer，F. R. *Mood and Modality*，Cambridge：Cambridge University
Press，1986.

作者简介：朱冠明，男，1973 年生，中国人民大学文学院
讲师，主要研究佛教汉语及汉语语法史。

《诗经》中"行"字音义试探

李添富

一　前言

　　自董仲舒《春秋繁露》揭橥"诗无达诂"以来，学者之解《诗》，或遵毛、郑与诗序，或径就诗文以为说解，虽或各自得之，然亦不乏轻凭臆解，妄自为说之例。愚尝从王师静芝修习《诗经》，静公说解诗篇，虽不偏废诗序、毛、郑、朱传以及前辈学者研究创获之所得，亦不主张全盘接受旧注说解。以为说解诗篇，不可迁曲，亦不可任意臆断，当细考诗文并考校其时势背景再行说解。其于诗序，或取或不取，全凭诗文以论断，故其《诗经通释》一书之说解，平浅自然，读之每有会心之感。

　　其后，愚又从本师陈伯元先生研读《诗经》，陈先生虽亦主张说解诗篇必得确切掌握其时代背景以及诗文本旨，更以为诗序以及毛郑之说，或有迁曲难明之处，若舍而弃之，则将有断层之憾，盖诗序虽或迁曲，却属汉儒研读《诗经》，运用《诗经》时所赋予之另一生命。更有甚者，伯元师以为就诗序以解《诗》，遇有不易明了说解之处，亦不可片面舍之，盖序者、编者自有其一贯之理念，必全盘取之，方可得其真味，或取或不取，则是读者依其预设自行说解，而非作序者之本意也。

　　后学不敏，虽研读诗篇之时，尚能依循两位老师之训诲推寻其意旨，却又每惑于诗中字句音义关系，于是镇日思索，盼能求得正解。譬如《周南·卷耳》"嗟我怀人，寘彼周行"一句，历来说解纷歧，其间最为关键者，莫非"行"字之音义。今考《广韵》"行"字凡四见：

平声　唐韵　匣母开口一等：胡朗切　音〔ɣɑŋ〕（航）伍也，列也。

平声　庚韵　匣母开口二等：户庚切　音〔ɣaŋ〕（衡）行步也，适也，往也。

去声　宕韵　匣母开口一等：下浪切　音〔ɣɑŋ〕（沆）次第。

去声　映韵　匣母开口二等：下更切　音〔ɣaŋ〕（绗）景迹，事也，言也。

就古韵音读而言，上述音读皆属匣母阳部，亦即就《诗经》古韵而言，不论"行"字之取意如何，率皆属于匣母阳部，然就实际现象而言，"行"字之音读却随意象不同而有别。考诸陆德明《经典释文》之音注，《诗经》中"行"字之音读，凡取其行趋本义或直接引申之道路、途径、方法、适、往等义者，除《邶风·北风》"携手同行"注云："音衡，道也。"外，大抵不标注音读；凡作品行、德行解者，则注云"下孟反"；凡作列位，职位或行列解者，则注云"户康反"或"户郎反"，条秩井然。

为详考"行"字于《诗经》中之音义关系以及诸家说解异同之缘由，本文试列举诸家说解，逐一检讨《诗经》中79例"行"字之音义，以为日后《诗经》研究开展之参考。

二　例释

本文例释兼采古今说解，为行文方便，注疏典籍均简略称述。如《经典释文》简称《释文》，《诗经诠释》简称《诠释》，《诗经通释》简称《通释》，《诗经直解》简称《直解》。至于构拟音读，则以从本师陈先生说，以洪叶版《广韵》标注之音读标注之。

1. 《周南·卷耳》

采采卷耳，不盈顷筐。嗟我怀人，寘彼周行。

《释文》：户康反。行，列位也。
《通释》：行，大道也。行，音杭。
《诠释》：周之国道，引申其义，犹言大道。
《直解》：大路旁。
【按】：行字或作列位，或作行道解。大抵作列位解者，皆音［ɣɑŋ］（杭），作行道解者，不标注音读，依例当读作［ɣɑŋ］（衡），今音作［çiŋ］。王师静芝凡作行道解者，皆音［ɣɑŋ］。

2. 《召南·采蘋》

于以采蘋，南涧之滨，于以采藻，于彼行潦。

《诠释》：《正义》云："行者，道也。"《说文》云："潦，雨水也。"然则行潦，道路上流行之水。马瑞辰云："行者，洐字之渻，沟水之流曰洐，雨水之大曰潦，"行与潦为二，两说均可通。
《通释》：行潦，流动之水也，指溪河也。
《直解》：行潦，流潦也。

【按】：流动、道上、洐字皆音［ɣaŋ］。

3. 《召南·行露》

　　厌浥行露，岂不夙夜？谓行多露。

《诠释》：行，道也。
《通释》：行，音航，道路也。行露，道上之露也。
《直解》：大路旁。
【按】：诸家皆作道路解而不注音读，依例当读作［ɣaŋ］。
王师静芝音［ɣaŋ］。

4. 《邶风·击鼓》

　　击鼓其镗，踊跃用兵，土国城漕，我独南行。

《郑笺》：我独见使从军南行伐郑。
《通释》：南行远征。
《直解》：南行伐郑。
【按】：诸家说解大抵皆作行趋而不标注音读，盖用本义故
不标注音读也。当音［ɣaŋ］。

5. 《邶风·谷风》

　　行道迟迟，中心有违，不远伊迩，薄送我畿。

《毛传》：迟迟，舒行貌。

《郑笺》:徘徊也。行于道路之人,至将于别,尚舒行其心徘徊然。

《直解》走路走得迟迟。

【按】:诸家大抵皆作行走义解,而不标注音读,盖亦用本义故也,当音〔ɣaŋ〕。

6. 《邶风·泉水》

出宿于泲,饮饯于祢,女子有行,远父母兄弟。

《郑笺》:行,道也,妇人出嫁之道。远于亲亲,故礼缘人情,使得归宁。

《诠释》:嫁也。

《通释》:出嫁而远行。

《直解》:出嫁之道。

【按】:诸家大抵解作出嫁之"道",盖由行趋引申之义,故不标注音读,当音〔ɣaŋ〕。

7. 《邶风·北风》

北风其凉,雨雪其雱,惠而好我,携手同行,其虚其邪,既亟只且!

《释文》:音衡,道也。

《毛诗》:行,道也。

《郑笺》:性仁爱而又好我者,与相携持,同道而去疾时政也。

《通释》：行，音杭，携手而行。

《直解》：一路同往。

【按】：解者以行字作道路、途径、或作行走，盖皆本义或直接引申之例，故不标注音读。当读作 [ɤaŋ]。

8.《鄘风·蝃蝀》

蝃蝀在东，莫之敢指，女子有行，远父母兄弟。

《郑笺》：行，道也，妇人生而有适人之道。

【按】：此亦女子出嫁之"道"也。参见例6《邶风·泉水》。音 [ɤaŋ]。

9.《鄘风·蝃蝀》

朝跻于西，崇朝其雨，女子有行，远兄弟父母。

【按】：说同上。音 [ɤaŋ]。

10.《鄘风·载驰》

陟彼阿丘，言采其蝱。女子善怀，亦各有行。许人尤之，众稚且狂。

《毛传》：行，道也。

《郑笺》：善，犹多也，怀，思也。女子之多思者有道。

《诠释》：行，道也。

《通释》：行，音杭。各有其多思之道。

《直解》：道理，主张。

【按】：诸家说解大抵作道理、主张，亦即缘由也，亦本义之引申，故除王师静芝注音杭 [ɣɑŋ] 外，多不标注音读，依例当读作 [ɣɑŋ]。

11. 《鄘风·载驰》

我行其野，芃芃其麦。控于大邦，谁因谁极。

《毛传》：愿行卫之野。

《通释》：行过郊野。

《直解》：走过。

【按】：此行字诸家皆作行趋义，盖用本义故不标注音读，当音 [ɣɑŋ]。

12. 《卫风·氓》

自我徂尔，三岁食贫。淇水汤汤，渐车帷裳。女也不爽，士贰其行。士也罔极，二三其德！

《释文》：下孟反。

《郑笺》：我心于女，故无差贰，而复关之行有二意。

《孔疏》：我心于汝男子也，不为差贰，而士何谓二三其行于己也。士也行无中正，故二三其德，及年老而弃己，所以怨也。

《诠释》：或，两样。或其行，谓其行为改变不同于初时也。

《通释》：行，音杭，变其前行。

《直解》：变花样。

【按】：《释文》从毛、郑而以为此当作"德行"解，故音 [ɤaŋ] 去声。《诠释》、《直解》则谓其行为异于往常，故音 [ɤaŋ] 平声。王师静芝虽亦作行为解而音杭 [ɤaŋ]。今考行为、德行音读，但平、去不同耳，若就下文"二三其德"而言，此或从《释文》读作去声下孟反为宜。

13.《卫风·竹竿》

　　泉源在左，淇水在右。女子有行，远兄弟父母。

《郑笺》：行，道也。女子有道，当嫁耳。

《通释》：有行，谓出门，即出嫁。

《直解》：出嫁之道。

【按】：此亦女子出嫁之"道"也。参见例 6《邶风·泉水》。音 [ɤaŋ]。

14.《王风·黍离》

　　行迈靡靡，中心摇摇。知我者，谓我心忧；不知我者，谓我何求。

《毛传》：迈，行也。

《郑笺》：行，道也，道行犹行道也。

《诠释》：行迈，犹言行路。

《通释》：行迈，犹言行进。

《直解》：走路走的慢慢。

【按】：毛、郑以迈为行，以行为道，正屈先生与王师静芝所谓行路或行进也，亦本义或其直接引申者也，故不标注音读，当读作〔ɣaŋ〕。

15.《王风·黍离》

　　行迈靡靡，中心如醉。知我者，谓我心忧；不知我者，谓我何求。

【按】：说同上，音〔ɣaŋ〕。

16.《王风·黍离》

　　行迈靡靡，中心如噎。知我者，谓我心忧；不知我者，谓我何求。

【按】：说同上，音〔ɣaŋ〕。

17.《郑风·有女同车》

　　有女同行，颜如舜英，将翱将翔，佩玉将将，彼美孟姜，德音不忘。

《毛传》：行，行道也。
《郑笺》：女始乘车，婿御轮三周。
《通释》：同车、同行，固可为事实，亦象二人相偕之义，指夫妇也。

【按】：诸家于此，多未加注，盖如其字，二人共乘一车，结伴同行义也。然则当读作［ɤaŋ］。

18.《郑风·丰》

衣锦褧衣，裳锦褧裳，叔兮伯兮，驾予与行。

《毛传》：叔伯，迎己者。
《孔疏》：言己裳衣备足，可以行嫁矣。
《诠释》：与，共也。此愿望之辞，盖盼其人驾车来而相与共去也。
《通释》：言驾车与我同行。
《直解》：把车载我同行。
【按】：诸家说解或云同行，或谓女子行嫁，皆当读作［ɤaŋ］，说见前列6、8、9、13、17诸例。

19.《齐风·载驱》

汶水汤汤，行人好多，鲁道有荡，齐子翱翔。

《毛传》：行人彭彭，是为通道。
《诠释》：彭彭，盛多貌。
《通释》：彭彭，盛多貌。沿河行人盛多。
《直解》：行人好多呀彭彭。
【按】：诸家皆未多加注解，由注文可知是乃行路之人。盖其本义行趋之引申，故不标注音读。当读作［ɤaŋ］。

20.《齐风·载驱》

汶水滔滔，行人儦儦，鲁道有荡，齐子游敖。

《诠释》：儦儦，众貌。
《通释》：儦儦，众貌。
《直解》：行人闹猛呀儦儦。
【按】：此亦指行路之人，说见上注。音［ɣaŋ］。

21.《魏风·汾沮洳》

彼汾一方，言采其桑，彼其之子，美如英；美如英，殊异乎公行！

《释文》：户郎反。
《毛传》：公行，从公之行也。
《郑笺》：从公之行者，主君兵车之行列。行，户郎反。
《诠释》：掌戎车之官，主从行。
《通释》：音杭，公行，即公路，以其主兵车之行列，故谓之公行。
《直解》：掌兵车的公行。
【按】：诗共三章，首章言彼其之子，美无度，殊异乎公路，三章谓彼其之子，美如玉，殊异乎公族，二章如文，是知公路、公行、公族义相类，学者大抵以公路、公行、公族为职官名。如马瑞辰谓公路掌路车，主居守；公行掌戎车，主从行，至于公族则为掌宗族之官。公行既掌戎车战阵，则此行字当读作［ɣaŋ］，而言行列。若从马持盈先生《诗经今注今译》译文而言，三章皆赞美彼公子者，虽其美无度，如琼英，如美玉，却委身采桑，采蓍，举止不若一般贵族子弟，则公路、公行、公族不作职官解，乃谓其人与公异路、异行、异族。然则此行字似又可读作 [ɣaŋ]。

22.《魏风·园有桃》

　　心之忧矣，聊以行国，不我知者，谓我士也罔极。

《郑笺》：聊且略之辞也。聊出行于国中，观民事以写忧。
《诠释》：行国，行于国中（古于都城亦谓之国）。
《通释》：行于国中。
《直解》：暂且因此去国。
【按】：学者大抵皆作行趋之意，盖用本义而不标注音读，《直解》去义亦由行趋引申，故其音读未有不同。当读作 [ɣaŋ]。

23.《魏风·陟岵》

　　嗟予子行役，凤夜无已，上慎旃哉，犹来无止。

《诠释》：行役，犹今言出差，因公务出行也。
《通释》：行役，因公而出行。
《直解》：服役。
【按】：《直解》作"服役"，不言出行，而"服役"者，服行劳役或执行工作、任务之义，虽与出行义相去稍远，音读则因义相引申而无别,读作 [ɣaŋ]。

24.《魏风·陟岵》

　　嗟予季行役,夙夜无寐,上慎旃哉,犹来无弃。

【按】:此章句式、语意均同首章,行字之音义亦当无别,音 [ɣaŋ]。

25.《魏风·陟岵》

　　嗟予弟行役,夙夜无偕,上慎旃哉,犹来无死。

【按】:说同上,音 [ɣaŋ]。

26.《魏风·十亩之间》

　　十亩之间兮,桑者闲闲兮,行,与子还兮。

《毛传》:或行来者,或来还者。
《诠释》:行,犹今语之"走吧",《经传释词》以为行犹且也,亦通。还,谓归返此农圃也。
《通释》:我等宜行而同归于此。
《直解》:将要和你同还。
【按】:诸家皆作行趋义解,以其用本义,故不标注音读,读作 [ɣaŋ]。

27.《魏风·十亩之间》

十亩之外兮，桑者泄泄兮，行，与子逝兮。

《郑笺》：逝，逮也。
《诠释》：逝，往也。
《通释》：逝，往也。
《直解》：将要和你同去。
【按】：此章句式、语意同于首章，行字之音义亦当无别，音 [ɣaŋ]。

28.《唐风·杕杜》

独行踽踽，岂无他人，不如我同父。

《诠释》：踽踽，无所亲貌。
《通释》：独自行走。
《直解》：独自行走。
【按】：诸家于此多不加注，宜其用行趋本义也，说见上例，音 [ɣaŋ]。

29.《唐风·杕杜》

嗟行之人，胡不比焉？人无兄弟，胡不佽焉！

《郑笺》：君所与行之人，谓异姓卿大夫。
《诠释》：道路也。

《通释》：音杭，道路也。

《直解》：过路之人。

【按】：此行字或作道路，或作路上行人，皆本义行趋之引申，故诸家皆未标注音读，当读作 [ɣaŋ]。

30.《唐风·杕杜》

独行睘睘，岂无他人，不如我同姓。

《诠释》：睘睘，无所依皃，一本作茕，义同。

《通释》：独自行走。

《直解》：独自走路。

【按】：此章义同首章，行字音义亦当无别，说见例28。音 [ɣaŋ]。

31.《唐风·杕杜》

嗟行之人，胡不比焉；人无兄弟，胡不佽焉。

【按】：此章字句与首章全同，音义自当无别，说见例29。音 [ɣaŋ]。

32.《唐风·鸨羽》

肃肃鸨行，集于苞桑；王事靡盬，不能蓺稻粱，父母何尝。

《释文》：户郎反。

《毛传》：行，翮也，户郎反，注同翮。

《孔疏》：以上言羽翼，明行亦言羽翼，以鸟翮之毛有行列，故称行也。

《诠释》：犹雁行，谓结队而飞也。

《通释》：行，行列。

《直解》：肃肃响的，野雁成行。

【按】：鸨羽三章谓肃肃鸨羽，集于苞栩；肃肃鸨翼，集于苞棘；肃肃鸨行，集于苞桑。鸨之羽翮不能自集于苞栩，《孔疏》说解又嫌迂曲，宜其鸨雁列队群飞而集于苞栩也，然则行字当作行列解，音［ɣaŋ］。若谓本诗纯然点出鸨雁群飞、群集，则此"行"字读作［ɣaŋ］，亦无不可。

33.《秦风·黄鸟》

　　交交黄鸟，止于桑；谁从穆公，子车仲行。

《释文》：户郎切。

《郑笺》：仲行，字也。

《诠释》：郑笺谓仲行为字，马瑞辰以为仍当为名而非字。

《通释》：音杭，仲行，人名。

《直解》：子车氏的仲行。

【按】：黄鸟三章谓子车奄息、子车仲行、子车针虎，故马瑞辰以为仲行仍当为名而非字，仲行为名、为字皆当音［ɣaŋ］为是。

34.《秦风·黄鸟》

谁从穆公，子车仲行，维此仲行，百夫之防。

【按】：说同上。音［ɣɑŋ］。

35.《秦风·无衣》

岂曰无衣，与子同裳；王于兴师，修我甲兵，与子偕行。

《毛传》：行，往也。
《通释》：行，音杭，往也。
《直解》：和你一道同行。
【按】：行字用本义作行趋解，音［ɣɑŋ］。

36.《豳风·七月》

女执懿筐，遵彼微行，爰求柔桑。

《毛传》：微行，墙下径也。
《诠释》：微行，小路也。
《通释》：微行，小径。
《直解》：墙下小径。
【按】：行字诸家皆作小径解，盖行趋本义之引申，故不标注音读，当读作［ɣɑŋ］。

37. 《豳风·东山》

我东日归，我心西悲；制彼裳衣，勿士行枚。

《释文》：毛音衡，郑音衔，王户刚反。
《郑笺》：行阵衔枚之事。
《通释》：行，音杭，阵也；枚，衔枚。
《直解》：我已不再从事行阵衔枚。

【按】：士卒所以衔枚者，令其于行阵之间保持静肃也，唯此行字，作行阵之间，音 [ɣɑŋ] 可，作行进之间音 [ɣɑŋ] 可，谓是"衔"字之假借音 [ɣam] 亦无不可。故《释文》三音并列，学者多实行阵音义者，盖可包容之也。

38. 《豳风·东山》

果蠃之实，亦施于宇。伊威在室，蟏蛸在户。町畽鹿场，熠耀宵行。

《毛传》：熠耀，磷也，磷，萤火也。
《郑笺》：此五者，家无人则然，令人感思。磷，字又作蟒。
《正疏》：熠耀者，萤火虫，飞而有光之貌，故云熠耀，磷也，又解磷体云：磷，萤火也。《释虫》云：萤火即焰。舍人云：萤即夜飞有火虫也。本草，萤火一名夜光，一名熠耀。按诸文皆不言萤火为磷……萤火夜飞之时也，故云宵行……众说并为萤火，近得实矣。然则毛以萤火为磷，非也。
《通释》：熠耀，明不定貌，闪动之状也。宵行，喉下有光如萤火之虫名。言宵行夜出，闪闪有光也。

《直解》：可有鬼火在夜里流动发光。

【按】：学者或以熠耀为萤火虫名，谓熠耀于宵夜之时，飞行屋宇之间；或以宵行为萤火虫名，谓宵行飞舞于屋宇之间，光影熠耀。唯不论萤火之虫，因其宵夜飞行，故以宵行名之，抑或因其宵夜飞行之时，光影熠耀故名熠耀，行字皆用行趋本义，故当音［ɣaŋ］。

39.《小雅·鹿鸣》

吹笙鼓簧，承筐是将；人之好我，示我周行。

《释文》：毛如字，道也。郑胡郎反，列位也。

《毛传》：周行，周至行道也。

《郑笺》：士当作寘，寘，置也。周行，周之列位也。……人有以德善我者，我则置之于周之列位，言己唯维贤是用。

《诠释》：说见《周南·卷耳》，此以喻至道也。

《通释》：周行，大道也，在此以喻应行之正途。

《直解》：指示我大道，方向。

【按】：《鹿鸣》一篇，是乃君燕群臣之诗，学者都无异议。虽毛、郑异说而无妨，后世学者所以多从《毛传》者，或其说径从诗文说解，不若《郑笺》尚须以示为寘而后立说，且好我者即寘之列位，似与《诗经》进贤之志未尽合契也。然则此当作至道为善，音［ɣaŋ］。

40.《小雅·采薇》

王事靡盬，不遑启处；忧心孔疚，我行不来。

《诠释》：来，归来。

《通释》：言我行戍役而不反也。

《直解》：我们远行，不能归去。

【按】：王事靡盬，故而行役之人不得归返之记述，屡见于《诗》中，此其一也，然则此行字当作出行解，由本义行趋而引申，故学者多不标注其音义。当读作［ɣaŋ］，参见例23。

41.《小雅·采薇》

　　行道迟迟，载渴载饥；我心伤悲，莫知我哀。

《郑笺》：行反在于道路犹饥渴，言至苦也。

《通释》：行路缓缓。

《直解》：一路走来迟又迟。

【按】：《邶风·谷风》行道迟迟是妇人不愿离去而缓行，此则戍役在外，迟迟不得归反，立义虽殊，就行字而言，皆取行趋本义也，当读作［ɣaŋ］，参见例5。

42.《小雅·六月》

　　织文鸟章，白旆央央；元戎十乘，以先启行。

《释文》：户郎反。

《毛传》：元，大也，夏后氏曰钩车先正也，殷曰寅车，先疾也。

《郑笺》：钩，挈，行曲直有正也。寅，进也，二者及元戎皆可以先前启突敌陈之前行。其制之同异未闻。

《诠释》：启行，犹起行也。

《通释》：音杭，大兵车十乘，以为先锋，乃启行也。

《直解》：就先去开路冲上。

【按】：《诠释》、《通释》皆以行字为行军前往战场，郑、孔则以行字为敌之陈行，至于《直解》所谓"开路冲上"，似兼二者而较近于突破敌阵。若从笺、疏，则此行字读作 [ɣɑŋ]，若依屈先生与王师静芝说解，则此又宜读作 [ɣaŋ] 矣。

43.《小雅·六月》

吉甫燕喜，既多受祉；来归自镐，我行永久。

《通释》：长途跋涉。

《直解》：行军已长久。

【按】：承上文可知此章盖以吉甫平定玁狁之乱，经长途跋涉而自镐归来，既是跋涉，则用其本义行趋明矣，故学者多不标注音义，当读作 [ɣaŋ]。

44.《小雅·沔水》

念彼不迹，载起载行；心之忧矣，不可弭忘。

《孔疏》：我念彼不循道之诸侯为此，则起则行，妄出兵之事者，心为之忧矣。

《诠释》：则起则行，盖犹绕室彷徨之意。

《通释》：音杭，谓不遑宁处也。

《直解》：有时起，有时行。

【按】：绕室彷徨而不宁处，是知行字当是行趋义之引申也，当读作［ɣaŋ］。

45.《小雅·我行其野》

　　我行其野，蔽芾其樗；昏姻之故，言就其居；尔不我畜，复我邦家。

《直解》：我出走在这个旷野。

【按】：诗意盖由行于郊野，见樗木之茂密而起兴，径用行趋本义，故学者多未标注音义。当音［ɣaŋ］。

46.《小雅·我行其野》

　　我行其野，言采其蓫；昏姻之故，言就尔宿；尔不我畜，言归思复。

《直解》：我出走在这个旷野。

【按】：此章义同首章，换韵重唱耳。行字亦实行趋本义也。音［ɣaŋ］。

47.《小雅·我行其野》

　　我行其野，言采其葍；不思旧姻，求尔新特；成不以富，亦祇以异。

《直解》：我出走在这个旷野。

【按】：句法形式与二章全同，特总结文义稍有别矣。行字亦实行趋本义也。音［ɣaŋ］。

48. 《小雅·十月之交》

  日月告凶，不用其行；四国无政，不用其良。彼月而食，则维其常；此日而食，于何不臧。

《诠释》：告人凶也。行，道也，不用其行，谓不由其常行之道也。古人以为日月失其常行之道，乃有日月食。

《通释》：不用其正常所行之道。

《直解》：不用它们的常轨运行。

【按】：日食，月食，非其常行之道，是知此行字盖指其道也。道者行趋义之引申，故当读作［ɣaŋ］。

49. 《小雅·雨无正》

  如何昊天，辟言不信；如彼行迈，则靡所臻。

《毛传》：我之言不见信，如彼行而无所至也。

《通释》：行路而无所至。

《直解》：就像那样赶路的人。

【按】：行迈即行路，盖用行趋本义也，音［ɣaŋ］，参见例14。

50. 《小雅·小弁》

相彼投兔，尚或先之；行有死人，尚或墐之。

《毛传》：行，道也。
《诠释》：行，路也。
《通释》：音杭，路也。
《直解》：路上。
【按】：路上病死之人，或当埋之。是知此行字作道路解，当读作 [ɣaŋ]，王师静芝则依例标注作 [ɣɑŋ]。

51. 《小雅·巧言》

荏染柔木，君子树之；往来行言，心焉数之。

《郑笺》：君子善树木，如人心思数善言而出之。善言者，往亦可行，来亦可行，于彼亦可，于己亦可，是之谓行也。
《诠释》：行言，犹流言也，俞樾说。
《通释》：行言，行道者之言也。
《直解》：往来无定的流言。
【按】：《郑笺》所谓行言，盖指往来皆善之言，后人说解，则为往来无定之流言，义虽有殊，行字由行趋本义引申而为往来则同矣，读作 [ɣaŋ]。

52. 《小雅·何人斯》

二人从行，谁为此祸？胡逝我梁，不入唁我；始者不如今，云不我可。

《郑笺》：二人者，暴公与其侣也。女相随而行见王，谁作我是祸乎。

《诠释》：二人，谓暴公及其从行之人也。此所谓祸，当非指我过门而不入喑，然要必甚不友谊之作为也。

《通释》：此二人同行，谁是对我不善者。

《直解》：二人相随而行。

【按】：二人相随同行，当是行趋之义也，是以诸家皆未标注其音读。读作［ɣaŋ］。

53.54.《小雅·何人斯》

尔之安行，亦不遑舍；尔之亟行，遑脂尔车。

《释文》：亟，纪力反，疾也。

《郑笺》：女可安行乎？则何不暇舍息乎，女当疾行乎？则又何暇脂女车乎。

《诠释》：安行，缓行也。谓汝无事缓行乎？汝乃不暇稍息，责其过门而不入也。……汝有急事而疾行乎？尔乃有暇停车加油也。

《通释》：言平日尔之徐徐而行，亦无暇稍息矣。今尔疾行，当更无暇停车矣；而尔竟能停车为轴加油。

《直解》：安行，缓行。亟行，快行。

【按】：行字作为安、亟之端词，当是用其行趋之本义也。读作［ɣaŋ］。

55.56.《小雅·大东》

　　纠纠葛屦，可以履霜。佻佻公子，行彼周行；既往既来，使我心疚。

《释文》：行，户郎切，周行，下载施之行，并注行。

《毛传》：佻佻，独行貌。

《郑笺》：周行，周之列位也。言时财货尽，虽公子衣履不能顺时，乃夏之葛屦，今以履霜，送转饟，因见使行周之列位者而发币焉。言虽困乏犹不得止。

《诠释》：佻佻，往来皃。

《通释》：行，音杭，周行，大道也，与上章周道同。

《直解》：行走在那条大道。

【按】：诸家于上行字多未加注，大抵作行趋义也。下行字之说解，则或有异，或谓佻佻公子，无视生民疾苦，依然往来逍遥游乐于大道之上，令我心忧；或谓在位者未能恤体民隐，虽佻佻公子，依然尸位往来，令我心忧。二说皆通。然则行彼周行一句，前行字当作行趋解，音［ɣaŋ］。后行字，作大路解则音［ɣaŋ］，作列位解则音［ɣɑŋ］，若就全诗意旨而言，似作列位解者较胜。又王师静芝以为此周行与上章周道同，今考二者句式不同，用法亦异，不必然同义也。

57.《小雅·大东》

　　虽有七襄，不成报章；睆彼牵牛，不以服箱；东有启明，西有长庚；有捄天毕，载施之行。

《释文》：户郎反。

《毛传》：捄，毕兒，毕所以掩兔也，何尝见其可用乎。

《郑笺》：祭器有毕者，所以助载鼎实，今天毕则施于行列而已。

《诠释》：毕，田网也。网小柄长，用以掩兔，毕星象之，故名。天毕星名。行，列也。但言置于众星之列而已，不能作为掩兔之用也。

《通释》：行，音杭，行列也。

《直解》：就徒张设在它的行列之中。

【按】：牵牛不负轭，织女不成章，盖皆星象而非真也，天毕亦徒居众星之列耳，然则此行当作行列解，读作 [ɣɑŋ]。

58.《小雅·北山》

或燕燕居息，或尽瘁事国，或息偃在床，或不已于行。

《郑笺》：不已，犹不止也。

《诠释》：行，路也。

《通释》：或燕燕然安居而休息，或尽瘁从事于国家之事；或仰于床，或行而不能休止。

《直解》：有的人没事躺在床上，有的人不断出差打仗。

【按】：若从行字与床对称而言，当从屈先生说作道路解，若不考虑对称，径作行走、行役解亦可，唯不论作道路或行走、行役解，皆由行趋本义引申，故当读作 [ɣɑŋ]。又若从《直解》，解此行字为行伍，或引申而为列位，说亦可通，则行字又当读作 [ɣɑŋ]。

59.60.《小雅·车舝》

　　高山仰止，景行行止。四牡骈骈，六辔如琴。觏尔新昏，以慰我心。

《释文》：行，下孟反。

《郑笺》：古人有高德者，则慕仰之；有明行者，则而行之。……景行，下孟反，注有明行，同。

《诠释》：行止，行之也。

《通释》：行，音航。景，大也；景行，大道也。行止，行于大道之谓也。

《直解》：高山是可以仰望到的；大路是可以前行到的。

【按】：《释文》与《郑笺》皆以景行为明行，故音下孟反，近世学者则大抵皆以景行为大道，故音衡，若从上下文意，以及其字与高山对称言之，则似以作大道解者较胜。然则其音读当作［ɣaŋ］平声。至于下行字，不论是有明行而则行之，抑或沿大道而行趋之，亦皆当读作［ɣaŋ］平声。

61.《小雅·黍苗》

　　芃芃黍苗，阴雨膏之。悠悠南行，召伯劳之。

《毛传》：悠悠，行貌。

《郑笺》：宣王时，使召伯营谢邑，以定申伯之国，将徒南行众多悠悠然。召伯则能劳来劝说以先之。

《通解》：悠悠，远行之意也。

《直解》：长长一队的南行。

【按】：悠悠即是远行之意，此行字当是行趋之本义也。故学者多不标注其音义。当读作〔ɤaŋ〕。

62.《小雅·黍苗》

　　我任我辇，我车我牛；我行既集，盖云归哉。

《郑笺》：集犹成也……有负任者，有挽辇者，有将车者，有牵伴牛者，其所为南行之事既成，召伯则告之云可归哉。

《诠释》：集犹成也……言何时可归哉。

《直解》：我们出差的任务，已经完成。

【按】：此当承前文悠悠南行而言者也。考《郑笺》云：宣王之时，使召伯营谢邑以定申伯之国，将徙南行众多悠悠然。是知此所谓我行既集者，盖指营谢邑，定申伯之国一事已然完成也。故学者谓之此行之任务，或出差之任务。然则此行字当亦由行趋本义引申而来，故当读作〔ɤaŋ〕。

63.《小雅·黍苗》

　　我徒我御，我师我旅。我行既集，盖云归处！

【按】：此义同上章，换韵重言耳，故行字当读作〔ɤaŋ〕。

64.《小雅·何草不黄》

　　何草不黄，何日不行；何人不将，经营四方。

《郑笺》：用兵不息，军旅自岁始草生而出，至岁晚矣，何草而不黄乎？言草皆黄也。于是之间，将率何日不行乎，言常行劳苦之甚。

《通释》：行，音杭，言日日行而不息也。

《直解》：那一天不行军忙。

【按】：为经营四方致令士卒日日奔走而不息，是其义也。故知此行字当用行趋本义，是以学者不加注音义。当读作 [ɣaŋ]。

65. 《小雅·何草不黄》

有芃者狐，率彼幽草。有栈之车，行彼周道。

《郑笺》：狐，草行草止，故以比栈车辇者。

《孔疏》：此狐本是草中之兽，故可循彼幽草，今我有栈之辇车，人挽以行。此人本非禽兽，何为行彼周道之上，常在外野与狐在幽草同乎，故伤之也。

《通释》：周道，大路也。

《直解》：走在那条大道。

【按】：狐者循彼深草而行，栈车则循大路以行，事虽异而理也实同，是知此行字当是行趋之义，故学者多不标注音义。当读作 [ɣaŋ]。

66. 《大雅·大明》

挚仲氏任，自彼殷商，来嫁于周，曰嫔于京。乃及王季，维德之行。

《郑笺》：挚国中女曰大任，从殷商之畿内嫁为妇于周之京，配王季而与之共行仁义之德。

《诠释》：行，列也，犹言齐等也，朱彬说。

《通释》：行，音杭。言女乃及王季共行仁义之德。

《直解》：只做有道德的事。

【按】：就诗义言，挚国女子来嫁于周，因与王季共行仁义之德，是以怀妊而生文王，此或文王有德之因也。屈先生从朱彬说，以为挚女之德，与王季齐等，故而降生文王，虽亦可通，却嫌迂曲。窃以为挚女与王季共行仁义之德，可也。若然，则其音读作 [ɣaŋ]。

67. 《大雅·大明》

有命自天，命此文王。于周于京，缵女维莘。长子维行，笃生武王。

《毛传》：维行，大任之德焉。

《郑笺》：天为将命文王君天下于周京之地，故亦为作合，使继大任之女事于莘国，莘国之长女大姒则配文王维德之行。

《通释》：行，出嫁。

《直解》：长子是已死亡，天特生了武王。

【按】：学者多以行字为女子出嫁，则此与上例唯德之行义同。《直解》以为上天愍之，故虽长子已亡，特降生武王以缵继，是则维行当取大行义。唯作此说解则与上文参差互异，姑存之。马持盈先生亦以此行字为出嫁。音 [ɣaŋ]。参见例 6。

68.《大雅·绵》

　　乃立皋门，皋门有伉；乃立应门，应门将将；乃立冢士，戎丑攸行。

《郑笺》：大社者出，大众将所告而行也。

《诠释》：戎丑，西戎也，恶类也；当指混夷言。行谓离去也。歧下本混夷所居，大王立国于此，乃逐去也。

《通释》：言戎狄混夷，见此情况，乃行而他去也。又云：戎，大也，丑，众也。谓指大社之为动大众将有所告而言。屈万里谓戎丑指混夷而言，较旧说为长，以其能引起下文不殄厥愠一语也。

《直解》：建立祭七神的大社，大众就好有所行动。

【按】：王师静芝从屈先生说，依上下文意释戎丑攸行为混夷离去，旧说则解戎丑为大众，谓大众可因冢土大社之建立而有所行动，义训虽殊，皆从行趋本义而引申者也，故其音读当作 [ɣaŋ]。

69.《大雅·绵》

　　肆不殄厥愠，亦不陨厥问，柞棫拔矣，行道兑矣，混夷駾矣；维其喙矣。

《诠释》：兑，通也。

《通释》：兑，通也。及立国渐久，丛林斩伐，造为大路；行道既通，混夷乃突惊奔走。

《直解》：人行道开通了。

【按】：柞械拔矣者斩除荆棘，故下文云行道畅通。然则此行道者人行之道路也，行字用其行趋之本义，音［ɣaŋ］。

70.《大雅·行苇》

敦彼行苇，牛羊勿践履。方苞方体，维叶泥泥。

《释文》：行，道也。
《毛传》：行，道也。
《郑笺》：敦敦然道旁之苇。
《诠释》：行苇，道旁之苇也。
《通释》：行，音杭，道也。言彼聚生之道旁之苇。
《直解》：成堆的那路边野草。
【按】：行苇者，道旁之苇，是知行者，道也、路也。盖行趋本义之引申者也，音［ɣaŋ］。

71.《大雅·泂酌》

泂酌彼行潦，挹彼注兹，可以馈饎。岂弟君子，民之父母。

《释文》：音老，行潦，流潦也。
《毛传》：行潦，流潦也。
《诠释》：行潦，流潦也。
《通释》：行潦，流潦也。
《直解》：流潦。
【按】：行苇或作道上流动之水，或作流动之水，或沆字之省，皆音〔ɣɑŋ〕。参见例2。

72. 《大雅·泂酌》

泂酌彼行潦，挹彼注兹，可以濯罍。岂弟君子，民之攸归。

【按】：此章同首章，换韵重唱耳。说见前例。行音〔ɣɑŋ〕。

73. 《大雅·泂酌》

泂酌彼行潦，挹彼注兹，可以濯溉。岂弟君子，民之攸塈。

【按】：此亦同于首章，换韵重唱之例。说见例71。行音〔ɣɑŋ〕。

74. 《大雅·抑》

无竞维人，四方其训之；有觉德行，四国顺之。

《释文》：行，下孟反。
《郑笺》：人君为政无强于得贤人，得贤人则天下教化于其俗，有大德行则天下顺从其政。
《通释》：觉，直大也，有正直大德。
《直解》：有正直的德行。
【按】：有觉德行，诸家说解，无有不同，然则行自当音下孟反，[ɣaŋ] 去声。

75.《大雅·抑》

　　其维哲人，告之话言，顺德之行；其维愚人，覆谓我
僭，民各有心。

《郑笺》：语贤智之人以善言，则顺行之；告愚人反谓我不
信，民各有心，二者意不同。
《诠释》：顺德之行，言其行顺乎德也。
《通释》：言能得顺乎德而行也。
《直解》：告诉他古之善言，他就顺着道德去行。
【按】：顺德之行者，顺乎其德而行，行字当系行趋本义之
引申，故当读作 [ɣaŋ]。

76.《大雅·崧高》

　　王命召伯，彻申伯土疆，以峙其粮，式遄其行。

《郑笺》：粻粮，式用遄速也。王使召公治申伯土界之所至，
峙其粮者，令庐市有止宿之委积，用是速申伯之行。
《通释》：王命召伯，取税于申伯之土，以积其粮，并速申
伯之行。
《直解》：去储备好他的米粮，就快便了他的前行。
【按】：申伯即将就封，王命召伯助其取税，以利其就封之
事，是知行字乃申伯前行就封也。然则行字当用行趋本义，音
[ɣaŋ]。

77.《大雅·常武》

　　王谓尹氏，命程伯休父，左右陈行，戒我师旅。

《释文》：户刚反。

《郑笺》：王使大夫尹氏策命程伯休父，于军将行治兵之时，使其士众左右陈列而敕戒之。

《诠释》：陈行，陈列也。戒，敕也，言使其士众左右陈列而敕戒之，犹后世所谓誓师也。

《通释》：左右陈其行列。

《直解》：部署左右行列。

【按】：左右陈行者，令士众左右陈列，是知行字当读作 [ɣaŋ]。

78.《周颂·天作》

　　天作高山，大王荒之；彼作矣，文王康之；彼徂矣，岐有夷之行。

《郑笺》：彼，彼万民也。徂，往；行，道也。……岐邦之君，有佼易之道故也。

《诠释》：行，路也。

《通释》：行，音杭，大路也。

《直解》：岐山有了平易的道路。

【按】：行字学者多作道路解，是行趋本义之引申也，当读作 [ɣaŋ]。

79. 《周颂·敬之》

　　维予小子，不聪敬止；日就月将，学有缉熙于光明；佛时仔肩，示我显德行。

《释文》：下孟反。
《郑笺》：辅佛是任，示道我以显明之德行。
《诠释》：德行，进德之路也。
《通释》：明示我显明之德行。
《直解》：指示我以显然之德行。
【按】：德行二字连文，音义甚是明确，《释文》注云下孟反当是确诂，音〔ɤaŋ〕去声。

三　结语

　　诚如撰文初时之所预知，《经典释文》有关"行"字之音义与毛、郑说法若合符契，除一、二例明显有异说者，如《豳风·东山》"勿士行枚"之"行"字注云："毛音衡、郑音衔、王户刚反"外，大抵以毛郑音注为准。据此亦可推知唐代以前《诗经》研究之大略。

　　就《说文》释义而言，"行"字之本义为行趋，其后凡由行趋义引申之行走、道路、途径、方法、方式、徂往等沿用〔ɤaŋ〕平声（音衡），诚属自然。就《诗经》中所见行字79例而言，大抵读作〔ɤaŋ〕平声（音衡）者65例，读作〔ɤaŋ〕去声（音衒）者3例，读作〔ɤaŋ〕平声（音杭）者11例耳。换言之，《诗经》中行字之音义，大抵仍以本音本义及其引申者为主，至于本音本义之外，其引申关系较为疏远，或仍留疑义者，虽为例未多，亦皆可以推寻其原委，就语言文字之研究与典籍音义之推求，亦皆有其意义与价值。

近世诗经学者辈出，译注诠释之说蜂起，其间遵从毛、郑与诗序者有之，不特计较毛郑与夫诗序说解，纯就诗文立意以说解诗篇者亦伙，其不遵从毛郑与诗序，对说解诗篇之层面、背景，取意皆有耀眼之发明。唯其虽有发明，背离毛郑之说，尚不甚远，大抵可以引申演绎说解也。然则似可推言虽则董仲舒以为诗无达诂，并非诗篇之说解，可以南辕北辙；毛、郑与诗序之说解，虽有迂曲难明之处，亦非全然无稽，更非不能施用于后世；至于后学之人虽多异辞，亦非全然悖逆旧说之标奇理论也。

参考文献：

唐·陆德明：《经典释文》，台北：鼎文出版社 1972 年版。

《十三经注疏》，台北：明文出版社 1974 年版。

姚际恒：《诗经通论》，台北：河洛出版社 1980 年版。

马瑞辰：《毛诗传笺通释》，中华书局 1989 年版。

屈万里：《诗经诠释》，台北：联经出版社 1983 年版。

王师静芝：《诗经通释》，台北：辅仁大学出版社 1985 年版。

陈子展：《诗经直解》，复旦大学出版社 1983 年版。

余培林：《诗经正诂》，台北：三民书局 1993 年版。

马持盈：《诗经今注今译》，台北：商务印书馆 1984 年版。

朱守亮：《诗经评释》，台北：学生书局 1984 年版。

王礼卿：《四家诗恉会归》，台北：青莲出版社 1995 年版。

裴普贤：《诗经欣赏与研究》，台北：三民书局 1964 年版。

作者简介：李添富，男，1952 年出生，辅仁大学中文系主任，副教授，研究方向为文字学、声韵学、训诂学、诗经、语言学、国学导读。

论叶韵字的几种造音方法

金周生

　　提　要：南北朝以后的人读周秦两汉韵文感到不押韵，就临时改变其中一个或几个押韵字的读音，使韵脚和谐，这种字音称为"叶韵音"。朱熹详注《诗经》、《楚辞》，大量标注叶韵音，对后代读书音与字书韵书的编纂及汉语音韵的研究，产生深远的影响。叶韵字字音如何"创造"？本文对其造音方法提出说明，分"造新音而不造新音节"与"造新音又造新音节"两大类，分别举例说明，并对叶音之影响作综合性的评述。

一　叶韵音概说

　　造成汉字一形数音的时空因素是多重且复杂的，其中"叶韵音"一类较不受近代学人注意，但它在汉字字音史上，从六朝至清代，流行过一千多年，至今仍有余波。本文从实际的叶韵音资料中，推论叶韵字的造音原则与各种造音方法，及其对汉字与汉语的影响，并作一整体性的论述。

　　何谓"叶韵"？俞敏先生在《中国大百科全书》"叶音"词条中有详细的论述，他说：

　　"叶音"，也称叶韵，叶句。"叶"也作"协"。南北朝以后的人读周秦两汉韵文感到不押韵，就临时改变其中一个或几个押韵字的读音，使韵脚和谐。这是由于不懂古今语音不同所致。例如，《诗·关雎》末章："参差荇菜，左右芼之。窈窕淑女，钟鼓乐之。"清代阮元刻《十三经注疏》附《释文》说："乐之，音洛，又音岳。或云协韵宜五教反。"这是因为诗里"乐"与"芼"（mào）押韵，"乐"念 yào（即五教反）最和谐。遇到两可的地方，很难处理。《诗经》里的《鄘风·柏舟》、《黍离》、《十月之交》都用"天"、"人"两个字押韵。据元代熊朋来《经说》说，宋代吴棫改"天"字读音为 tin，郑庠改"人"字读音为 rán。《诗·驺虞》每章最后都有一句可以不押韵的副歌"吁嗟乎驺虞"，朱熹让第一章副歌的"虞"随上文读 yá（朱注：叶音牙），让第二章副歌的"虞"随上文读 wéng（朱注：叶五红反），根本没有确定的标准。因此自从明代陈第提出所谓叶音恰好是古本音的说法以来，清代学者也极力反对叶音说。[①]

　　"叶韵"字音大体可以分为二种，一是本有的"破读"，一是该字本无的新字音。前者如《诗·皇矣》：

　　　　载锡之光，受禄无丧，奄有四方。

朱熹《诗集传》"丧"下注：

　　　　去声，叶平声。

　　意思是说："丧"字此处依照字义，当读去声，但为叶韵，要读平声。"丧"本有平、去二读，所以并没有为此一押韵而造

---

　　① 参见《中国大百科全书·语言文字》，第 425 页。

新音，只改读成破读音。大部分的叶音字为求读之押韵，都造出特别的新字音，在造字音时，又有两种情形，一是造出语言中本有的字音音节，另一种则是造出语言中本来没有的字音音节，等于是非但创造出一个新的字音，更创出一个新的音节。前者如《诗·行露》：

> 谁谓雀无角，何以穿我屋。谁谓女无家，何以速我狱。

朱熹《诗集传》"家"下注"叶音谷"，"家"读"谷"，"谷"是已有的字音。后者如《诗·关雎》：

> 参差荇菜，左右采之。窈窕淑女，琴瑟友之。

《诗集传》"友"下注"叶羽己反"，"己"是《广韵》"止"韵字，"羽"是"喻母三等字"，"止"韵本无喻母三等音，所以说"羽己反"是为押韵而新造出的音节，他本来是不在语音中出现的。

"叶音"本来的目的是改读后诵读韵文能达到押韵的美感，如何才能达到这种美感要求？声母、介音、主要元音、韵尾、声调及其间相似程度当如何？这是我们所欲详知的，下节就对此作一探讨。

二　叶韵字的造音原则

叶韵音是为押韵而起，押韵的条件，以传统诗赋而言，"韵部"与"声调"两者要兼顾。顾及"声调"，是指"平上去入"四声要分押，顾及"韵部"，则是指在一定的韵母范围内，才能算是押韵，而这韵母范围会因时代与文体而异。针对元明以前叶韵字音的造音原则，朱熹与徐蒇的两段话很有概括性。朱熹说：

> 沙随程可久曰："吴说虽多，其例不过四声互用，切响通用二条而已。"此说得之。如通其说，则古书虽不尽见，今可以例推也。①

这是指吴棫标注的叶韵音，原则是"四声互用"与"切响通用"。其次是徐蒇《韵补·序》：

> "霾"为"亡皆切"，而当为"陵之切"者，由其以"狸"得声。"浼"为"每罪切"，而当为"美辨切"者，由其以"免"得声。"有"为"云九切"，"贿痏鲔"皆以"有"得声，则当为"羽轨切"矣。"皮"为"蒲糜切"，而"波坡颇跛"皆以"皮"得声，则当为"蒲禾切"矣。……以是类推之，虽毋以它书为证可也，腐儒安用诶诶为？

这段说明叶韵字音读法，与"以某得声"关系密切，新字音依其"声子"或"声母"音改读，这也是一种造叶韵字音的原则。

所谓"四声互用"，即指在不改变声、韵母的条件下，"叶韵音"会有与"非叶韵音"声调不同的读法。如"用"字，《广韵》收在去声"用"韵，音"余颂切"，《韵补》则补一音，收在平声"东"韵，音"余封切"（"封"为"钟"韵字）；

---

① 见《原本韩集考异》卷5。

"栋"字,《广韵》收在去声"送"韵,音"多贡切",《韵补》补音则收在平声"东"韵,音"都笼切":这就是"四声互用"。

"平上去"声与"入"声,古代韵尾是不同的。对于牵涉到入声与非入声字的"四声互用",朱熹曾说:

> "麒"之为"极","十"之为"谌",似亦是四声例也。①

"麒"字,《广韵》收在平声"之"韵,音"渠之切";"极"字,《广韵》收在入声"职"韵,音"渠力切";《韵补》"麒"未收"极"音。"十"字,《广韵》收在入声"缉"韵,音"是执切";"谌"字,《广韵》收在平声"侵"韵,音"氏任切";《韵补》"十"未收"谌"音。可见"四声互用"的"叶韵音",在朱熹看来是可以"阴""入"声字互用、"阳""入"声字互用,而不必严格限定韵尾相同的。

其次所谓"切响通用",即指在不改变声母的条件下,"叶韵"字可有与其平常读音,在韵母与声调上不同的读法。如《广韵》"江杠"二字属"江"韵"古双切",《韵补》则补入"东"韵"沽红切";《广韵》"栋"字属"送"韵"多贡切",《韵补》中则补入"东"韵"都笼切"。它们的声母相同,都是"见"与"端"母字,韵母可以视押韵情况变音,这就是在"切响通用"的原则下所造的"叶韵音"。

按照"声子"或"声母"音改读,朱熹在这方面也有类似看法,《朱子语类》记载:

---

① 见《朱文公文集·别集》卷3。

因说叶韵。先生曰："此谓有文有字，文是形，字是声。文如从水、从金、从木、从日、从月之类。字是皮、可、工、奚之类。故郑渔仲云：文，眼学也；字，耳学也。盖以形声别也。"

字之反切，其字母同者便可互用，如"戎""汝"是也；"逝"字从"折"，故可与"害"字叶韵。①

可见形声字中"同音符字音"对"叶韵音"的制作，具有很大的影响力。

叶韵字的造音原则，具体理论虽始于南宋，但"叶韵音"的产生不始于宋代，宋以前学者的注音对造"叶韵音"与造音原则也具有启发和指导作用，《韵补》是早期叶韵音的专书，从其注中就有许多地方提到某音读法的早期来源，如"诵"下说：

墙容切。……徐邈读。

"膺"下说：

于容切。……陶弘景读。

"信"下说：

斯人切。……颜师古读。

---

① 见《朱子语类》卷140。

"杨"下说:

> 以征切。……太子贤读。

"瞑"下说:

> 弥延切。……李善读。

"许元切"下收"昏"字,注中说:

> 日冥也。马融《广成颂》:"子野听聋,离朱目眩;颖首策乱,陈子筹昏。"太子贤曰:"眩,合韵,音玄。"

"他侯切"下收"愉"字,注中说:

> 取也。《毛诗》"他人是愉",郑氏曰:"愉读如偷。"《汉书·志》作"偷"。颜师古亦音"偷"。

"下"下说:

> 后五切。上下也。《毛诗》一十有七,陆德明云:叶韵皆当读如"户"。

"睽桂切"下收"阙"字,注中说:

> 陶弘景《黄庭经》音驱伪切。

凡此种种，"叶韵音"的制作可谓源远流长，制作方式与"四声互用"、"切响通用"或取类于声符的叶音也有关连，可见叶韵字的造音原则是历史经验或实践的产物。

"叶韵音"的造音原则，虽然可归纳为三种类型，但实际运作上却有其他变化，下节就对此详细举例说明。

三　叶韵字造音方法举例

叶韵字字音如按本音就可达到押韵效果，自然不必造音；按本音不能达到押韵效果，却能用该字"破音"读法达到押韵效果，自然也不必造音，这两种情形比较单纯，不在本节叙述范围。为达到押韵效果而造出新音，可以有下面诸多方法，下面一一举例说明。①

（一）造新音，而不造新音节类

1. 仅韵部不同者

"降"字《广韵》有平声"江"韵"下江切"一音（"匣"类二等），《集韵》平声"冬"韵又收"乎攻切"一音（"匣"类一等），屈原《离骚》："帝高阳之苗裔兮，朕皇考曰伯庸，摄提贞于孟陬兮，惟庚寅吾以降"中"庸""降"当押韵，"庸"为"钟"韵字，"钟"韵无三等"匣"类，故"降"改读"冬"韵"匣"类，②其为叶韵音，与本音仅韵部有"冬""江"之不同。

---

①　为使音韵标准有据，本文以《广韵》音系为准，举例也以宋代《集韵》、《韵补》或朱熹叶韵音为限。

②　"冬""钟"二韵，《广韵》是"同用"。

2. 仅声调不同者

"控"字《广韵》仅去声"送"韵"苦贡切"一音("溪"类一等),《集韵》平声"东"韵又收"枯公切"一音("溪"类一等),班固《西都赋》"鸟惊触丝,兽骇值锋,机不虚掎,弦不再控"中"锋""控"当押韵,六臣注于"控"下注一平声"空"字,"枯公切"当由此而来,其为叶韵音,与本音仅声调有平、去之不同。

3. 声母、声调不同者

"怠"字《广韵》仅上声"海"韵"徒亥切"一音("定"类一等),《集韵》平声"咍"韵又收"汤来切"一音("透"类一等),《七发》"或纷纭其流折兮,忽缪往而不来,临朱汜而远逝兮,中虚烦而益怠"中"来""怠"当押韵,"来"是"咍"韵字,"怠"是"咍"韵上声"海"韵字,《集韵》改读"怠"为"咍"韵,是其叶韵音,但原本"定"类改读成"透"类,与其本读有声母与声调之不同。　　.

4. 声母、韵部不同者

"窗"字《广韵》仅平声"江"韵"楚江切"一音("初"类二等),《集韵》平声"东"韵又收"粗丛切"一音("清"类一等),《韵补》取《集韵》音,并引鲍照《玩月诗》"蛾眉蔽珠栊,玉钩隔琐窗,三五二八时,千里与君同"中"窗""同"押韵为证,"窗"字"粗丛切"当为叶韵音,与其本音声母、韵部都不同。

5. 声调、韵部不同者

"垄"字《广韵》仅上声"肿"韵"力踵切"一音("来"类三等),《集韵》平声"东"韵又收"卢东切"一音("来"类一等),《韵补》取《集韵》音,并引东方朔《七谏》"修往古以行恩兮,封比干之邱垄,贤俊慕而自附兮,日浸淫而合同"

中"垄""同"押韵为证，"垄"字"卢东切"当为叶韵音，与其本音声调、韵部都不同。

6. 声母、韵部与声调都不同者

"宠"字《广韵》仅上声"肿"韵"丑陇切"一音（"彻"类三等），《集韵》平声"东"韵又收"卢东切"一音（"来"类一等），《诗》"受小共大共，为下国骏厖，荷天之龙"中"共""厖""龙"三字押平声韵，但《经典释文》说"龙"郑氏作"宠"，"宠"本音为上声，所造平声叶韵音"卢东切"当由此而来，与本音"丑陇切"，声母、韵部与声调都不同。

（二）造新音，又造新音节类

1. 仅韵部不同者

"天"字《广韵》仅平声"先"韵"他前切"一音（"透"类四等），《集韵》平声"谆"韵又收"铁因切"一音（"透"类三等），屈原《九歌》"乘龙兮辚辚，高驼兮冲天，结桂枝兮延伫，羌愈思兮愁人"中"辚""天""人"三字押韵，"辚""人"是"真"韵字，所以先韵的"天"，也应改读为"真"韵。"铁因切"的"因"，《广韵》是"真"韵字，《集韵》却收于"谆"韵中，①"真""谆"二韵为三等音，本不与"端"系字相配，《集韵》"天"字"铁因切"，是为叶韵而造的新音节，与本音仅韵部不同。

2. 仅声调不同者

潘岳《马敦诔》："马生爰发，在险弥亮，精贯白日，猛烈

---

① 张民权先生《清代前期古音学研究》中曾认为"天"字应属于"真"韵，因为在《诗经》均与"真"韵字押，《集韵》却误置于谆韵。按：《集韵》将"天"字归为"谆"韵，在于反切下字"因"字置"谆"韵，而非"真"韵，故"天"字因为切语下字的属韵，归在"谆"韵。

秋霜。"《韵补》以为"亮""霜"二字押韵。"霜"，《广韵》平声"阳"韵"色庄切"（"疏"类三等），《韵补》读去声"色壮切"（"漾"韵"疏"类三等），《广韵》"漾"韵本无"疏"类字，可知"霜"读"色壮切"是叶韵音，并且为一前所未见的新音节，该音与本音仅声调不同，是后起的新音节。

3. 声母、声调不同者

《战国策》："齐士卒倡曰：可往矣，宗庙亡矣。"《韵补》以为"往""亡"二字押韵。"往"，《广韵》上声"养"韵"于两切"（"为"类三等），《韵补》读平声"於王切"（平声"阳"韵"影"类三等），《广韵》"阳"韵本无"影"类字，可知"往"读"於王切"是叶韵音，并且为一前所未见的新音节，该音与本音韵母相同，声母、声调都不同，且是后起的新音节。

4. 声母、韵部不同者

《诗·东门之墠》："东门之墠，茹藘在阪，其室则迩，其人甚远。"朱熹《诗集传》"阪"字下云："音反，叶孚窎反。""窎"是"铣"韵三等字，"孚"是轻唇"奉"类字，《广韵》"铣"韵无轻唇音，改读"孚窎反"的"阪"是新造出的音节。"阪反"二字，《广韵》同音"阮"韵"府远切"，是轻唇"非"类字，所以"阪"字"孚窎反"一音与本音声母与韵部都不同，且是后起的新音节。

5. 声调、韵部不同者

《晋书》言夏侯湛"倚靡容悦，出入崎倾，逐巧点妍，呕喁辨佞。"《韵补》以为"倾""佞"二字押韵。"佞"，《广韵》去声"径"韵"乃定切"（"泥"类四等），《韵补》读平声"袮因切"（平声真韵"泥"类三等），《广韵》"真"韵本无"泥"类字。可知"佞"读"袮因切"是叶韵音，并且为一前所未见的新音节，该音与本音声调、韵部都不同。

6. 声母、韵部与声调都不同者

《楚辞·大招》："娭目宜笑蛾眉曼只，容则秀雅稚朱颜只，魂乎归徕静以安只。"《韵补》以为"曼""颜""安"三字押韵。"曼"，《集韵》去声"换"韵"莫半切"（"明"类一等），《韵补》读平声"无沿切"（平声仙韵"微"类三等），《广韵》"仙"韵本无"微"类字，可知"曼"读"无沿切"是叶韵音，并且为一前所未见的新音节，该音与本音声母、韵部、声调都不同。

陆德明《经典释文》提出"古人韵缓，不烦改字"的论点，影响到后人古韵有"通""转"的认知，以为古代押韵不如诗韵严格，因此在判定古代是否押韵及造叶韵音时，《广韵》不同韵部在一定范围内也可押韵或互用，《韵补》就是在"通转"观念下，立下一些规范。以平声字为例，《韵补》对五十七个韵部做出"通""转"归类，可并为九大类，今整理于下：

（一）东（冬钟通，江或转入）

（二）支（脂之微齐灰通，佳皆咍转声通）

（三）鱼（虞模通）

（四）真（谆臻殷痕庚耕清青蒸登侵通，文元魂转声通）

（五）先（仙盐添严"凡古通严"覃"谈古通覃"咸"衔古通咸"通，寒桓删山转声通）

（六）萧（宵肴豪通）

（七）歌（戈通，麻转声通）

（八）阳（江唐通，庚耕清或转入）

（九）尤（侯幽通）

九大类中，其实还有一些小区隔，如"凡古通严""谈古通覃""衔古通咸"，而"严""覃""咸"都通"先"，所通韵名各有所属，为何名称不一致？吴棫并没有进一步说明，在此不多论述。

因为同一"通""转"类中，可以包含不同韵部，致使造叶韵音的规范宽松，会使造音人使用不同切语或不同韵部却可"通"之音，表达相同的叶韵现象。以朱熹《诗集传》"子"字叶音为例，《文王》："天作之合，在洽之阳，在渭之涘，文王嘉止，大邦有子。""子"字下朱注"叶奖礼反"；《北山》："陟彼北山，言采其杞，偕偕士子，朝夕从事。""子"字下朱注"叶奖里反"；《麟之趾》："麟之趾，振振公子。""子"字下朱注"叶奖履反"；朱熹所注的反切中，"礼"是"荠"韵字，"里"是"止"韵字，"履"是"旨"韵字，在《韵补》中，"止"通"纸"，"旨"通"纸"，"荠"通"纸"，三韵是可以系联为一类的，因此这分属《广韵》不同音的反切，我们不能说朱熹也有三种不相干的读法，只能认定朱熹在造叶韵音时，缺乏一种确定的制约，结果形成一字多种叶韵读法的怪现象。①

四 叶韵音的影响

为读古代韵文所出现的叶韵音，是汉字字音在历史变化中的产物，它大量出现在古籍注疏中，不是一种非知识阶层的语音产物；它在特定读书音中出现，也不是一般的正常语音。由于叶韵音的大量出现，在语言现实面与研究面都曾产生重要的影响，下面择要说明。

（一）有助于读韵文产生押韵美感

语音"驷马难追"，音韵随时地而变，用后代音读古代韵文

---

① 根据我的统计，朱熹"子"作"奖礼反"读的仅 1 次，和《韵补》反切相同，作"奖里反"读的有 10 次，作"奖履反"读的有 23 次，详见拙著《吴棫与朱熹音韵新论》，第 292 页，或该书附录"朱熹传世音韵资料汇编"光盘。

自然有所扞格，不管用心目中的古音，或随俗改读成可以押韵的念法，都能达成音段出现近似读音的押韵美感，这在现实的读书环境，是具有押韵功效与实用价值的。

（二）造成字无定音现象

朱熹《诗集传》对明清学子影响极大，其中数以千计的叶音，也引起明代以来学者的疑虑与批评，顾炎武《诗本音》曾对《召南·行露》一篇的用韵，有番说明与讨论，其中更对朱熹任意用"叶音"大加非议，现在抄录下来：

> 厌浥行露十一暮。岂不夙夜古音豫。考"夜"字《诗》凡七见，《左传》一见，《楚辞》二见，并同。后人混入四十禡韵。谓行多露见上。
>
> 谁谓雀无角音禄。何以穿我屋一屋。谁谓女无家音姑。《集传》叶音谷，非。此句本不入韵，然"角""屋""狱""足"皆可转为平声，则"家"亦未尝非韵也。何以速我狱三烛。虽速我狱见上。室家不足三烛。
>
> 谁谓鼠无牙古音吾。考"牙"字《诗》凡二见，并同。后人误入九麻韵。与"家"协，隔句为韵。何以穿我墉三钟。谁谓女无家音姑《集传》叶"各空反"，非。或问："二章之'家'不入韵，三章之'家'入韵，可乎？"曰："奚而不可？夫音与音之相从，如水之于水，火之于火也。其在《集》之中，如风之入于窍穴，无微而不达；其发而为歌，如四气之必至，而无所逃于天地之间者也。故夫子之传《易》，曰'同声相应'，而《记》之言乐也，曰'声相应故生变，变成方谓之音'。苏氏所谓'古人之文，譬之风行水上，自然而成者'，岂者后世词人之作字栉句，比而不容有一言之离合者乎！且如《凯风》之'南'，首章入韵，而二章不入韵。《燕燕》之'及'，首章、三章不入韵，而二章入韵。于《诗》多有之矣！此二章之'家'，平入相通，固不得谓之非韵也。如《集传》之说，必欲比而同之，则不得不以二章之'家'音'谷'，三章之'家'音'公'。一'家'也，忽而'谷'，忽而'公'，歌之者难为音，听之者难为耳矣！此其病在乎以后世作诗之体，求六经之文，而厚诬古人以谬悠忽悦，不可知不可据之字音也。岂其然乎？

朱子复生，其必以愚为知言也夫!"。何以速我讼三钟、三用二音。虽速我讼见上。亦不女从三钟。

从顾炎武"歌之者难为音，听之者难为耳"的角度看，朱熹"叶音"读法的任意变更现象，更会加深读者与听者的辨音困难，在读押韵字时，究竟何时该念何音？如果注音者没有确切的解答，读书者也就更无所适从了。因此字无定音，是叶音极不合理的现象。

(三) 误导叶音即本音理论的产生

朱熹广用叶音注古韵文，但提出异议，认为叶音即古本音者不乏其人，元代戴侗《六书故》曾说：

> "野"之"上与切"，"下"之"后五切"，皆古正音，与今异，非叶韵也。

明代焦竑、陈第也有类似说法。陈第《毛诗古音考·自序》中说：

> 《左》、《国》、《易·象》、《离骚》、《楚辞》、秦碑、汉赋，以至上古歌谣箴铭颂赞，往往韵与《诗》合，实古音之证也。……读"皮"为"婆"，宋役人讴也；读"丘"为"欺"，齐婴儿语也；读"户"为"甫"，楚民间谣也；读"裘"为"基"，鲁朱儒谑也；读"作"为"诅"，蜀百姓辞也；读"口"为"苦"，汉白渠诵也。

注疏家所造出的叶音，因为例证确凿，后人就以为是"古

正音"，顾炎武也有《诗本音》之作，其实从音变具有规律性的
科学角度看，"野"古读"墅"、"下"古读"户"、"皮"古读
"婆"、"丘"古读"欺"……果真如此，其后为何会变成不同
音？这就无法自圆其说了。叶音的产生，进一步误导反对叶音
说，而有"叶音即本音"的错误理论流行。

（四）误以叶音是方音或时音，引发研究方向的扭曲

叶韵音既然是后人改读以求押韵的人造音，又非实际古音，
就有学者认为可以借用叶韵音，考证做音者的当时音韵系统，或
当时口语音。王力与许世瑛二位先生就从此着眼，研究朱熹的音
韵，王先生的论述首见于《朱熹反切考》一文，其立论的基本
观念十分清楚，他在文章之初就说：

> 朱熹在他所著的《诗集传》和《楚辞集注》中用了大
> 量的反切，主要是用于叶音。由于朱熹不懂古音，不知道古
> 音与今音不同，以为用今音读来不押韵处必须临时改读他音
> 而后押韵，叫做"叶"。叶音说是错误的，陈第已经批判了
> 它。但是，朱熹所用的反切反映了南宋时代的语音系统，是
> 我们研究语音史的重要数据。他的反切并没有依照《切韵》
> 《唐韵》或《广韵》；正是由于这个缘故，朱熹反切才真正
> 准确地反映了当时的语音。①

文中分析反切注音，得到当时有"平上去声二十二部"韵，
及朱熹时代共有二十一个声母等结论。

许世瑛先生在 60 年代末、70 年代初曾写过多篇关于朱熹音

---

① 见《龙虫并雕斋文集》第 3 册，第 257 页。

韵的文章，许先生的立论基础和研究方法基本上和王力先生相同，他在《从〈诗集传〉叶韵中考〈广韵〉阳声及入声各韵之并合情形》一文中说：

> 朱子《诗集传》里有很多"叶韵"，这"叶韵"的意义是朱子用自己的口音去读《诗经》里的韵脚字，发现有很多韵脚字是不能押韵的；于是就照自己口音中可以押韵的音读去读它们，这就叫做"叶韵"。例如《召南·行露》三章以"牙、家、讼"三字与"墉、从"二字押韵，朱子用他的口音去读发觉不能押韵，就把"牙"字叶韵为"五红反"，……我们从这里观察到的语音现象，也可以说就是朱子口中的实际语音现象。这是为什么呢？因为朱子如果不认为那些"叶韵"的读法是可以押韵的话，他是不会把这些"叶韵"采录在他的《诗集传》中的。这也就是笔者要利用这些"叶韵"来观察其中语音现象的缘故。①

我们可以从许先生所写《重唇音与舌头音在朱子口中尚有未变读轻唇音与舌上音者考》、《从〈诗集传〉音注及叶韵考中古声母并合情形》、《朱熹口中已有舌尖前高元音说》、《从〈诗集传〉叶韵考朱子口中鼻音韵尾以及塞音韵尾已各有相混情形》、《〈广韵〉全浊上声字朱熹口中所读声调考》、《再考〈广韵〉全浊上声字朱熹口中所读声调》等文章篇名中，看出其部分的研究结果。

根据我的研究，王、许二位实际上误用了朱熹的反切注音数据。其实朱熹的非叶韵音多沿用《经典释文》等早期注音，叶

---

① 见《许世瑛先生论文集》，第321页。

韵音则多沿用吴棫的《韵补》，而《韵补》的音韵架构，来自
《集韵》，《集韵》的架构又与《切韵》相承，所以叶韵音与南
宋音系或朱熹口语音是不甚相干的！叶韵音居然也误导了汉语语
音史的研究方向。

（五）字书与韵书搜集叶韵音取舍互异

本来叶韵音是跟随韵文注疏而来，没有单独在韵书或字书中
出现，但由于读书人的普遍认知，叶音也大量被字书或韵书所引
用。《韵补》是第一本专门搜集、制造叶音的韵书，因为只收韵
书所未收的叶韵音，并不能和一般普收众字的字书或韵书齐观。
明代《字汇》《正字通》，清代《康熙字典》《钦定叶韵汇辑》
是四部广收单字音与叶音的大型字书与韵书，下面以"一"字
为例，观其取用字音的方法。

《字汇》"一"字之音、义：

坚溪切，音奇	伏羲画卦，先画一奇，以象阳数之始也。……
益悉切，"因"入声	诚也，均也，同也，少也。……
叶伊真切，音因	《易·系辞》"言致一也"，叶上句"人"字。……
叶弦鸡切，音兮	"言一致也"上句"损一人"，人音时，得其友，友音移，皆古音相叶。……
叶於利切，音意	左太冲《吴都赋》："藿纳豆蔻，姜汇非一，江蓠之属，海苔之类。"

《正字通》"一"字之音、义：

伊悉切，"因"入声	《广韵》：数之始也，又同也。……
去声真韵。音意	左思《吴都赋》："藿纳豆蔻，姜汇非一，江蓠之属，海苔之类。"
※旧注存"坚溪切，音奇"……非。……吴棫《韵补》明言《易》爻辞不韵，今误增"因""兮"二音。	

《康熙字典》"一"字之音、义:

《唐韵》、《韵会》於悉切，《集韵》、《正韵》益悉切，并"漪"入声	《说文》："惟初大始，道立于一，造分天地，化成万物。"……
《韵补》叶於利切，音懿	左思《吴都赋》："藿纳豆蔻，姜蕙非一，江蓠之属，海苔之类。"
又叶弦鸡切，音兮	《参同契》："白者金精，黑者水基，水者道枢，其数名一。"

《钦定叶韵汇辑》"一"字之音、义:

《文选章句》音伊	扬雄《甘泉赋》："于是钦柴宗，祈燎熏，皇天皋，摇泰一，举洪颐，树灵旗。"《参同契》："白者金精，黑者水基，水者道枢，其数名一。"
《韵补》因利切	左思《吴都赋》："藿纳豆蔻，姜蕙非一，江蓠之属，海苔之类。"
	杜甫《朝享大庙赋》："初高祖、太宗之栉风沐雨，劳身焦思，用黄钺白旗者五年，而天下始一，历三朝而戮力，今庶绩之大备。"
於悉切	数之始也，物之极也，同也，少也，初也，又三字姓。
伊昔切	《淮南子》："天气为魂，地气为魄，反之元房，各处其宅，守而勿失，上通太一。"韩愈《裴复墓志铭》："晋阳之色，愉愉翼翼，无外无私，幼壮若一。"柳宗元《惩咎赋》……欧阳修《红鹦鹉赋》……苏轼诗：……谢翱诗：……
於汲切	叶适诗："太学奏文夸第一，国子先生里行立，岭南梅花太枯涩，花岂唤人人底急。"

《字汇》收 3 个叶韵音，《正字通》沿用 1 个叶韵音，却完全不认同《字汇》其他两个叶韵音，《康熙字典》收 2 个叶韵音，《钦定叶韵汇辑》一举收录 4 个叶韵音。四本书收音差异甚大，注音用字也不尽相同，可见一字的叶韵音读并未取得共识。

从以上五点看来，叶韵音的音读，在实用面、学理面都曾产生不同程度的影响力。

五　结语

汉字叶韵音是为达到押韵效果而产生的，一般用于押韵位置的韵字，较少出现罕见者，也就是说常用字容易因入韵而产生多音现象。常用字，人人会念，而其叶韵音相对显得特别突兀，此音如何产生？何时读此音？令人易起疑窦。

叶韵音的制作有其一定方法与限制，在能够达成押韵的条件下，尽量使叶韵音与本音保持一定的相似度，如"双声"、"调变韵不变"、"韵变调不变"等，或取其同"谐声"字音。

新造出的叶韵音，有些是语言中既有的音节，有些则是新创造的音节，后者的出现，应该会让读者有如听到当代戏曲"尖音"、"上口音"的不习惯的感觉。

叶韵字音是受到后代音变的影响，但却不是某种后代音或方音的单字音读法，利用叶韵音而不考虑其形成原因，想借此探讨某种语音系统，这是近代音韵学家所易犯的错误。

叶音是一种特殊"读书音"，与口语音不同，由于它缺乏历史语音学的学术价值，也不在单字音中出现，所以近代字典已不收录。它有上千年的生命力，影响读书人的发音，在汉字与汉语史上有其一定的位置，因此对叶韵字的造音方法有其探讨价值。

虽然叶韵音在现代学界已经否定其存在意义，但一般通俗教育中，改读字音以求和谐押韵，却仍然未尝停息，① 这种实际执行教学与理性探讨学术的心态差距，相信一时间仍是无法消弭的。

参考书目：

丁度：《集韵》，学海出版社 1986 年版。

王力：《龙虫并雕斋文集》，中华书局 1982 年版。

王力：《朱熹反切考》，《语言文字研究专辑》，上海古籍出版社 1982 年版。

王力：《汉语语音史》，中国社会科学出版社 1985 年版。

朱熹：《诗集传》，华正书局 1974 年版。

朱熹：《原本韩集考异》，商务印书馆四库全书集部 1986 年版。

吴棫：《韵补》，中华书局 1987 年版。

陈彭年等：《大宋重修广韵》，洪叶文化事业公司 2001 年版。

许世瑛：《许世瑛先生论文集》，弘道文化事业公司 1974 年版。

陆德明：《经典释文》，鼎文书局 1972 年版。

梅膺祚：《字汇》，上海古籍出版社 2002 年版。

张民权：《清代前期古音学研究》，北京广播学院出版社 2004 年版。

张自烈：《正字通》，东丰书店 1996 年版。

顾炎武等：《音韵学丛书》，广文书局 1966 年版。

金周生：《吴棫与朱熹音韵新论》，洪叶文化事业公司 2005 年版。

作者简介： 金周生，男，1954 年出生，辅仁大学中文系教授，研究方向为文字学、声韵学、语言学、文章学、骈文。

---

① 通俗读物中，"乌衣巷口夕阳斜"，"斜"读"霞"音；"打起黄莺儿"，"儿"读"倪"音，都是为求押韵而改读的现代叶韵音。

山东三调方言类型考察

吴永焕

提　要：本文在考察山东三调方言地理分布，梳理三调方言读音类型的基础上，探讨了三调方言四声变三调的音变线索及动因。

关键词：山东方言；三调；音变

三调方言，单字调类较少，古今调类合并程度较高，声调演变规律独特。山东是汉语三调方言相对较为集中的一个区域，古今调类分合规律颇有特色。本文基于现有的方言资料，对山东省内三调方言的声调作初步考察。

一　三调方言的地理分布及其类型

山东三调方言主要分布在胶东、鲁中、鲁西北一带。胶东地区如威海、烟台、福山、栖霞、乳山、海阳、招远、莱阳、莱西、莱州、平度、即墨、崂山（城阳）、青岛等县市。荣成市多数乡镇四个声调，西南角的靖海卫镇三个声调。鲁中地区如淄川、博山、莱芜等县市；鲁西北如庆云、无棣等县市。各方言点的具体分布图示如下：

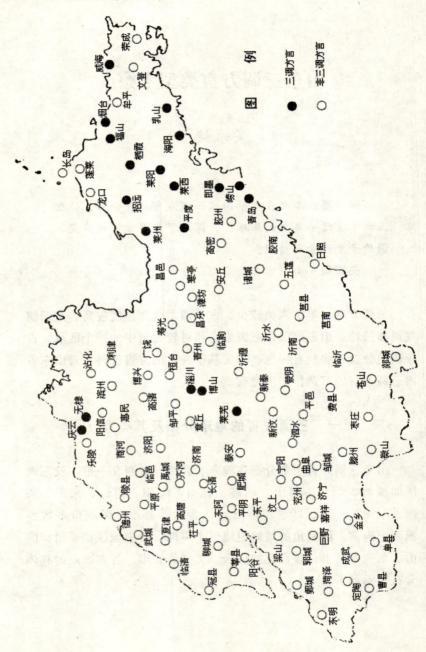

图

例

三调方言   ●

非三调方言   ○

山东各三调方言点的调值列表如下：

	阴平（平声）	阳平	上声	去声
威海	53	(33)	312	33
烟台	31	(55)	214	55
福山	31	(53)	214	53
栖霞	52	(44)	314	44
乳山	53	(34)	214	34
海阳	53	(43)	213	43
招远	214	(42)	55	42
莱阳	213	(42)	55	42
莱西	214	(42)	55	42
莱州	213	42	55	(42)
平度	214	53	55	(53)
即墨	213	42	55	(53)
崂山	213	42	55	(42)
青岛	213	42	55	(42)
荣成_{靖海卫}	53	(214)	214	44
淄川	214	(55)	55	31
博山	214	(55)	55	31
莱芜	213	(55)	55	31
庆云	213	(55)	55	31
无棣	213	(55)	55	41

　　山东三调方言依古今调类分合情况的不同，大致可分为三种
类型：

　　烟台型：威海、烟台、福山、栖霞、乳山、海阳、招远、莱
　　　　　　阳、莱西；

平度型：莱州、平度、即墨、崂山城阳、青岛；

博山型：靖海卫、淄川、博山、莱芜、庆云、无棣。

三种类型方言古今调类分合规律同北京话比较如下：

	平			上			去			入		
	清	次浊	全浊	清	次浊	全浊	清	次浊	全浊	清	次浊	全浊
北京话	阴平	阳平		上声			去声			阴阳上去	去声	阳平
烟台型	平声	去声		上声			去声			上声	去声上声	去声
平度型	阴平	阳平		上声			分读阴平、阳平			上声	阴平阳平	阳平
博山型	平声	上声					去声			平声	去声	上声

烟台型方言主要分布在胶东半岛的烟台、威海两市。烟台市西部的莱州与青岛市邻近，方言类型与青岛话相同。威海市内荣成西南部的靖海卫镇，调值与烟台型三调方言一致，调类合并类型却与博山型三调方言相同。北京话的阳平、去声两调，烟台型方言合为一类。如烟台话，三个单字调分别是：平声31，上声214，去声55（去声有时收尾上扬，可记为445）。中古全浊声母平声字与去声字今声调读音相同，今读去声55。如：

图 = 兔	肥 = 费	房 = 放
tʻuꜛ	feiꜛ	faŋꜛ

平度型方言除莱州市外，都属于青岛市。图表显示，北京话去声字，平度型方言无规则分归阴、阳平两类。如平度话，三个

单字调分别是：阴平 214，阳平 53，上声 55。中古全浊上声、去声、次浊入声字，今声调读音分读 214、53 两类，并有大量字阴、阳平两读。如：

尽	架	内	大	落
⊂tsi ɔ̃ ⊆tsi ɔ̃	⊂cia ⊆cia	⊆nei	⊆ta	⊂luɘ ⊆luɘ

博山型方言主要分布在山东中部、西北部。图表显示，北京话的阳平、上声两调，博山型方言合为一类。如博山话，三个单字调分别是：平声 214，上声 55，去声 31。中古全浊声母平声字与清声母、次浊声母上声字今声调读音相同，今读上声 55。如：

图 = 涂	麻 = 马	敌 = 抵
⊂t'u	⊂ma	⊂ti

二 三调方言四声变三调的音变及动因

山东境内的三调方言，无论哪种类型，大致都是由四个声调合并而成的。相对于北京话的四个声调，烟台型方言表现为阳平与去声调的合并；平度型方言是去声分归阴、阳平；博山型方言体现为阳平与上声合并。

（一）阳平与去声合并

烟台型方言阳平与去声合并。单点方言声调系统内部似乎没有为我们提供有用的考察四声变三调的音变线索。比如，烟台话方言中阳平与去声字单字调同音，连读调中的声调读音也相同。

前字阳平		前字去声	
贼星	tsɤ⁵⁵ɕiŋ³¹	电灯	tian⁵⁵təŋ³¹
茶碗	tsʻaʻ⁵⁵uan²¹⁴	大米	taʻ⁵⁵miʻ²¹⁴

如果将三调方言与周边四调方言联系起来，对照考察，倒是可以发现一些富有启发性的线索。试比较荣成、牟平、乳山等地方言声调读音。

	阴平	阳平	上声	去声	备注
荣成	42	35	214	44	
牟平	51	53	213	131	
乳山	53	443	214	44	老派读音
	53	(44)	214	44	新派读音

荣成、牟平话的声调读音有一个共同的特点：阴平与上声调的调值相对比较稳定；阳平与去声调的调值常常是几个读音晃来晃去，不太稳定。比如荣成话阳平调有时读454，有时读553，有时快读成53；去声调慢读调值略平，尾部微升，近于334，快读则是44，发音人发音过程中常常带一个轻读的衬音，整体描写，还可记为443。牟平话阳平调快读为53，慢读是553；去声调发音有时是232，有时是33，有时又是332。整体考察荣成话、牟平话发音的语音状况，大致是荣成话阳平调以553为常，去声调以44为多。牟平话阳平调以553为常，去声调以332为多；牟平话、荣成话阳平与去声调调值相近，只不过仍存在着调

位的对立。

荣成、牟平话声调的另一共同特点是，阳平单字调553，平的时值较短，降的成分较明显；而处于两字组连调的后字位置时，部分阳平字平的时值一般较长，降的成分极短。音流中后字阳平与后字去声调值极为接近。牟平话绝大多数后字阳平读平调，荣成话的字数则相对少些。

牟平、荣成话目前虽然仍是四个声调，但牟平话、荣成话的阳平与去声单字调调值接近、连读调中调值相同的一些语言事实说明阳平与去声有合并的可能。如果说牟平、荣成两地方言仅仅具有合并趋势的话，那么乳山话老派四个声调，新派并为三个的情况，具体表明四声向三调的音变进程。

我们再来比较烟台型三调方言的声调：

烟台：阴平31 上声214 去声55

福山：阴平31 上声214 去声55

栖霞：阴平52 上声314 去声44

从牟平话、荣成话的四声，到乳山话的新老派差异，再到烟台型方言的三调。方言的空间差异，大致反映出阳平并入去声合并的音变过程。牟平、荣成等四调方言，阳平、去声单字调音近、连读调中音同，大致是烟台型三调方言阳平与去声合并的前奏，乳山话新老派四声三调的差异，大致反映了声调演变的中间状态，烟台型三调方言的形成，则属于阳平与去声调合并这一语音演变的完成。

烟台型三调方言多分布在烟台、威海两市交通相对比较便利、与外界交往相对较多的一些区域，如威海、烟台、栖霞、莱阳等县市，四调方言多分布在山区丘陵，东部沿海，甚至海中的一些岛屿上，如荣成、文登、蓬莱、长岛等县市。海阳市南部县城周围的乡镇多为三个声调，中部山区丘陵之间，多为四个声调。其二，烟台、威海两市的方言，东部声调调值与西部有一定差异，东部如荣成、文登、烟台等县市去声调值一般为高平调44或33等，西部招远、海阳、莱阳等县市方言去声调值一般为高降53或42，与西部相邻的青岛市方言去声调值相近。显然，烟台、威海两市方言的声调无论就其格局，还是就其具体音值，都呈现由西而东，由交通便利区域向山区丘陵逐步推进的过程。即来自西部的一种方言波不断影响烟台、威海各县市方言，或许正是相邻方言的影响，方言的接触，促使本地部分方言声调部分音值发生变化，声调格局被打破，形成三调方言。

（二）去声无规则分归阴、阳平

平度型三调方言去声无规则分归阴、阳平，吴永焕（2005）以平度话为典型个案，对这一问题曾作过具体讨论。

平度三调方言的前身大致是四个声调，平度话轻声两字组连调大致能反映这一点：

前字 后字	阴平 214		阳平 53	
	古清平	古全浊上、去、次浊入	古清去、次浊入	古全浊上、浊去、浊平
轻声	214 + 31	53 + 21		55 + 32

胶莱河以东的胶东方言特别是东莱片方言，去声与阳平合并已经成了本地方言较强的一种方言趋势。平度、莱州、即墨等地方言某种程度上也与这一语音规律一致，存在类似的音变。只不过中途受到另外因素的干扰，音变出现了变化。

平度话阴平与阳平连读调中合并程度较高，前字阴平、阳平有六种组合，其中四种组合读音相同，如：

前字 后字	连读调在词语中的使用范围	阴平 214	阳平 53
阴平 214	常用与非常用词语	55 + 214	53 + 214
阳平 53	常用词语	214 + 53	
	非常用词语		53 + 53
上声 55	常用词语	214 + 55	
	非常用词语		53 + 55

　　声调系统内部的连读调与单字调，并不是各自孤立的，而是具有密切的联系。一般来说，连读调的调值是由单字调决定的，但连读调在确立之后对单字调也有较强的反作用。因此，平度话阴平与阳平连读调合并程度较高，极易干扰去声、阳平合并的音变路线。去声原本是独立的一类，在未完全并入阳平之前极易受到连读调干扰，出现既可归阳平又可归阴平的不稳定状态，从而导致无规则分化。

　　至于平度方言声调演变的动因，则需要从青岛市整个区域所处的语音环境方面去考虑。平度型三调方言明显处于西部方言声调音值与东部方言声调音值的过渡区域，试比较：

　　山东东、西部声调调值，以青岛、平度等县市为中间过渡区域，分为两类。东西两股方言波西强东弱，方言接触中，原本与东部烟台、威海地理邻近，同具有阳平与去声合并的音变趋势的青岛周围县市方言，再加上西部强势方言波的影响，声调系统势必受到新的冲击，发生进一步变化。

		阴平（平声）	阳平	上声	去声
烟台、威海等 东部方言	荣成	42	35	214	44
	威海	53	(33)	312	33
	烟台	31	(55)	214	55
	莱阳	213	(42)	55	42
青岛市 三调方言	莱西	214	(42)	55	42
	莱州	213	42	55	(42)
	平度	214	53	55	(53)
	即墨	213	42	55	(53)
	崂山	213	42	55	(42)
	青岛	213	42	55	(42)
潍坊、济南等 西部方言	潍坊	213	53	55	31
	淄川	214	(55)	55	31
	博山	214	(55)	55	31
	济南	213	42	55	21

（三）阳平与上声调的合并

博山型三调方言阳平与上声调合并，实际上，山东中部具有此种调类合并现象的，并不仅仅局限于博山型三调方言，章丘、邹平、桓台等地方言也如此，只不过它们多出一个入声调，不是三调方言罢了。

山东中部方言阳平、上声合并的时代可能不是太早，清人张象津在《论平上去入平五音》中"平分阴阳"的见解以及他在《等韵简明指掌图》中将阳平独立为一调的处理，大致反映出桓台一带方言当时阳平与上声还没有完全合并。

博山型三调方言中虽然阳平与上声单字调已合，但从今方言部分连读调中依然可以看出二者早期分为两类的一点线索。博山话、庆云话的普通两字组连调中，"上声＋上声"的连调格式目前依然有两类读音：

方言点	前字 ＼ 后字		上声	
			古浊平	古清上，次浊上
博山	上声 55	古浊平	53＋55	53＋55
		古清上，次浊上	214＋55	
庆云	上声 55	古浊平	54＋55	31＋55
		古清上，次浊上	44＋55	

　　博山话、庆云话轻声两字组连调中，中古浊声母平声字与古清声母上声、次浊声母上声字作前字时也不同音。

方言点	前字今声调	古声调来源	轻声两字组连调读音
博山	上声 55	古浊平	24＋<u>54</u>
		古清上，次浊上	214＋55
庆云	上声 55	古浊平	55＋3
		古清上，次浊上	213＋3

　　山东中部方言区域阳平与上声合并，并不局限于地理离散的几个三调方言，而是包括地理上相连的章丘、桓台、邹平等方言。阳平、上声大片区域的合并，表明山东中部方言，阳平、上声曾经发生过音值的转移，它应是这一区域早期普遍存在的音变。试比较：

	阴平（平声）	阳平	上声	去声
沂源	213	55	35	31
济南	213	42	55	21

　　山东中部方言，沂源型调值目前已不多，可以称得上是例外，多数方言为济南型调值。可以推断，近一百年来，山东中部

不少县市方言曾经发生由沂源型方言到济南型方言的音变，即阳平由平而降，上声由升而平的变化。

平山久雄（1983，1984）曾讨论了山东西南部古调值到现在基本调值的演变：

阳平　　＊55（高平调）＞＊53＞51（高降调）

去声　　＊51（降调）＞＊41＞412（低降调）

阳平　　＊11（低平调）＞＊112＞13（低升调）

上声　　＊24（升调）＞＊34＞55（低升调）

平山先生认为音变由阳平55而起，高平55受生理因素影响变降，去声为保持调位对立，发生推链变化，变为低降、低降升。阴平的变化是受生理因素由低平11变低升13，上声则是受阴平13的推动，同时也受到高平调值存在空格的拉动，由24逐渐变为55。

平山先生的音变理论从音理上相对较好地解释了方言由11、55、24、51格局变为13、51、55、412格局的演变。然而这里仍存在一个问题：四声为阴平低升、阳平高降、上声高平、去声低降格局的方言，西起洛阳南部郊区，东至青岛，分布区域较广，是不是本地区所有方言点都同时发生了上述音变呢，都是方言点内部单纯声调系统内部自身因素音变的结果呢？试比较：

	阴平（平声）	阳平	上声	去声
徐州	213	55	35	42
沂源	213	55	35	31
枣庄	213	55	24	42
郯城	213	55	24	41
微山	213	54	35	41
莱芜	213	（55）	55	31
济南	213	42	55	21
郑州	213	53	55	312

在西起洛阳南部郊区、东至青岛的广大方言区域中，存在着213、55、24、31 和 213、53、55、312（31）两类声调格局。如果从历史层次的角度分析，结合平山先生的音变理论，213、55、24、31 的格局当属本区域较早的历史层次，213、53、55、312（31）属于较晚的层次。如果从共时声调格局强、弱对比的角度看，213、53、55、312（31）格局属于强势方言特征，213、55、24、31 格局属于弱势方言特征。两类声调格局、两种方言波目前依然存在着相互影响的情况，即213、53、55、312（31）格局的范围越来越广，沂源、枣庄等方言的 213、55、24、31 格局，分布范围越来越小。也就是说，213、53、55、312（31）声调格局在形成之后，是以语言扩散的方式不断扩展自己的势力范围的。部分方言阳平、上声调值发生变化，尤其是晚近发生的调值变化，大致是强势方言替代弱势方言接触的结果。即山东中部南部方言，早期原本同徐州等地方言具有相同的声调格局，由于受到西部郑州、开封、济南声调格局方言波的影响，声调系统受到冲击，才逐步发生音变。

目前，山东中部部分方言阳平、上声音值由 55、35，变为 42、55，调位依然分立，方言调值变化，但调类格局未变，仍是四调，如山东新泰、临沂等地四调方言。部分方言上声由 35 高化为 55，阳平调值却没有发生推链式变化，两类声调音变过程中速度快慢不平衡，出现了合并，有些形成三调方言，如博山型三调方言。至于沂源话声调，由于地处山区丘陵，地理偏僻，声调没有跟随强势方言发生变化，早期的调值形式才得以保存。同一区域三种不同类型方言声调变化的情况也表明：方言接触只给声调变化提供动因，强势方言只是影响方言发展的趋势，方言至于如何变化，还得看自身内外因素相互整合的具体情况。

三　余论

　　山东境内三调方言的形成，大致是比较晚近才发生的音变。不同区域三调方言，虽然类型不同，音变进程各异，但就其音变的语言环境、形成的动因来看，却有一定相似之处。无论是烟台型、平度型三调方言，还是博山型三调方言，方言接触、声调系统的相互影响是推动声调发展演变的重要动因；方言接触中声调系统发生紊乱，个别声调调值在不稳定状态下不平衡发展，音值趋同，对立消失，是调类合并、三调产生的语音机制。

　　在解释汉语声调调值的历时演变时，桥本万太郎（1991）曾提出语言扩散说，平山久雄（1997）评述桥本的理论观点时指出："他曾提出各时代、文化中心的声调调值向周围地区扩散这一理论，用以说明现代汉语各方言中声调调值的分布情形。"平山（1997）自己则认为："要把声调调值的历时演变看作是由内部原因引起的自律性变化。在这一点上，桥本教授与我两人的看法形成鲜明的对比，当然，我并不否认一个方言的声调调值会受到附近优势方言的影响，但我认为，这种影响只有通过其方言调值系统内部的变化的可能性才能起到作用。"桥本注重外部影响，平山侧重内部系统。山东方言声调演变的具体事实表明，音变过程中既有方言间的接触，又有方言系统自身的历史演变，显然，内、外并重，历时演变与共时接触有机结合，才是探讨音变的一个不错选择。

参考文献

　　曹延杰：《德州方言志》，（钱曾怡主编山东方言志丛书之三），语文出版社 1991 年版。

曹延杰：《山东庆云方言音系》，全国汉语方言学会第十届年会论文，1999 年版。

罗福腾：《牟平方言志》（钱曾怡主编山东方言志丛书之五），语文出版社 1992 年版。

罗福腾：《胶辽官话研究》，山东大学博士论文 1998 年。

马静、吴永焕：《临沂方言志》，齐鲁书社 2003 年版。

孟庆泰、罗福腾：《淄川方言志》（钱曾怡主编山东方言志丛书之七），语文出版社 1994 年版。

平山久雄：《山东西南部方言的变调及其成因》，Computational Analyses of Asian & African Languages，No. 21，February，1983。

平山久雄：《江淮方言祖调值构拟和北方方言祖调值初案》，《语言研究》1984 年第 1 期。

平山久雄：《北部晋语声调调值的系谱分类》，《桥本万太郎纪念中国语学论集》，1997 年版。

桥本万太郎：《古代汉语声调调值构拟的尝试及其涵义》，《语言学论丛》1991 年第 16 辑。

钱曾怡：《博山方言研究》，社会科学文献出版社 1993 年版。

钱曾怡：《济南话音档》，上海教育出版社 1998 年版。

钱曾怡：《从汉语方言看汉语声调的发展》，《语言教学与研究》2000 年第 2 期。

钱曾怡等：《烟台方言报告》，齐鲁书社 1982 年版。

钱曾怡、高文达 张志静：《山东方言的分区》，《方言》1985 年第 4 期。

钱曾怡、罗福腾：《长岛方言音系》，《内陆ァジア言語の研究》（Ⅵ），神户市外国语大学外国学研究所 1990 年版。

钱曾怡、罗福腾：《潍坊方言志》（钱曾怡主编山东方言志丛书之六），语文出版社 1992 年版。

青岛市史志办公室：《青岛市志·方言志》，新华出版社 1997 年版。

山东省地方史志编纂委员会：《山东省志·方言志》，山东人民出版社 1993

年版。

　　山东省方言调查总结工作组：《山东方言语音概况》（油印稿），1960 年版。

　　王淑霞：《荣成方言志》（钱曾怡主编山东方言志丛书之八），语文出版社 1995 年版。

　　王中修：《邹平县志·方言篇》，中华书局 1992 年版。

　　吴永焕：《山东方言声调研究》，山东大学博士论文 2001 年。

　　吴永焕：《山东方言语音研究》，［韩国］新星出版社 2006 年版。

　　吴永焕：《山东平度方言去声分归阴、阳平的语音考察》，《语言研究》2006 年第 2 期。

　　徐明轩 朴炯春：《威海方言志》，韩国学古房 1997 年版。

　　于克仁：《平度方言志》（钱曾怡主编山东方言志丛书之四），语文出版社 1992 年版。

　　张树铮：《180 年前山东桓台方言的声调》，《首届官话方言国际学术讨论会论文集》，青岛出版社 2000 年版。

　　张树铮：《方言历史探索》，内蒙古人民出版社 1999 年版。

　　［清］张象津：《方言土字辨》，《白云山房文集》（卷六），拜经堂藏版。

　　赵日新、沈明、扈长举等：《即墨方言志》（钱曾怡主编山东方言志丛书之二），语文出版社 1991 年版。

　　作者简介：吴永焕，男，1968 年出生，中国人民大学文学院副教授，主要从事现代汉语方言的调查研究。

关于《尔雅》研究的后瞻与前瞻的若干反思与正思

韩陈其

提　要：《尔雅》、《说文》、《释名》，既三足鼎立，又息息相关。本文认为，作为书名的《尔雅》与《说文》、《释名》——异字同义，"尔"、"说"、"释"——三个字都有"说明解释"的意味：《尔雅》者，《明义》也。上古汉语的语义系统有三大分野：一种是通过对汉语言文字物质化的形态在视觉的感知和离析上而实现的因形而构衍的"形——义"认知系统，可以《说文解字》为代表；一种通过对汉语言文字物质化的形态在听觉的感知和离析上而实现的因音而构衍的"音——义"认知系统，可以《释名》为代表；一种是通过对汉语言文字的非物质化的内部结构在深度和广度上的发掘和思考而实现的因认知而构衍的"知——义"系统，可以《尔雅》为代表。《尔雅》的语义系统的层次性和民族性，表现为中国古人对语言的特殊性功能和一般性功能以及语言所指代的客观物质化世界和主观的非物质化世界的基本看法。

关键词：《尔雅》=《明义》；语义认知的三大分野；语义系统的层次性；语义系统的民族性

一　《尔雅》名义的反思

《尔雅》与《说文》、《释名》三足鼎立，可以并称为中国语言学史上的三大奇书。《说文》、《释名》的书名释义，一目了然；而对于《尔雅》的书名解释，却至今一直争论不休。

如何看待"尔雅"的释义？一是看"尔"，二是看"雅"，三是看"尔"和"雅"的结合状况，四是看《尔雅》的成书年代。

（一）"尔"是什么？

"尔雅"连文而用，一般以为是始见于《大戴礼记·小辨》："是故循弦以观于乐，足以辨风矣；尔雅以观于古，足以辨言矣。"北周卢辨注云："尔，近也。谓依于雅颂。"这可以认为是"尔"释为"近"的源头。以后无论是东汉刘熙《释名》、魏人张晏《汉书音释》、唐人陆德明《经典释文序录》，还是近现代的黄侃、周祖谟等人均持此说。

清人王念孙《广雅疏证》赞同卢说，并从语法搭配关系上作了说明："'循弦以观于乐'、'尔雅以观于古'，谓'循乎弦、尔乎雅'也。卢说为长。"虽然王念孙《广雅疏证》赞同北周卢说，但是个人以为，既然"循弦以观于乐"与"尔雅以观于古"相对为文，那么"循乎弦"与"尔乎雅"也相对为文，"循"与"尔"在词义关系上应大致相同或相通，根据"由浅入深"和"由易见难"的认知和语用原理，"尔"因"循"产生而具有了"循"的"循照"、"依据"义。所以，"尔，近也"的解释是不符合"尔"在《大戴礼记·小辨》"是故循弦以观于乐，足以辨风矣；尔雅以观于古，足以辨言矣"的语境义。

（二）"雅"是什么？

"雅"义复杂，变化多端，与《尔雅》专名在形式上相关联的当是非专名的"尔雅"。《史记·三王世家》："称引古今通义，国家大礼，文章尔雅。"唐人司马贞《史记索隐》注曰："尔，近也。雅，正也。"《史记·儒林列传》："文章尔雅，训辞深厚。"司马贞《索隐》注曰："谓诏书文章雅正，训辞深厚也。"

后来的发展是，第一步，"雅"由"正"变为与语言有关的"取正"，如陆德明《经典释文序录》："尔，近也。雅，正也，言可近而取正也。"第二步，"雅"由与语言有关的"取正"又变为所谓的"正言"，如清人阮元《与郝兰皋户部论〈尔雅〉书》："尔雅者，近正也。正者，虞夏商周建都之地之正言也。"第三步，"雅"由所谓的"正言"而变为"夏言"，如近人黄侃《尔雅略说》："《尔雅》为诸夏之公言"，"雅言"也就是"夏言"，而"夏言"即为"正言"。步步深入，似乎显得越来越义正辞严而不容置疑，其实个人以为却是误入歧途而离"题中应有之义"则越来越远了。

（三）"尔雅"作者是谁？

《尔雅》作者是谁？这与"尔雅"连文或成词的时代和成词的语境有或多或少的关联。"尔雅"作为专名与作为通名，其意义也应该是有一定程度和范围的关联。一般人往往是以《大戴礼记·小辨》"是故循弦以观于乐，足以辨风矣；尔雅以观于古，足以辨言矣"中的"尔雅"来说事的。其实《大戴礼记》的成书过程和成书年代是很复杂的，钱玄先生《三礼通论》认为："现在的大小戴《礼记》，其成书既不在西汉，则必在东汉。且其成书也有一个发展过程。"依据《大戴礼记》中的"尔雅"

以说经典之《尔雅》，似乎有点儿风马牛了。

《尔雅》，或以为是周公所作，或以为是孔子门人所作，或以为是秦汉学者集体纂作，至今尚无定论。东汉郭璞《尔雅·序》云："《尔雅》者，盖兴于中古，隆于汉氏。"一般人据此认定从周公到两汉是《尔雅》成书时间的上限和下限，而唐人陆德明《经典释文序录》则依据魏人张揖《上广雅表》表述得更为清楚："《释诂》一篇，盖周公所作。《释言》以下，或言仲尼所增，子夏所足，叔孙通所益，梁文所补。尔，近也。雅，正也，言可近而取正也。"东汉郑玄《驳五经异议》云："玄之闻也，《尔雅》者，孔子门人所作，以释六艺之言，盖不误也。"

南京大学洪诚《训诂学》根据"用词造句之例"，认为东汉郑玄之说"最为合理"，"《尔雅》产生于公元前三百五十年至四百五十年之间"，大致应"作于战国孟子以前，流传到秦汉之间续有增补"。个人以为，洪诚从"用词造句"方面考论《尔雅》为"孔子门人所作"，其结论比较合理。但是，我们不得不指出，所谓"孔子门人所作"，这个"孔子门人"应该是单数，即某一个特定的"孔子门人"，而不宜为复数，尽管《尔雅》有可能其上有所溯源，其中有人参与，其下有所稽考，因为《尔雅》在结构上是浑然一体的，似乎很难想象这是集体创作的产物。

（四）《尔雅》者，《明义》也

传统对《尔雅》名义的解释，我一直持怀疑态度。传统对《尔雅》名义的解释几乎已经形成所谓共识，即《尔雅》中的"尔"通"迩"而解释为"近"，"雅"通"夏"而解释为"中国标准语"，所以就把《尔雅》解释为"接近正言、使近于雅正、纳于规范、向标准语靠近"，等等。一个书名的两个字都不用本字而都用假借字，这种做法本身就值得怀疑，除《尔雅》

以外，十三经中没有这样的书名，先秦典籍中也没有这样的书名，大概在中国的古典文献里再也找不到这样的书名了。这不奇怪吗？

　　传统对《尔雅》名义的解释，是采用了所谓"以本字破假借"的诂方法，似乎是有一些方法论上的依据。"尔"、"雅"是假借字，"迩"、"夏"是本字，但是，稍加对比则不难发现问题："尔"、"雅"这两个假借字可以自然连文而成"尔雅"，对此谁都毫无疑问；而"迩"、"夏"这两个本字纵使连文成"迩夏"，对此谁对会产生疑问——"迩夏"是什么啊？这不就更加奇怪了吗？？？

　　传统对《尔雅》名义解释的始作俑者是东汉刘熙《释名·释典艺》："《尔雅》：尔，昵也；昵，近也。雅，义也；义，正也。五方之言不同，皆以近正为主也。"刘熙《释名》的释词原则与一般辞书的释词原则是大相径庭的，它提供了两词语源相通的可能性而不是释义的必然性，如果借题发挥则往往差之毫厘而失之千里了。

　　如何寻求《尔雅》名义正确解释的途径呢？最佳捷径是在《尔雅》里寻求《尔雅》对"尔"、"雅"的解释，遗憾的是《尔雅》里没有。其次最可靠的途径就是通过《说文解字》对"尔"、"雅"的解释来寻求《尔雅》名义的正确解释。《尔雅》的"尔"，原本作"爾"，"爾"与"尔"是两个音义不同的字。《说文解字》的"㸚"部包括部首在内共有三个字："㸚"、"爾"、"爽"。"㸚"——《说文》："二爻者，交之广也，以形为义。""爾"——《说文》："丽爾，犹靡丽也。从门，从㸚，其孔㸚㸚，尔声。此与爽同意。"徐锴《说文系传》："丽尔，历历然希疏点缀见明也。""爽"——《说文》："明也。从㸚，从大。"段玉裁《说文解字注》点明了"焱"、"尔"、"爽"三个字在语义上的关联:"爽之从大,犹尔之从冂,惟爽不谐声。"从而进一步论证了《说文》所作的"尔","此与爽同意"的论断。因此,"爾雅"之"爾",当"与爽同意",表示"明"(明亮→明白)义,亦即"历历然希疏点缀见明也"。至于"雅"字,则比较简单了——《诗序》云:"言天下之事,形四方之风,谓之雅。"东汉刘熙《释名·释典艺》云:"雅,义也。"

合而言之,作为书名的《尔雅》与《说文》、《释名》——异字同义,"爾"、"说"、"释"——三个字都有"说明解释"的意味,只不过有所侧重罢了:《尔雅》侧重"明"义,所以《尔雅》中的"尔"是"历历然希疏点缀见明也",因为它要解释的是"义"——是"言天下之事,形四方之风"的"义"。《说文解字》侧重"说"、"解"字形,所以《说文解字》中的"说"、"解"是"解析说明",因为它要解释的是字形。《释名》侧重"释"语源,因为它要探究的是万物得名的缘由。

简而言之,《尔雅》者,《明义》也。明何义也?有十九篇为证:一 释诂、二 释言、三 释训、四 释亲、五 释宫、六 释器、七 释乐、八 释天、九 释地、十 释丘、十一 释山、十二 释水、十三 释草、十四 释木、十五 释虫、十六 释鱼、十七 释鸟、十八 释兽、十九 释畜。"爾"与"释",内外呼应,"爾"就是"释",就是十九个"释",正因为是十九个"释",所以才是"历历然希疏点缀见明也";"雅"就是"言天下之事,形四方之风"的"义",就是"诂、言、训、亲、宫、器、乐、天、地、丘、山、水、草、木、虫、鱼、鸟、兽、畜"等。

二 《尔雅》的语义认知

（一）语义认知的前提

对语义系统，应该如何认识，或者说语义系统的认识应该在宏观上置于一种什么样的所谓世界大语境，在微观上置于一种什么样的所谓中国小语境，这是讨论和确立语义系统的一个基本的前提。

语义系统的本质就是信息或者说就是资讯。一般认为，物质、能量、信息，是人类赖以生存和发展的基本元素。而信息则主要是人类通过自身所创造的语言文字来传示情感、表达意愿、沟通人际关系，反映客观物质世界投射到主观能量世界所产生的镜像表征。因此，可以认为语言文字系统及其运用则构成人类社会的基本信息系统。

中国古人对上古汉语语义系统的认识，大致有所谓"形而下"和"形而上"两类认知形态，三种认知途径。所谓"形而下"这类认知，是通过对汉语言文字物质化的形态在视觉和听觉的感知和离析而实现的；所谓"形而上"这类认知，是通过对汉语言文字的非物质化的内部结构在深度和广度上的发掘和思考而实现的。

（二）《尔雅》语义认知的性质

上古汉语的语义系统有三大分野：一种是通过对汉语言文字物质化的形态在视觉的感知和离析上而实现的因形而构衍的"形——义"认知系统，可以《说文解字》为代表；一种通过对汉语言文字物质化的形态在听觉的感知和离析上而实现的因音而构衍的"音——义"认知系统，可以《释名》为代表；一种是通过对汉语言文字的非物质化的内部结构在深度和广度上的发掘和思考而实现的因认知而构衍的"知——义"系统,可以《尔雅》为代表。

以《说文解字》为代表的因形而构衍的"形——义"认知系统,以《释名》为代表的因音而构衍的"音——义"认知系统,因为其"形而下",而获得了高度的重视和细致的研究。而恰恰又是因为"形而上"的缘故,至今,尚未有人就《尔雅》的语义系统作过完整和科学的研究。从微观和宏观两个方面系统而全面地揭示《尔雅》的语义系统的层次性和民族性,有助于对《尔雅》语义系统进行完整而科学的研究。

三 《尔雅》的语义系统的总体层次性

(一)《尔雅》的语义系统的第一层次

《尔雅》的语义系统的总体层次性,表现为中国古人对语言的特殊性功能和一般性功能以及语言所指代的客观物质化世界和主观的非物质化世界的基本看法。

《尔雅》的语义系统的第一层次,分为两个大类:一是,释诂第一、释言第二、释训第三三篇,是以反映语言的区别功能为主的性质状态语义;二是,释亲第四、释宫第五、释器第六、释乐第七、释天第八、释地第九、释丘第十、释山第十一、释水第十二、释草第十三、释木第十四、释虫第十五、释鱼第十六、释鸟第十七、释兽第十八、释畜第十九十六篇,以反映语言的标志功能或区别功能为主的名物语义。

(二)《尔雅》的语义系统的第二层次

《尔雅》的语义系统的第二层次,表现为中国古人对语义结构、语义分野、语义链接、语义关系的基本看法。如《释诂第一》、《释言第二》、《释训第三》三篇，其实是一个以反映语言的区别功能为主的完整的语义系统：因所释对象而表现为语义结构的整体性，因释词方法而表现为语义分野的必要性，因首尾呼应而表现为语义链接的有机性，因相互关系而表现为语义关系亲疏性。图示如下：

语义结构：

A. 释诂第一

B 释言第二

C 释训第三

语义分野：

A. 释诂：以今释古

B 释言第二：以雅言释方言

C 释训第三：解释描写情貌的词语

语义链接：

A. 释诂：由"始"开始，至"终、死"而终

B 释言：由"中"而始，至"终"而终

C 释训：由"察"而始，至"归"而终

语义关系：

A. 释诂第一：A、B、C、D、E、F、G…… = 1

B 释言第二：A = B　B = A

C 释训第三：ABCD…… = X

四　《尔雅·释诂》的语义系统的层次性示例

（一）《释诂》内部第一层次语义关系

1—1、初、哉、首、基、肇、祖、元、胎、俶、落、权舆，

始也。

1—172、求、酋、在、卒、就，终也。

1—173、崩、薨、无、禄、卒、徂、落、殪，死也。

由 1—1 条"始"开始，至 1—172 条和 1—173 条"终、死"而终，表现了《尔雅》作者对汉语语义系统的宏观和整体的认识，表现了《尔雅》作者对汉语语义发展演变的由始而终的时序观，这对东汉许慎在编写《说文解字》时所采取的"始一终亥"做法，应该说是产生了决定性的影响和作用。

（二）《释诂》内部第二层次语义关系

1—2、林、烝、天、帝、皇、王、后、辟、公、侯，君也。

依《尔雅》第一层次的性质状态和名物的两大语义分野：释诂第一、释言第二、释训第三三篇是性质状态类，而释亲第四、释宫第五、释器第六、释乐第七、释天第八、释地第九、释丘第十、释山第十一、释水第十二、释草第十三、释木第十四、释虫第十五、释鱼第十六、释鸟第十七、释兽第十八、释畜第十九十六篇是名物类。很明显，"1—2、林、烝、天、帝、皇、王、后、辟、公、侯，君也"的首位排序，其间隐含的内在联系是颇耐人寻味的！

与 1—2 条相类似的，还有一条是"1—159、元、良，首也"。这是从另一个方面把应该作为名物的"1—159、元、良，首也"。而归类为性质状态，以示其重要。当然，也可以从另外一个方面去看待这种现象："1—159、元、良、首"三字已经从名物演变为一种性质状态。

（三）《释诂》内部第三层次语义关系

1—3、弘、廓、宏、溥、介、纯、夏、幠、庬、坟、嘏、丕、奕、洪、诞、戎、骏、假、京、硕、濯、吁、宇、穹、壬、路、淫、甫、景、废、壮、冢、简、蓟、昄、晊、将、业、席，大也。

1—3 条才是作为语言学意义的《尔雅》首条，也就是说《尔雅》是以"大"开的头。一共有 40 个字，各字"大"义的由来，各个不同。

其一，以"人"作为基本观察点的"大"。如：1. 大；2. 夏；3. 甫；4. 壮；5. 将；6. 壬；7. 硕；8. 诞；9. 吁；10. 嘏。

其二，以"大"为"大"而滋生的"大"。如：1. 介；本为从大介声；2. 纯，本为从大屯声；3. 奕，本为从大亦声。

其三，以"房舍"为基本观察点的"大"。如：1. 廓；2. 宏；3. 宇；4. 穹；5. 废，本义为屋塌倒。有人说废"庇"（bì）。

其四，以"景物"为基本观察点的"大"。如：1. 坟，本义土堆。《方言》：坟，地大也；2. 京，高丘；3. 路，道也；4. 景，日光；5. 昄，《说文》：大也；6. 冢，高坟。

其五，以"动物"为基本观察点的"大"。如：1. 丕，《说文》：大也；2. 骏。

其六，以"植物"为基本观察点的"大"。如：1. 简，大木，（韩陈其案：疑应从木而不从竹）；2. 蓟，或从草作蓟。草大貌。

其七，以"山水"为基本观察点的"大"。如：1. 洪，大水；2. 濯。本义为洗；3. 溥，水大。

其八，以"对象"为基本观察点的"大"。如：1. 弘，弓声；2. 业，大板，用以悬挂钟器；3. 蓆蓆，席子。蓆，今简化为"席"。

其九，以"时序"为观察点的"大"。如：1. 戎，大也。

《方言》：宋鲁陈卫之间谓之嘏，或曰戎；2. 假，通嘏；3. 淫，久雨。淫，久雨。由久而大。

后来发展为以“声符”为基本观察点的“大”。如：1. 幠；2. 庑：大房子；3. 膴：大肉片；4. 芜：野草蔓生；5. 抚：大面积地摸弄；6. 潕：水大；7. 妩；8. 呒。又如：1. 厖，《方言》：自关而西，秦晋之间，凡大貌谓之朦，或谓之厖；2. 尨：《说文》：从犬，犬之多毛者；3. 牻：混毛的牲畜；4. 駹：混毛的牲畜；5. 哤：混杂；6. 蛖；7. 硥。

五 《尔雅》的语义系统的民族性

(一)《尔雅》语义系统的崇极性

《尔雅》语义系统的崇极性，表现为对“大”的语义的安排和对极类语词的特殊观照。如：

> 1—3、弘、廓、宏、溥、介、纯、夏、幠、厖、坟、嘏、丕、奕、洪、诞、戎、骏、假、京、硕、濯、吁、宇、穹、壬、路、淫、甫、景、废、壮、冢、简、菿、昄、晊、将、业、席，大也。

1—3 条才是作为语言学意义的《尔雅》首条的，也就是说《尔雅》是以“大”开的头。而《释畜·第十九》最后一组词条是：

> 19—42、马八尺为駥。
>
> 19—43、牛七尺为犉。
>
> 19—44、羊六尺为羬。

19—45、麂五尺为貌。

19—46、狗四尺为獒。

19—47、鸡三尺为鹍。

两相对比，发人深省，耐人寻味。前者是形形色色的性质状态的"大"，而后者是具体的名物所体现出的特殊的、个体的"大"。应该说，这种由形形色色的性质状态的"大"而始，由名物所体现出的特殊的、个体的"大"而终卷，其安排是深思熟虑的，至少反映了以下两个语义学思想：一是"大"在《尔雅》语义系统中的核心地位；二是"大"在《尔雅》语义系统中的参照作用。又如：

18—1、麋：牡，麔；牝，麎；其子（鹿+夭）；其迹，躔；绝有力，狄。

18—2、鹿：牡，麚；牝，麀；其子，麛；其迹，速；绝有力，麎。

18—3、麢：牡，麌；牝，麜；其子，麆；其迹，解；绝有力，豣。

18—4、狼：牡，獾；牝，狼；其子，獥；绝有力，迅。

18—5、兔：子，嬎；其迹，迒。绝有力，欣。

18—6、豕：子，猪，豶。幺，幼。奏者豱。豕生三，豵；二，师；一，特。所寝，橧。四蹢皆白，豥。其迹，刻。绝有力，豟。牝，豝。

熊、虎丑，其子狗；绝有力，麙。

十分明显，"绝有力"是一种极态语义，在以上《尔雅·释兽》里得到充分展示，下面是《尔雅·释畜》里各种极态语义

词语:

> 19—7、绝有力,駃。(马属)
> 19—27、绝有力,欣犌。(牛属)
> 19—33、绝有力,奋。(羊属)
> 19—38、尨,狗也。(狗属)
> 19—41、绝有力,奋(鸡属)。

而更有意思的是最后的《六畜》集中用一组极态语词告终:

（六）六畜

> 19—42、马八尺为駥。
> 19—43、牛七尺为犉。
> 19—44、羊六尺为羬。
> 19—45、彘五尺为貑。
> 19—46、狗四尺为獒。
> 19—47、鸡三尺为鹍。

这样,既实现了"大"类极态语词的全书的首尾呼应,又实现了"绝有力"类的极态语词在《释兽》、《释畜》前后的照应。匠心独运,令人叹为观止!

(二)《尔雅》语义系统的对称性

《尔雅》语义系统的对称性,表现为对"大"、"小"和"大"、"中"、"小"对称的词语的集中安排。如:

> 7—4、大鼓谓之鼖,小者谓之应。

7—6、大笙谓之巢，小者谓之和。

7—9、大钟谓之镛，其中谓之剽，小者谓之栈。

7—10、大箫谓之言，小者谓之筊。

7—11、大管谓之簜，其中谓之篞，小者谓之篎。

7—12、大钥谓之产，其中谓之仲，小者谓之箹。

由此可见，《尔雅》在分辨词义的时候，往往注意其所在的语境和相关事物的对比。大、中（仲）、小，是一组常见的比较等级。

11—3、山大而高，嵩；山小而高，岑。

11—16、大山宫小山，霍。小山别大山，鲜。

由此可见，山的区分只有"大"、"小"两个等级。

（三）《尔雅》语义系统的轮圜性

《尔雅》语义系统的轮圜性，也可以称为语义系统的"孔方性"、"孔方形"，其方孔为辖控性语义，其圜围为从属性语义。如：

8—1、穹，苍苍，天也。

8—2、春为苍天，夏为昊天，秋为旻天，冬为上天。

"穹，苍苍，天也"，是中心，为辖控性语义；"春为苍天，夏为昊天，秋为旻天，冬为上天"，是圜围，为从属性语义。又如：

9—33、东方有比目鱼焉，不比不行，其名谓之鲽。

9—34、南方有比翼鸟焉，不比不飞，其名谓之鹣鹣。

9—35、西方有比肩兽焉，与邛邛岠虚比，为邛邛岠虚，啮甘草，即有难；邛邛岠虚负而走，其名谓之蟨。

9—36、北方有比肩民焉，迭食而迭望。

9—37、中有枳首蛇焉。

9—38、此四方中国之异气也。

很显然，"中"，是中心，为辖控性语义；"东方"、"南方"、"西方"、"北方"是圜围，为从属性语义。又如：

8—3、春为青阳，夏为朱明，秋为白藏，冬为玄英。四气和谓之玉烛。

8—4、春为发生，夏为长嬴，秋为收成，冬为安宁。四时和为通正，谓之景风。

这里的语义系统的轮圜性表现得比较曲折，"（四气和谓之）玉烛"和"（四时和为）通正，（谓之）景风"，是中心，为辖控性语义；"春为青阳，夏为朱明，秋为白藏，冬为玄英"和"春为发生，夏为长嬴，秋为收成，冬为安宁"是圜围，为从属性语义。又如：

9—43、东至于泰远，西至于邠国，南至于濮铅，北至于祝栗，谓之四极。

9—44、觚竹、北户、西王母、日下，谓之四荒。

9—45、九夷、八狄、七戎、六蛮，谓之四海。

"四极"、"四荒"、"四海"看起来，与现代汉语的缩略语有相似之处，其实本质完全不同。《论语·颜渊》有"四海之内，皆兄弟也"，《荀子·议兵》有"四海之内，若一家"，但是，恐怕就是那个时候，也有很多人对"四海"的真正内涵已不甚了了。

（四）《尔雅》语义系统的序位性

《尔雅》语义系统的序位性，表现为对语义的认识注重其客观世界的位序和时序以及由位序和时序而产生的人际关系语义。如：

> 4—1、父为考，母为妣。
>
> 4—2、父之考为王父，父之妣为王母。王父之考为曾祖王父，王父之妣为曾祖王母。曾祖王父之考为高祖王父，曾祖王父之妣为高祖王母。
>
> 4—9、子之子为孙，孙之子为曾孙，曾孙之子为玄孙，玄孙之子为来孙，来孙之子为晜孙，晜孙之子为仍孙，仍孙之子为云孙。

"4—9"例是典型的时序，以时间先后为序，连环而下乃至八代。中国人骂人最毒的莫过于骂人"绝八代"了，为什么不说"绝九代"、"绝十代"，大约可能与《尔雅》有点关系。又如：

> 8—10、月在甲曰毕，在乙曰橘，在丙曰修，在丁曰圉，在戊曰厉，在己曰则，在庚曰窒，在辛曰塞，在壬曰终，在癸曰极。

8—11、正月为陬，二月为如，三月为病，四月为余，五月为皋，六月为且，七月为相，八月为壮，九月为玄，十月为阳，十一月为辜，十二月为涂。

"8—10"例是月的别名，以天干为序；"8—11"例是月份顺序的别名。二者结合，则形成一套 60 个复杂的月阳名，如："毕陬"、"橘如"、"修病"，等等（详见《史记·历书》）。下面是一组典型的位序：

9—39、邑外谓之郊，郊外谓之牧，牧外谓之野，野外谓之林，林外谓之坰。

由"邑"作为出发点，由"邑"而"郊"，由"郊"而"牧"，由"牧"而"野"，由"野"而"林"，由"林"而"坰"，由近及远，依次推进，渐行渐远。

（五）《尔雅》语义系统的质料性

《尔雅》语义系统的质料性，表现为对语义的认识注重其客观世界内在物质化的成素。如：

6—1、木豆谓之豆，竹豆谓之笾，瓦豆谓之登。
6—36、弓有缘者谓之弓，无缘者谓之弭。以金者谓之铣，以蜃者谓之珧，以玉者谓之珪。

"6—1"例，"豆"、"笾"、"登"，以质料的差异，自成一个语义子系统；"6—36"例，"铣"、"珧"、"珪"，以质料的差异，也自成一个语义子系统。以上是名物类的，下面是动作行为类的：

6—28、象谓之鹄，角谓之觿，犀谓之剒，木谓之剧，玉谓之雕。

6—29、金谓之镂，木谓之刻，骨谓之切，象谓之磋，玉谓之琢，石谓之磨。

"6—28"例，因为动作行为对象的质料差异，而形成一个语义子系统："鹄"、"觿"、"剒"、"剧"、"雕"。"6—29"例的镂、刻、切、磋、琢、磨，也形成一个语义子系统，只不过后者对后世汉语的影响似乎更强烈。

（六）《尔雅》语义系统的独指性

《尔雅》语义系统的独指性，表现为对语义的认识注重其客观世界物质化个性化的区别特征，其中有性别的区分，有色彩的区分，有涉及对象的区分。如：

19—12、騍：牝，骊；牡，玄。

19—13、牡曰骘，牝曰騇。

18—1、麇：牡，麜；牝，麎。

18—2、鹿：牡，麚；牝，麀。

18—4、狼：牡，獾；牝，狼。

19—28、羊：牡，羒；牝，牂。

19—29、夏羊：牡，羭；牝，羖。

"19—28"例和"19—29"例的对照，更加可以明白，性别的差异，是一个重要的语义特征。又如：

18—8、貘，白豹。

18—9、魝，白虎。麟，黑虎。

18—16、貊，白狐。

19—8、膝上皆白，惟騝。四骹皆白，騚。四蹢皆白，首。前足皆白，騱。后足皆白，翑。前右足白，启；左白，踦。后右足白，驤；左白，馵。

19—9、騚马白腹，騴。骊马白跨，骉。白州，驠。尾本白，騔。尾白，騴。馰颡，白颠。白达素，县。面颡皆白，惟騧。

如此周密细致的以色取"义"，大约可以视为上古汉语语义系统的一个重要特色。又如：

6—5、鸟罟谓之罗。兔罟谓之罝。麇罟谓之罞。彘罟谓之羉。鱼罟谓之罛。

同为猎获的工具"罟"，因为所猎对象差异而有所区别，从而"罗"、"罝"、"罞"、"罛"、"罟"构成一组有特殊联系的语义子系统。

参考文献：

段玉裁：《说文解字注》，上海古籍出版社 1981 年版。

窦秀艳：《中国雅学史》，齐鲁书社 2004 年版。

顾廷龙：《尔雅导读》，巴蜀书社 1990 年版。

韩陈其：《汉语词汇论稿》，江苏古籍出版社 2002 年版。

韩陈其：《中国古汉语学上下册》，台北新文丰出版公司 1995 年版。

韩陈其：《中国语言论》，台北新文丰出版公司 1996 年版。

韩陈其：《汉语借代义词典》，广东教育出版社 1995 年版。

韩陈其：《汉语羡余现象研究》，齐鲁书社 2001 年版。

洪　诚：《洪诚文集》，江苏古籍出版社 2000 年版。

柳士镇：《语文名著》，中国青年出版社 2000 年版。

钱玄：《三礼通论》，南京师范大学出版社 1996 年版。

徐复：《广雅诂林》，江苏古籍出版社 1998 年版。

徐朝华：《尔雅今注》，南开大学出版社 1987 年版。

朱骏声：《说文通训定声》，武汉古籍书店 1983 年版。

作者简介：韩陈其，男，1949 年出生，中国人民大学文学院教授，主要研究汉语史、汉语语言学史。

儿词缀的意义和功能

劲　松

　　提　要：本文认为，儿词缀有两个来源：一个是原来儿词缀的继承，具有构词的功能；一个是由于语言接触所形成的，只具有表示某种发音习惯和风格的功能。这两种儿词缀的功能和意义都不相同，是两个性质不同的词缀。"小、亲切"的意义和其他的变义（白面—白面儿）变性（盖—盖儿）功能和意义大体来自前一种词缀，后一种词缀只表示一种韵律的意义，或者说是一种发音的习惯和风格，没有实义。本文提出了示律功能的新概念，在详细说明示律功能的基础上，进一步讨论示律功能与构词功能的区别，从而证明具有示律功能的儿词缀和具有构词功能的儿词缀是两个不同性质和功能的词缀。

　　关键词：儿词缀；韵律意义；示律功能

　　现代汉语中的儿化词作为语音层面上的称呼，表示儿词缀减缩到前一音节中，因此从表面看是一个音节，在语法层面上则应该包含两个成分：词根加一个儿词缀。这个儿词缀尽管从语音上已经与前一音节减缩，但可以使用概括和抽象的方法，通过语音规则的制约，再将它还原或复原。汉语拼音方案和汉文都是采取的这种方法。事实上，要完全从语音层面上来描写和说明儿化现象几乎是不可能的。我们通过形态音位学的方法，把这个儿词缀离析出来，说明"儿"是一个形态音位学的功能单位，是一个构词成分，即一个词缀。进一步说，"儿"作为一个词缀，不仅用形态音位学的方法可以证明，而且无论从它的变异、变化和应用等方面来看，都有充分的证据说明它的独立性，而单纯从共时的语音层面上是无法解释和说明的。比如从它的变异和变化来看，"胶片"原来说成"胶片儿"（tçiao p'iar），现在多数人已经说成"胶片"（tçiao p'ian）。如果说它变化了，得从语音上说明 ar 怎么变成 an 的；如果认定它是变异，即两读词，那么就得从语音上说明 ar 和 an 是自由变读。这样的解释和说明恐怕很难令人赞同。再如"张队长、王所长、李处长"这样的词都能说成"张队儿、王所儿、李处儿"，用"儿化"也即儿词缀来代替原来的"长"，不仅说明了儿词缀在语感上的独立性，也说明了儿词缀在应用上的能产性，是一个当前在构词上还使用的词缀。可见，"儿"作为一个独立的词缀，不仅从形态音位上而且从它的变化、变异、应用等方面都能充分和直接地证明，更不用说在儿歌、韵文和诵读中儿音的独立出现，京郊和附近地区儿词缀的独立应用这些旁证了。

　　既然"儿"是一个独立词缀，与它前面的成分应有结构和意义的关系，本文主要讨论儿词缀的意义和功能。

一　儿词缀的意义

　　语义是在语境和语言应用中产生的，因此客观上不存在脱离语境和语感的语义。即使所谓的辞典意义和基本意义，同样是从语境和语感中概括出来的，不可能天然自成。语言中的语义正是在语境和语感中，也就是在语言的使用中产生、发展和变化的。由于语境和语感的客观性和个人使用语言的主观性的矛盾，造成了语义理解的差异性，推动了语义的发展和变化。但这也给语义研究特别是附加意义的研究造成了很大困难。儿词缀所赋予儿化词的意义常常是附加意义，有人称为色彩意义。这种意义有很强的主观意识，不容易判断，对儿词缀意义上的分歧，大多是这个原因。研究儿词缀的意义一般采用对比法和体验法，即对比同形儿化词和非儿化词的意义差别，体会和概括儿化词的语义共性。比如一般人认为有些加了儿词缀的词，有小的意思：

米粒儿　线头儿　豆芽儿　萝卜丝儿　窟窿眼儿　煤球儿　零碎儿　针尖儿　瓜子儿　锯齿儿　胡椒面儿　泡沫儿　药瓶儿　刺儿　眼泪儿　药丸儿

有些则具有亲昵、可爱等意思：

宝贝儿　心肝儿　乖乖儿　好玩儿　模样儿　热心肠儿　喜信儿　脸蛋儿　小伙儿　风车儿　鹦哥儿　机灵鬼儿　鸭儿梨　美人儿　胖墩儿　金鱼儿

有些还有所谓的厌恶和贬损的意思：

小偷儿　败家子儿　开小差儿　病根儿　抠门儿　走后门儿　女流氓儿

上面这些意思都是通过体验，也即语感自省出来的。其实，这些意义大都是词根本身体现的，与儿词缀没有太大关系。也有通过对比体会的。比如：

> 眼泪—眼泪儿　问题—问题儿　教员—教员儿
> 公事—公事儿　典型—典型儿　积极性—积极性儿

　　其实，这些对比出来的意思只体现在"随意"的语境中，表达附加色彩意义，这种意义也就是我们下面要讨论的韵律意义，现代汉语中百分之八十的儿化词都只具有这种意义。

　　由于汉语使用儿词缀并无严格的规律，这两种方法虽然有效，却暴露出明显的缺点。体验这种自省的方法不仅具有很大的主观性，概括出来的共性很难取得语感上的一致。对比同形儿化词与非儿化词的差别，有时也会遇到尴尬，比如"碗"指一般的"碗"，"碗儿"指小碗，而且可以再加"小"构成"小碗儿"，却偏偏也可以说"大碗儿"，确定儿词缀有表"小"的意义受到挑战。这种误解来自汉字，错误地认为同形必定同素。事实上，同形不一定同素，比如助词"的"既是领属助词，又是语气助词，还是副词标记，等等，虽然同形但不是一个语素。儿词缀也一样，写成一样的"儿"，并不一定是一个相同的词缀。混淆几个不同的同形词缀来考察意义，必然会发生不可解决的矛盾。这就需要我们谨慎使用上述方法，进一步深入研究，使用语言接触的理论，从历史和来源重新认识儿词缀，理顺儿词缀意义的发生发展和变化，才能从根本上解决儿词缀的意义问题。

　　儿化的起源年代众说纷纭，但出自汉语自身发展的结果这一点是共识。这一点认识当然是远远不够的。简单来说，儿词缀发生于唐宋，发展于金元，成熟于明清。"成熟"指两个意思：第一，儿化词使用频率上升，数量急遽增加；第二，产生儿化韵，即儿词缀与前一音节（词根的最后音节）发生语音上的减缩变化，使两个音节成为一个音节。作为普通话基础的北京话中的儿化词在有清一代三百余年中发生了很大的变化，当然也继承和顺应了元明以来儿化词的发展规律。因此，研究儿化词和儿词缀的意义和功能，不必舍近求远，研究清朝三百余年的变化和发展足以说明问题，因为现代汉语普通话主要是建立在有清一代所形成的北京话的基础上的。满族入主中原，定都北京，由于汉族的文化和人口优势，汉语作为主流语言的地位很难动摇，满汉语言的接触和交流不可避免。正如赵杰先生所做的研究指出，满人分四个阶段换用了汉语，从建朝到嘉庆不过一百五十年，满汉语言的接触过程即告完成。语言接触就是语言学习，语言学习中必然发生迁移现象，即把基础语的习惯带进目的语。进一步细分，这个"习惯"分两类：一类由学习中的偏误所产生，只涉及一音一调的变化，属于自发行为，即赵杰先生所说："满人把自己母语的发音习惯不知不觉带到了满式汉语中"；一类是习惯的移植，具有自觉性和主动性，是使用者主动将自己的语言习惯移植到所学习的目的语中。这种主动移植与语言态度、语言地位和社会身份等多种因素有关。比如在普通话推广中，一些比较发达的城市和地区，常常使用两种普通话，一种是具有本地方言特点的普通话，一种是标准普通话。对相同地区的人使用有方言特点的普通话，对北方人使用标准普通话。使用带方言特点的普通话以语言地位体现社会身份。比如浙江萧山的经济比周边地区发达，因此本地人之间以及与周边地区的人交流使用萧普话，即带有萧山话特点的普通话，与北方人交际则尽量使用标准普通话。其实上海人和海外华人也有这样的习惯，上海人之间和海外华人之间使用普通话时是主动不使用卷舌音的，词汇和语法也与标准普通话略有差别，与北方人和使用标准普通话的人交际时，才尽量使用卷舌音和更加接近标准普通话的词汇和语法。使用标准普通话的人到了海外，由于语言地位和社会身份的需要，同样不能不"入乡随俗"，而要使用华人这种不发卷舌音以及词汇和语法略有不同的普通话。由此可以推见，当时满人是贵族，是统治者，他们的语言自然具有更高的社会地位，他们把满语的发卷舌音的习惯主动移植到他们所使用的满式汉语中，以示社会地位和身份。比如法国的贵族主动把舌尖颤音发成小舌颤音，以示身份，连俄国贵族学习法语时都不得不仿效。藏语拉萨话公认原西藏贵族说的话为标准话。赵杰先生把儿化词发生的这种语音变化形象化地称为"里应外合"。"里应"指的就是汉语原来就有的儿词缀的使用和语音上的减缩趋势。据李思敬先生研究，北方话的儿化韵成熟于明代中叶，从他所引《金瓶梅》一书中儿词缀的使用来看，已与现代相差无几。① "外合"则指满人发音习惯的主动移植。② 李思敬先生调查的京东话中"了"这样的虚词也读成儿化韵。如：

> 这下子可要儿我的命喽！
> 心里就像开儿锅似的。③

这种现象与"那儿、哪儿"一样，很难从语音上进行解释。一般认为这个"儿"来源于"里"，是不恰当的。来源关系是因果关系，要在语音上作出合理解释，"里"和"儿"没有这种语音关系。应该说是用"儿"替代了"里"，替代关系不同于来源关系。以"儿"代替"里、了"可能与满人的发音

① 参见李思敬《汉语儿音史研究》，商务印书馆 1986 年版，第 61—70 页。
② 以上所引赵先生的观点请参阅赵杰《北京话的满语底层和"轻音""儿化"探源》，北京燕山出版社 1996 年版。
③ 李思敬：《汉语儿音史研究》，商务印书馆 1986 年版，第 92 页。

习惯有关，至少是满人发音习惯的延伸，与其他方言不加儿词缀的词语北京话都加上一个儿词缀一样，这是儿化词发展的一个内容。

通过上面对儿词缀的历史考察，可以使我们更准确地确定它的基本意义。当然，我们研究的是现代汉语儿词缀的意义，使用的是现代汉语的材料，但现代汉语与近代汉语有历史的传承关系，历史主义的原则能提高我们判断的科学性和正确性。

现代汉语普通话的不同儿词缀基本上只有两种意义：第一是韵律意义，第二是词汇意义。

1. 韵律意义

韵律指音韵和节律，轻声是节律，儿化韵就是音韵。音韵的意义也可以称为发音习惯的意义。任何一种语言都有自己发音的特点，或者说都有一些具有个性特点的语音。比如非洲某些语言的搭嘴音，阿尔泰语言的小舌音，印欧语言的舌尖颤音等。儿化韵正是作为普通话基础的北京话所具有的个性特点的语音。这种具有个性特点的语音是满族学习汉语过程中基础语向目的语迁移的重要因素，它大大推动和促进了汉语中原有儿化词的发展和变化。因为作为统治者的满族所使用的满式汉话具有权威性，像藏语拉萨贵族说的话一样，成为人们心中的权威性标准话，必然成为效仿对象，进而得到普及和推广。这种推动和促进的具体过程和内容可参见上引赵杰先生的专著。我们所以把韵律意义作为儿词缀的第一意义，是因为从《现代汉语词典》中的两千一百多个儿化词中只有百分之二十具有非韵律层面上的语言功能，可见，韵律的功能显然是一种主要功能。如上文所述，像象声儿缀词（滋儿、日儿）、多音儿缀词（胡同儿、旮旯儿）、派生结构加儿缀式（看头儿、苦头儿）、形容词重叠儿缀词（红红儿、慢慢儿、漂漂亮亮儿、干干净净儿）、成语、熟语儿缀词（假模假样儿、挤眉弄眼儿、借花儿献佛、臭味儿相投）、动词和名词的重叠儿缀词（跑跑颠颠儿、偷偷摸摸儿、家家户户儿、沟沟坎坎儿）以及一些前置儿素词（球儿迷、对儿虾），等等，儿词缀都没有具体的意义，只是满足了一种韵律的需要，却占了整个儿化词的百分之八十。尽管人们都想找出一些这类儿词缀的意义，比如色彩意义、语境意义、语体意义等，其实都不一定是儿词缀的意义，大多数情况下，这样的语词有没有儿词缀并不影响意义和表达，语词的意义是由词根表示的。"五四"白话文运动中，大量口语中的虚词和虚词素都进入了书面语，唯独这类儿词缀不进入书面语，正说明了这类儿词缀的语言功能和语言使用者的普遍语感或社会语感。此外，目前儿词缀正处于简化和变异的过程中，据我们的调查，所简化的正是这类只具有韵律意义的儿词缀。当年使用儿词缀有显示一定身份和地位的作用，现在没有了这种作用和感觉，加上普通话的推广，大多数经济发达方言区的人和海外华人都不使用儿化词，北方话中的儿化词反而令人觉得有点土气，儿化词及其使用频率的减少成了必然的趋势。但这种韵律意义在历史上占有重要地位，从上引李思敬先生文中所介绍的《金瓶梅》的儿化词即可看出端倪。如：

　　　　鸡儿 娘儿 院儿 身子儿 胆子儿 嗓子儿 小的儿
　　　　心甜的儿 装聋儿作哑 精灵儿古怪 小小儿的 悄悄儿的
　　　　歇歇儿 顺顺儿 一丝一丝儿的 慢条斯理儿的

　　这些儿化词与上文介绍的现代汉语儿化词的韵律意义已经非常相似。

2. 词汇意义

　　词汇意义是所谓表示"小、亲切、随便"的意义。这种意义也只是色彩意义或附加意义,除了原来"儿"(像"子"一样)的词汇意义虚化后遗存的部分词汇意义外,基本上是由韵律意义所派生的。或者说,是原来"儿"的词汇意义的扩展。比如"刀儿"与"刀子"同义,词缀"子"和"儿"都有小的意思,因此都表示小刀。名词前面加"小",后面大多能加"儿",是所谓的"小字格儿",如"小手表儿、小苹果儿、小火车儿、小工厂儿"等,其中的"儿"没有小的意思,只有韵律的意义,因为"火车、工厂"不是小的东西,由此可以推论,"手表、苹果"虽然是小的东西,但它们"小"的意思是由前面的"小"表示,而不是由"儿"来表示的。判断"儿"词缀"表小"的意思要十分小心,因为有些事物大小都能说,与加不加儿词缀没有关系。如门—门儿—小门儿—大门儿,碗—碗儿—小碗儿—大碗儿等。判断上面的"刀儿"中的儿词缀有小的意思,是因为"刀儿"只能有刀—刀儿—小刀儿三种形式,没有"大刀儿"。"刀"是中性的,"刀儿"和"刀子"一样,表示小的刀。凡是能出现上面四种形式或后面三种形式,或者能出现使用"大"来限定而后面又加儿词缀的词语,这种儿词缀都没有表示小的意思。上面的"手表、苹果、火车、工厂"加儿词缀后不能使用"大"来限定,也没有四种形式,为什么判定儿词缀没有小的意思呢?因为"手表儿、苹果儿、火车儿、工厂儿"根本不能成词。本身连词都不是,儿词缀的"小"义从何谈起。可见"小字儿格"词语中离了"小"不能独立成词的,其中的儿词缀自然也没有小的意思。上面在说判断标准的时候不说这一条,因为是不言而喻的。昆虫的腿有腿儿—小腿儿—大腿儿三种形式，虽然"腿儿"可以独立成词，却少一种可以对比的独立成词的"腿"，因此腿儿中的儿词缀也没有小的意思，符合上面的判断标准。有人把它与人的"腿—小腿—大腿"比较，认为昆虫的腿儿表示小的意思，其实这是下文要讨论的儿词缀的辨义功能，与大小无关。

　　一般都以"脸蛋儿、老头儿、老婆儿"为例来说明亲切的意义。这种亲切的意义是与"脸蛋子、老头子、老婆子"相比较而判定的。这就是上文所说的这种儿词缀的意义，基本上是由韵律意义所派生的。或者说，是原来"儿"的词汇意义的扩展。因为这种儿词缀原来并没有亲切的意思，只是由于存在"脸蛋子、老头子、老婆子"，于是分化出褒贬的意义。"脸蛋子、老头子、老婆子"在很多方言里并没有贬义，当然，这些方言里必定也没有儿词缀。表示亲切义比较典型的是加在称谓上的儿词缀，如老李儿、老王儿、二妞儿、大宝儿、小三儿、小胖儿等。这种儿词缀还有发展的趋势，如近年来公安题材电视剧里常出现的李队儿、王所儿等称呼，将队长、所长简化并加上儿词缀，而且可以对称，一反以往所谓正式称谓加儿词缀会形成贬义的说法。其实，严肃称谓加儿词缀本来就没有贬义，只有"随便"的色彩。如研究员儿、教员儿、炊事员儿、科长儿、团长儿等。"亲切、随便"这种色彩意义很难独立判断，必须有相应的不表"亲切、随便"的词对照判定。但有些词语没有这种对应词，只能凭语感判断，由于各人语感不同，分歧很大，也就缺乏科学性。比如比较典型的"娘儿们"，没有可对比的"娘们"，却具有贬义，但这个词的贬义与儿词缀没有关系，就像"妇道人家"，没有儿词缀，同样具有贬义，都是一种轻视妇女的心理造成的。再如"爷们儿、哥们儿"，也没有可对比的"爷们、哥们"，有人认为这种儿词缀具有亲切义，其实这种词语痞子味十足，所谓的亲切义恐怕只限于一部分人，没有普遍的语感。即使有对应词，上面所列举的研究员儿、教员儿、炊事员儿、科长儿、团长儿等词语，加不加儿词缀的意义差别，由于语言基础、语境、年龄、性别、文化、地区等差异，语感也大不相同。这在下文对普通话和北京话儿化词应用的调查中就能看到。

二　儿词缀的功能

意义和功能的关系有一个认识的误区，特别在语法研究中更甚，有人就认为词的语法意义就是它的语法功能。这显然不恰当。"笔"的意义是书写的工具，功能是书写，书写工具不能等同于书写。所谓虚词的意义就是它的功能，同样是犯了混淆不同概念的毛病。现代汉语结构助词的语法功能是表达句子中结构单位的关系，但它又可以表达缘由、趋向、领属等不同的语法意义。因此，我们把儿词缀的意义和功能分开来讨论，而且我们所说的功能不局限于语法功能。

儿词缀主要有两种功能：示律功能和构词功能。

1. 示律功能

示律功能即表示语音个性特点的功能，反映语言使用者的偏爱、习惯和语言态度。与这种功能相应的意义不是词汇意义，而是韵律意义。因此，这种儿词缀不是语法单位，而是韵律单位。它像任何一个音素一样，只有别义功能，没有表义功能。现代汉语中大多数儿化词只具有这种功能。上文所提及的动词加儿词缀后依然是动词的情形，最为典型，比如"玩儿、颠儿、蔫儿"之类的动词，其中的儿词缀没有任何意义。一些量词所加的儿词缀，同样没有什么意义，如"朵儿、棵儿、片儿、会儿、份儿、块儿、杳儿、把儿、批儿、阵儿、件儿、群儿"等。重叠形容词加"的"结构中的儿词缀也没有意义，如"慢慢儿、好好儿、红红儿、黄黄儿、快快儿、高高儿、方方儿、远远儿、大大儿"等。这种形容词所以能重叠，靠的是加"的"，不是加"儿"，去掉了"儿"同样站得住，相反去掉"的"就站不住。可见一般认为重叠形容词后的"儿"有语法功能是不正确的；再如形容词重叠后加"儿"可以作状语，有人认为这是状语或副词性标志，"儿"具有语法意义。比如"慢慢儿走、好好儿写"等。我们比较一下"慢慢走、好好写"、"慢慢地走、好好地写"和"慢慢儿地走、好好儿地写"就可以知道：第一，这个"儿"可有可无；第二，它不过与"慢慢走、好好写"一样，是"慢慢儿地走、好好儿地写"的省略形式，省略了"地"。可见，形容词重叠后当状语的标志是"地"，是"地"起语法作用，具有语法意义，而不是"儿"；垫音结构中的儿词缀也一样。如"白花花儿、潮乎乎儿、滴溜溜儿、光溜溜儿、灰溜溜儿、稀溜溜儿、红扑扑儿、乐呵呵儿"等。韵律功能反映了语音的特点和差异性，是语言的一种共性。

2. 构词功能

以儿词缀在构词中所起的不同作用，又可以分为两类：

（1）变义功能。变义功能也就是别义功能。这是通过对比加儿词缀和不加儿词缀的语词确定的。比如：

　　白面—白面儿　切面—切面儿　当心—当心儿　水牛—水牛儿

　　丁—丁儿　针眼—针眼儿　前门—前门儿　后门—后门儿

　　金星—金星儿　人—人儿　头—头儿　信—信儿　字—

字儿

老人—老人儿　便衣—便衣儿　地—地儿　胆—胆儿
风—风儿　心—心儿　饭碗—饭碗儿

这种儿词缀本身没有具体的词汇意义，只是一个符号，用来区别不带这种符号的词语的词汇意义。变义功能不等于表义功能，"幼儿、宠儿、婴儿、胎儿、女儿"等这些词中的"儿"是具有词汇意义的儿词素不是儿词缀，这才有表义的功能。这些带儿符号或不带儿符号的词语，变义不变性，在意义上是相通的，或引申或象征或专门化等等，是原来意义的一种扩展。大多数应该是不带"儿"符号的词语在先，有些带儿符号的词语未分化之前并不具有别义功能，在分化之后才成为一个新词语。

（2）变性功能。即改变词性构成新词的功能。最典型的是动词和形容词加儿词缀后变为名词。其他词类变性构词比较少。

①动词→名词

托儿　画儿　箍儿　拍儿　扣儿　圈儿　套儿　坠儿
刷儿　赚儿　滚儿　夹儿　卷儿　盖儿

②形容词→名词

小儿　亮儿　准儿　乐儿　尖儿　黄儿　空儿　竖儿
弯儿　冻儿　趣儿　错儿　干儿

③数词→名词

三儿　五儿　六儿

变性功能是儿词缀的主要语法功能，上文所述的形容词重叠后加"的"结构中的"儿"，以及形容词重叠后作为状语用时加的"儿"都只有示律功能，没有变性功能，不在此例。

具有示律功能的儿词缀和具有构词功能的儿词缀是两个不同的词缀，前者属于语音层面，后者属于语法层面。示律功能的儿词缀具有韵律意义，反映的是语音的个性特点与习惯；构词功能的儿词缀具有语法意义，反映的是词汇和语法的个性特点与习惯。它们构成了两种不同性质的儿化词。通过区别这两种不同的儿词缀和儿化词，可以使我们进一步认识儿化词和儿词缀的本质特点及其历史变化和发展规律。

三　韵律意义和词汇意义

上文已经详细说明了儿词缀只有两种意义：由示律功能表达的韵律意义和由构词功能表达的词汇意义。这两种功能和意义的差别是很大的，需要进一步加以说明。

1. 起源不同：儿词缀表面上看虽然语音形式相同，但是两个不同的词缀，有不同的来源。一般来说，表达词汇意义的儿词缀来源于历史上的实词"儿"，这个"儿"逐渐虚化为词缀，表达比较虚化的词汇意义和构词的语法意义。比如上文所说的表示"小、亲切、随意"这种具有附加意义色彩的词汇意义，或者改变词义和词性，构成新词。比如上文所举"白面—白面儿、切面—切面儿、针眼—针眼儿"和"圈儿、套儿、乐儿、尖儿"等。这些虚化的词汇意义显然与"儿"这个词原来的意义有关系，它们的构词功能则是儿词缀虚化后产生的。在汉藏语言中由"儿"、"子"这类词虚化的词缀大多具有类似的意义和功能。

　　表达韵律意义的儿词缀来源于一种韵律的需要，形成于一种
语言的习惯和风格。可见，这种表达韵律意义的儿词缀属于语音
范畴，表达词汇和构词语法意义的儿词缀属于词汇—语法范畴。
我们可以用"模特儿"一例来说明这种韵律意义产生的特点和
过程。"模特儿"来自英语的 model，是一个借词，其中的"儿"
是英语尾音 [1] 的对译。这个"儿"并不是词缀，与表示韵律
意义和词汇意义的"儿"都没有关系。由于词形一致，即语音
形式一致，通过语感，自然地把这个儿归入表示韵律意义的儿词
缀中。当现代汉语的儿词缀，特别表示韵律意义的儿词缀发生变
异时，"模特儿"中的"儿"，就与"胶片儿、单调儿"等词中
的儿词缀一样，形成一种有趣的两读变异现象。"模特儿"和
"模特"共存并用，既可以说"男模特、女模特、当模特"，也
可以说"男模特儿、女模特儿、当模特儿"，而且以前者为常
见。明明是一个与词缀无关的译音的"儿"，却偏偏与儿词缀发
生同样的变异，说明这个译音的"儿"在说普通话的人的心目
中，与表示韵律意义的"儿"是同类的，因为今天发生变异的
"儿"，主要是表达韵律意义的儿词缀。从译音的"儿"变成表
示韵律的"儿"，并与表示韵律的"儿"发生相同的变异。反过
来也能说明，表示韵律的"儿"原来也不过是一个没有词汇意
义、仅属于语音范畴的韵律成分。

　　2. 性质不同：表达韵律意义的词缀，是一个语音成分，出
于韵律的需要，只具有单纯的语音感知性，比如"玩儿、山水
儿、哥们儿"等词中的"儿"；表达词汇意义的儿词缀，是一个
语素成分，出于构词的变义和变性需要，既具有语音感知性也具
有语义感知性，比如"盖儿、亮儿、胆儿"等词的"儿"。

　　3. 功能不同：表达韵律意义的词缀具有示律功能，即表达
一种语言风格、个性和习惯的韵律意义；表达词汇意义的儿词缀

具有构词功能，即表达变义和变性的功能。

4. 能产性不同：表达词汇意义的儿词缀属于词汇范畴，是可预期和可穷尽的。比如"头儿、信儿、胆儿"之类的词，不加儿词缀与加儿词缀意义不同，在辞书中必须分别释义。表达韵律意义的词缀较难预期和穷尽，比如"鼻梁儿、动静儿"原来是加儿词缀的，现在又趋向不加了；有些儿化词，如"药方、熟人、前边"等则可儿化，也可不儿化，或有的人儿化，有的人不儿化；至于像"王队儿、李处儿"这种称谓，原来是不儿化的词语，只能说"王队长、李处长"，现在加上儿词缀了。无论从历史还是现实来看，表达韵律意义的词缀比表达词汇意义的词缀具有更大的能产性和灵活性。

5. 稳定性不同：表达韵律意义的词缀具有变异性和不稳定性。这在下文对儿化词应用的社会调查中，可以清楚地看到。这类词有的人儿化，即加儿词缀；有的人不儿化。哪些词一定要儿化，或一定不儿化，即加不加儿词缀，很难得到统一的结果。表达词汇意义的词缀则不同，由于它们具有变义和变性的功能，加与不加具有意义差别，因此它们具有稳定性，这类词发生变异的情况就很少。

通过上述的比较和说明，可以看到儿词缀的这两种基本意义的差异和区别，这些差异和区别正是我们判断儿词缀功能和意义的根据。

参考文献：

陈保亚：《20世纪中国语言学方法论》，山东教育出版社1999年版。

李思敬：《汉语儿音史研究》，商务印书馆1986年版。

鲁允中：《轻声和儿化》，商务印书馆2001年版。

毛修敬：《北京话儿化的表义功能》，《语言学论丛》第12辑，商务印书馆 1984 年版。

徐家宁:《儿化中的语义变异》,《天津师范大学学报》1999 年第 1 期。

赵元任:《汉语口语语法》,商务印书馆 1979 年版。

赵 杰:《北京话的满语底层和"轻音""儿化"探源》,北京燕山出版社 1996 年版。

作者简介:劲松,女,1956 年出生,中国人民大学文学院教授,主要从事语言学理论、北京话研究。

汉语流俗词源刍议

金春梅

提　要：汉语具有悠久的历史文献、众多的方言，本文讨论了与此有关的汉语流俗词源现象，认为汉语流俗词源有"俗"有"雅"，流俗词源的产生有一个连续性的过程。另外，流俗词源和重新分析、类推等有关。

关键词：汉语；流俗词源；文献；方言

"流俗词源"（folk etymology、popular etymology、false etymology 或 associative etymology）译成汉语又叫"通俗词源"、"民间词源"、"俚俗词源"、"俗词源"、"假词源"。索绪尔《普通语言学教程》专有一章论述"流俗词源"（商务印书馆 1980 年中译本，第 244—247 页）：

> 我们有时会歪曲形式和意义不大熟悉的词，而这种歪曲有时又得到惯用法的承认。……这些创造不管看来怎么离奇，其实并不完全出于偶然；那是把难以索解的词同某种熟悉的东西加以联系，借以作出近似的解释的尝试。人们把这种现象叫做流俗词源。

他举了很多德语、法语中流俗词源的例子，如：

　　古法语的 coute – pointe（来自 couette "羽毛褥子" 的变体 coute 和 poindre "绗缝" 的过去分词 pointe）变成了 courte – pointe "绗过的被子"，好像那是由形容词 court "短" 和名词 pointe "尖端" 构成的复合词似的。

　　"目前世界上很少语言像汉语那样，它的文献可追溯到公元前两千年左右而不中断；也很少像汉语那样，具有那么多种方言……这种时间上、空间上的广阔领域，对汉语研究所造成的复杂情况，是别的语言所不能相比的"。① 汉语具有悠久的历史文献、众多的方言，汉语流俗词源现象也就比较复杂，以下酌举笔者平日所得数例。

一　牸和荰

刘师培《左盦外集·物名溯源续补》对牸字做如下探源：

　　《尔雅》以荰为麻母。崔寔《四民月令》曰："麻之有蕴者，荰麻是也。" "荰" 通作 "牸"，故牝牛亦名牸牛。《玉篇》云："牸，母牛也。"《说苑·政理篇》云："臣故畜牸牛，生子而大，卖之而买驹。" 亦牸为母牛之说。牝马亦名牸马。《史记·平准书》云："众庶街巷有马，阡陌之间成群，而乘字牝者傧而不聚会。" "字牝" 或作 "牸牝"，故王念孙曰马母（按：当据王氏原书作 "母马"）亦谓之牸。而牝豕名豝。《尔雅》："牝，豝。"《说文》："豝，牝豕

---

① 罗杰瑞：《汉语概说》中译本 "原序"，语文出版社 1995 年版。

也。"巴、字亦一声之转，则字为牝兽之通称。

其实，刘氏引文中"特"是"牸"的错字；"荂"是"荢"的错字，"牸"、"荢"都是"字"的后起分化字，《说文·子部》云："字，乳也。"刘师培不慎引用了字形有误的例证，然后又根据由错误的字形产生的"俗音"去探源，通过"一声之转"竟得出了"字为牝兽之通称"的结论。《汉语大字典》（卷三第1810页）在刘氏观点的基础上给"特"字注音bó，又是以讹传讹、望形生音的结果。①

二　盖阙、丘盖如和阙如

《汉语大词典》（卷九第498页）收有"盖阙"一词：

> 《论语·子路》："君子于其不知，盖阙如也。"后"盖阙"连用，指缺少，阙疑。
>
> 南朝梁刘勰《文心雕龙·铭箴》："然矢言之道盖阙，庸器之制久沦，所以铭箴异用，罕施于代。"唐韩愈《上宰相书》："主人感伤山林之士有逸遗者，屡诏内外之臣，旁求于四海，而其至者盖阙焉。"

"盖阙"属于割裂式用典，但是段玉裁在给许慎《说文解字·叙》"其于所不知，盖阙如也"句下作注说：（上海古籍出版社1988年版，第756页）

_____

① 　参阅拙文《说"特"》，《福州大学学报》2002年第1期。

　　此用《论语·子路篇》语。"盖""阙"叠韵字。凡
《论语》言"如"，或叠韵双声字，"踧踖如"、"鞠躬如"、
"盖阙如"是。"盖"旧音如"割"，《汉书·儒林传》曰：
"疑者丘盖不言。"苏林曰："不言所不知之意也。"如淳曰：
"齐俗以不言所不知为丘盖。""丘盖"荀卿书作"区盖"。
"丘""区""阙"三字双声。

　　他把"盖阙"看作和"丘盖"、"区盖"一声之转的联绵
词，与"如"组成"盖阙如"。《论语》除"盖阙如也"外，词
尾"如"共用了 27 次，组词 20 个，① 按"如"前成分的不同可
把它们分为三类：

　　a. 单音节词＋如：翕如 纯如 皦如 绎如 勃如（3 次）躩如
（2 次）襜如 翼如（2 次）齐如

　　b. 叠言词＋如：申申如 夭夭如 恂恂如 侃侃如 訚訚如 与与
如 怡怡如 踧踧如 愉愉如

　　c. 联绵词＋如：踧踖如（2 次）鞠躬如（3 次）

　　"（盖）阙如"究竟是 a 类还是 c 类，从《论语》用例来看，
属于 a 类的可能性比较大。以许慎用语而言，他在不知道某字的
形、音、义时也是说"阙"而不是"盖阙"。《汉书·儒林传》
"疑者丘盖不言"的"丘盖"可能也是用《论语》的典故，只是
换了一种方式。颜师古注说："《论语》载孔子曰：'盖有不知而
作者，我无是也。'欲遵此意，故效孔子自称丘耳。盖者，发语之
辞。"《荀子·大略篇》"言之信者，在乎区盖之间。疑则不言，

------

　　① 据杨伯峻《论语译注》附《论语词典》第 236 页的统计，杨氏把词尾"如"
称作"小品词"，中华书局 1980 年版。《论语》中的这种组合还是不紧密的，本文姑
且把这种组合称为词。

未问则不立"中的"区盖"可能是"丘盖"的音转,郝懿行说:
"区盖者,古读区若丘。"(王先谦《荀子集释》第 515 页引,中
华书局 1988 年版)① 把"盖阙如"的"盖阙"理解为联绵词,也
不只是段玉裁,宋翔凤《过庭录》说:"《论语》之盖阙,即《荀
子》之区盖,为未见阙疑之意,故曰'盖阙如也',与'踧踖如'
同词。读'阙如'连文者非。"(程树德《论语集释》第 892 页
引,中华书局 1990 年版)如果说上文刘勰、韩愈"盖阙"的用例
还是对《论语》"君子于其不知,盖阙如也"的割裂式用典,那
么清人笔下的"盖阙"、"丘盖"可能是当联绵词用的,江藩《汉
学师承记·惠周惕》:"贾公彦于郑注,如飞茅扶苏薄借綦之类,
皆不能疏,所读之字,亦不能疏,辄曰从俗读,甚违不知盖阙之
义。"这大概还是用典,而章炳麟《新方言·序》:"然自戴段王
郝以降,小学声韵,炳焉复于保氏,其以说解典策,涣然理解,
独于今世方言丘盖如也。"(《汉语大词典》卷一,第 513 页引)
"丘盖"加上后缀"如",把"丘盖"当联绵词的迹象就很明显
了。

三 嘄呵、谯呵、谯诃和谁何

《汉语大词典》收有"嘄呵"、"谯呵"、"谯诃"三词:

> 嘄呵,厉声责备……明何良俊《四友斋丛说·史十
> 一》:"大周尊公廉知之,召对山立堂下嘄呵之。"(卷三第

---

① "丘盖""区盖"除《汉书》、《荀子》外,在先秦两汉其他文献中不见用例,
因此这两个词的来历不好断定。《汉书》颜师古注引如淳曰:"齐俗以不知为丘。"《荀
子》杨倞注:"区,藏物处。盖,所以覆物者。凡言之可信者,如物在器皿之间,言有
分限,不流溢也。器名区者,与丘同义。"

510 页)

　　谯呵，亦作"谯诃"。喝骂，申斥……明吕天成《齐东绝倒》第二出："虽则是随着俺风儿忙倒着舵，也须防小民臣子暗谯诃。"清周在浚《行述》："时先大夫方对簿伏堂下，堂上谯诃声如虎。"鲁迅《中国小说史略》第二八篇："徒作谯呵之文，转无感人之力。"（卷十一第 420 页）

　　"谯诃"，见"谯呵"。（同上页）

　　"噍"通"谯"，"谯"同"诮"，《广雅·释言》："谯，呵也。"①"噍呵"、"谯诃"、"谯呵"解作责备义是可以的，但是它们的使用恐怕与《史记》、《汉书》中的一些异文和歧解有关。《史记·万石张叔列传》："文帝且崩时，属孝景曰：'绾长者，善遇之。'及文帝崩，景帝立，岁余不噍呵绾，绾日以谨力。"索隐："（噍呵）谁何二音。谁何犹借访也。一作'谯呵'。谯，责让也，言不嗔责绾也。"《汉书·卫绾传》："文帝且崩时，属孝景曰：'绾长者，善遇之。'及景帝立，岁余不孰何绾，绾日以谨力。"颜师古注："服虔曰：'不问也。'李奇曰：'孰，谁也。何，呵也。'师古曰：何即问也。不谁何者，犹言不借问也。"《史记》的"噍呵"当为"谁何"之误，《汉书》此句"噍呵"作"孰何"是其证，司马贞索隐也显示《史记》中的"噍呵"有"谁何"的异文，从颜师古的注来看，他所见到的《汉书》本子也有作"谁何"的。另外，段玉裁《说文解字注》"谁"字下云："《史记·卫绾传》：岁余不谁何绾。《汉书》作

---

　　① 王念孙该条疏证云：影宋本"谯"作"谁"。《广雅疏证》，江苏古籍出版社 2000 年版，第 140 页。

'不孰何'"（上海古籍出版社 1988 年版，第 101 页）也可为证。① "谁"先误作"谯"，"谯"的言字旁又可以写作口，遂成"噍"字。"呵"字可能是"何"被"谯"、"噍"偏旁类化的结果，而"谯诃"的"诃"可能是偏旁类化的结果，也可能是"呵"的换旁字。《汉语大词典》"噍呵"、"谯诃"首例都是《史记》，可见这个可疑的用例是后人仿用的源头。

四　圂牏、牏厕和厕牏

《汉语大词典》（卷三，第 630 页）收有"圂牏"一词：

> 圂牏，厕所。清龚自珍《壬癸之际胎观第七》："女子十五，避男子于圂牏，恧也。"梁启超《新民说》九："首善之区，而男妇以官道为圂牏，何其自由也？"

"圂牏"一词是怎么来的呢？它大概是"厕牏"的类推。《史记·万石张叔列传》："（石）建老白首，万石君尚无恙。建为郎中令。每五日洗沐归谒亲，入子舍，窃问侍者，取亲中裙厕牏，身自浣涤，复与侍者，不敢令万石君知，以为常。"注家对"厕牏"有各种解释，裴骃集解：

> 徐广曰："牏，筑垣短板也，音住。厕牏谓厕溷垣墙，建隐于其侧浣涤也。一读'牏'为'窦'，窦音豆。言建又自洗荡厕窦。厕窦，泻除秽恶之穴也。"吕静曰："楲窬，亵器也，音威豆。"骃案：苏林曰"牏音投。贾逵解《周

官》，橻，虎子也。窬，行清也。"孟康曰"厕，行清；窬，行中受粪者也。"东南人谓凿木空中如曹谓之窬。

　　两种意见归纳如下：（1）徐广：褕音住，句子应读作"取亲中裙，厕褕身自浣涤"，说的是石建隐于厕溷垣墙之侧浣涤。（2）徐广（另一说）、吕静、苏林、孟康：句子读作"取亲中裙厕褕，身自浣涤"，"厕褕"是亵器。其中褕音豆，音投，音窬各人说法也不完全一致。王先谦《汉书补注》和徐广第一种说法相近，他认为厕训为侧，褕通"窬"，"然则窬当是傍室中门墙穿穴入地，空中以出水（今楚俗尚有之）"。[①] 总之，这些解释都把"厕褕"和厕溷一类事物联系起来。龚自珍避俗就雅，把"厕褕"换成"圊褕"。《汉语大词典》（卷六第1049页）还有"褕厕"一词：

　　　　褕厕，即厕褕。便器。苏轼《追和戊寅岁上元》："石建方欣洗褕厕，姜庞不解叹蟏蛸。"一说为贴身内衣。

　　叶梦得《石林诗话》说："苏子瞻'石建方欣洗褕厕……'据《汉书》，'褕厕'本作'厕褕'，盖中衣也，二字义不应可颠倒用。"据叶说，苏轼的"褕厕"是中衣义（颠倒词序大概是照顾诗歌平仄），这种用法源于对"厕褕"的第三种解释，裴骃集解："晋灼曰：'今世谓反闭（应为"开"，笔者按）小袖衫为侯窬，此最厕近身之衣也。'"司马贞索隐："案：亲谓父也。中裙，近身衣也。……又晋灼云'今世谓反开小袖衫为侯窬，此最厕近身之衣'。"《汉书·万石君传》颜师古注："厕褕者，近身之小衫

───────────

① 《汉书补注》第5册，国学基本从本书，商务印书馆1959年版，第3658页。

也，若今小衫也。苏（林）音晋（灼）说是矣。"可见注家各种不论正误的解释伴随着《史记》、《汉书》等典籍，对历代文人用语影响很大，"圊腧"、"腧厕"都是对"厕腧"的仿用。

五　假齿假眼和假痴假獃

写做"假齿假眼"的这个词可能会让人莫名其妙，① 它的原形是"假痴假獃（呆）"。《广韵》獃：五来切；眼：五限切，两字在上海话中都是阳平疑母字，"呆"音［ŋe13］；"眼"字失去阳声韵尾，音［ŋɛ13］，② 仅为韵母小异。"獃"在普通话中写成"呆"，音 dāi。③ 有些受普通话熏陶的年轻人不知道"假痴假獃"的本字，先把"獃"当成"眼"，又回改（反造 back - formation）成普通话 yǎn，再由"眼"类推到"齿"，④ 就成了对称工整的"假齿假眼"。

六　倷么阿弥陀佛和南无阿弥陀佛

浙江嘉兴话中"倷么阿弥陀佛（了）"意思是"这下可糟了"，这其实是"南无阿弥陀佛"的音转和讹误。"南无阿弥陀佛"是梵语 na mo amitābhāya 的音译，"南无"义为"归命"；"阿弥陀"意译为无量，"阿弥陀佛"也译作无量寿佛等，在佛教中是西方极乐世界

---

① 这个词是笔者在火车上听一个上海籍大学女生说的。
② 据《上海方言词典》，江苏教育出版社 1997 年版，第 93、115 页。
③ "獃"读 dāi，写作"呆"的原因，参看李恩江《"呆"字源流初探》，《语文建设》1999 年第 4 期。
④ 俗语从"以牙还牙"类推出"以眼还眼"，可见眼睛、牙齿有联系。上海话中痴音［tsʻ̩53］，齿音［tsʻ̩55］，只是声调稍异，参见《上海方言词典》，第 70—71 页。

之教主。"南无阿弥陀佛"是"皈依无量寿觉"、"皈依阿弥陀佛"之意,净土门称之为六字名号。① 净土宗用"阿弥陀佛"作为持名念佛的佛号。据说念佛人常念其名号,临终时佛即出现,接引往生西方净土②,"阿弥陀佛"因此在民间有广泛的影响。久之,"阿弥陀佛"就类似人们的口头禅,在表示感动、感叹、吃惊等场合就会不由自主地念"阿弥陀佛"。《红楼梦》三二回:"史湘云道:'阿弥陀佛,冤枉冤哉!我要这样,我立刻死好了……'"七七回:"晴雯道:'阿弥陀佛,你来的好,且把那茶倒半碗我喝。渴了这半日,叫半个人也叫不着。'"在吴语中"南无"与起顺承作用的"倷么"音近。"南无阿弥陀佛"讹变成"倷么阿弥陀佛",这个六字名号就分为两截:"倷么"起顺承作用,"阿弥陀佛"表示糟糕、坏事等含义。嘉兴话还说"南无(倷么)阿弥陀佛,烧香拜佛",两个短语末都有"佛"字,说起来朗朗上口,意思成了这下糟了,只好烧香拜佛(求神保佑)了。

　　以上六例中,前四例和汉语文献解读有关:"牸"、"荸"错成"牻"、"葷",造成了刘师培基于错误字形上的探源,把"盖阙"、"丘盖(如)"当联绵词用,和对"盖阙如也"的理解有关,"噍呵"、"谯诃"、"谯呵"的源头是《史记》"谁何"一词的异文,"圊牏"、"牏厕"的使用与旧注对"厕牏"的不同解释有很大关系。后二例和方言有关:"假齿假眼"属于个人口头的言语创造,这种创造在普通话日益普及的背景下在由方言向普通话转换时很容易发生,如果对源头语(方言)或目的语(普通话)不完全了解,就容易发生转换错误。"南无阿弥陀佛"

---

① 参见《佛光大辞典》,第3658页上、第3680页下,据台湾佛光山出版社1989年版影印,书目文献出版社1989年版、1994年版。
② 据曾上炎《西游记辞典》,河南人民出版社1994年版,第85页。

中的"南无"不好懂，就理解成方言中音近的"傺么"。从流俗词源的名称来看，这种现象与民间、俚俗、文化层次低等有关，不过流俗词源和有文化的"雅人"也有很大关系。上举六例中，只有"傺么阿弥陀佛"是俚俗词，"假齿假眼"是有文化的年轻人对母语方言陌生所致，"盖阙"、"丘盖（如）"、"噍呵"、"谯呵"、"谯诃"、"圊揄"、"揄厕"等都是生僻的文人用词。文人的言语行为因为有书面记载，在某种意义上会比不见于载籍的口语有更大的影响。刘师培《左盦外集》对"牸"字的错误探源和俞敏（1949）《古汉语里的俚俗词源》提到的"土圣人"解释"蹦蹦儿"戏是"半班儿"或"碰板儿"① 性质一样，只不过后者很少能被记载下来，而刘说却直接影响了《汉语大字典》的收字、注音和立义。（《汉语大词典》又因袭大字典之误）

　　从这些例子中，我们也可以一窥流俗词源的发生机制：流俗词源的产生有一个连续性的过程，即从未进入言语阶段到进入言语阶段到最后进入语言阶段。有些词处于不同阶段的交界点上，"荨麻"、"牸牛"以及作联绵词解的"盖阙"、"丘盖"是在未进入言语/言语阶段，"噍呵"、"谯呵"、"谯诃"、"圊揄"、"揄厕"是在言语/语言阶段，"假齿假眼"是个人言语行为，"傺么阿弥陀佛"已被社会普遍接受，进入语言阶段。严格地说，只有进入语言阶段的才是流俗词源词。

　　语法研究中用重新分析（reanalysis）的理论来分析语法化、句法结构演变等语法现象，在词汇领域也有"重新分析"的现象，流俗词源是对词语内部形式的歪曲②，也是对内部形式的重

　　① 《燕京学报》第三十六期（1949 年），第 47—70 页。

　　② 参见张永言《关于词的"内部形式"》，《语言研究》创刊号 1981 年版。张绍麒：《汉语流俗词源研究》，语文出版社 2000 年版。张军：《汉语成语中的流俗词源现象——兼谈对流俗词源的误解》，《内蒙古大学学报》2000 年第 1 期。

新分析。和语法中的"同形异构"类似，流俗词源词也有"同义异构"和"异义异构"（"构"指内部形式，不是字形），对词语内部形式重新分析后有两种情况，（1）不改变词义：把"盖阙"、"丘盖"当做联绵词，把"假痴假獃"说成"假齿假眼"，内部形式变了，词义和所指都还是原来的。内部形式是深层语义结构，影响交际的是表层的词义，因此内部形式的改变不影响交际。（2）改变词义：把六字名号"南无阿弥陀佛"当做"倷么阿弥陀佛"，"钩心斗角"从杜牧《阿房宫赋》"各抱地势，钩心斗角"到比喻各用心机、明争暗斗，"愚不可及"从《论语》"其知可及也，其愚不可及也"到形容人极端愚蠢等，词义都发生了变化。

　　内部形式不一定导致流俗词源词词义的改变，那么流俗词源词词义变化的主要因素是什么呢？我们认为是汉语词汇的历史发展。以"倷么阿弥陀佛"来说，它的讹变不仅与"南无"、"倷么"相混有关，"阿弥陀佛"的意义变化也是重要原因。更重要的是，词在不同时代有不同的常用义项，用后代的常用义项去看前代的词，就是以今律古。如果说从"假痴假獃"到"假齿假眼"是空间上的转换失误，以今律古则是时间上的转换失误。《诗经·君子偕老》："胡然而天也，胡然而帝也。"由此产生成语"胡天胡帝"，形容服饰容貌如同天神。（郑笺：胡，何也）"胡"也指西北少数民族及与之相关的事物（和疑问词"胡"同形，《周礼》已见），引申为"胡乱"（《朱子语类》已见，均据《汉语大词典》卷六，第1206—1207页），这两个义项发展为常用义项。"胡天胡帝"的"胡"受常用义项的影响，就形容言语荒唐、行为放肆。况周颐《蕙风词话》："长言之不足，至乃零乱拉杂，胡天胡帝。"进而写作"胡天胡地"，阿英《西门买书记》："也有一两家兼售古书了，但他们不识货，开价往往是胡天胡地。"（均引自大词典）。① "胡天胡帝"是用"胡"的今义类推古义，用"胡"构成的"胡～"词语聚合群里有"胡扯、胡话、胡搅、胡来、胡闹、胡说、胡思乱想、胡言、胡诌、胡作非为"等词，"胡天胡帝"的"胡"也被同化出"胡乱"义。流俗词源和语法演变也是有关系的，"既来之，则安之"被理解成"既然来了，就安心吧"，和汉语动词使动用法的衰微有关；《汉书·叙传》"元元本本，数始于一"中的"元元本本"是"元其元，本其本"之义，现在"元元本本（原原本本）"成了"原本"的重叠式，这也和汉语名动用法的消失有关。古汉语的句法结构积淀在词汇层面，如果用后代的语法结构去理解就会发生偏差。很多汉语成语由于词汇、语法演变，在外部形式（形音）不变的情况下内部形式和词义都发生了变化。流俗词源词的词义朝这个方向演变而不朝另外方向演变，是由汉语词汇、语法发展趋势这个内因决定的，这大概是流俗词源众多偶然性中的一点必然性吧。

作者简介：金春梅，女，1974 年生，北京大学中文系博士，中国人民大学文学院博士后，主要从事汉语词汇史研究。

---

① "胡天胡帝"条参见陈颖《从部分成语看"流俗词源"》，《成都师范高等专科学校学报》2000 年第 1 期。

论索绪尔的语言系统观

骆　峰

　　提　要： 索绪尔的语言系统观是现代语言学的重要思想基础。本文从索绪尔对语言符号系统的观察视角及其理论建构两方面，探讨了索绪尔语言系统观的内涵。在此基础上，结合现代系统观点的分析，肯定了索绪尔语言系统观所蕴含的科学价值，同时也指出更完善、更具有解释力的语言系统观还有待于建立。

　　关键词： 索绪尔；语言观；系统论

　　系统思想是由人们对客观世界的整体认识发展而来的。最早的系统思想来自人们生产实践中对事物的经验认识，后来逐渐发展成为对系统的哲学思考。亚里士多德是历史上较早地从哲学上论述系统思想的思想家，其有关"整体大于部分之和"的观点流传至今，在现代系统论中得到进一步发展。语言学中现代系统思想发端于洪堡特。19 世纪初，德国语言学家洪堡特在他的语言理论代表作《论人类语言结构的差异及其对人类精神发展的影响》中指出："我们可以把语言比作一幅巨大的织物，其中的每个部分都与其余部分、各个部分都与整体有着或多或少清晰可辨的内在联系。"① 将系统思想理论化，并确立为语言学研究的重要原则的是瑞士语言学家索绪尔。本文将根据现代系统论的观点来探讨索绪尔的语言系统观，以深化我们对索绪尔语言学思想的认识。

一　索绪尔观察语言符号系统的视角

将语言视为表达观念的符号系统，就是强调研究对象具有部分与整体之间的关系。部分容易被人认识，把握整体却并不容易。索绪尔从言语活动中区分出语言和言语，把语言看作是存在于集体意识中的一套符号系统。在索绪尔看来，语言符号系统属于社会的、心理的部分，这样的话，要认识这套系统就必须选取一个合适的观察点。通过对其经典著作《普通语言学教程》的解读和分析，我们认为，索绪尔观察语言符号系统的角度主要有以下三个方面。

首先，从语言的内在性质把握整个符号系统，注重系统的整合功能。

在言语交际活动中，人们直接观察到的是具体的言语行为，以及说出来的"话"和写下来的"文章"，这些言语活动事实很容易被人们视为"语言"。从具体事实中观察语言的使用，我们能感受到语言在使用中丰富多样的变化和独特鲜明的个性色彩，但这并不是语言的内在本质特征。语言最重要的社会功能就是充当媒介手段使人能够彼此交流，而言语活动中能够让人相互理解的社会部分才真正体现出语言的内在规定性。为此，索绪尔在言

①　[德] 威廉·冯·洪堡特，姚小平译：《论人类语言结构的差异及其对人类精神发展的影响》，商务印书馆 1997 年版，第 82 页。

语活动事实的混杂的总体中，将语言和言语区分开来，言语活动中社会的部分就是语言，语言是整个言语集团中交流双方必须共同遵守的一套符号系统，具体地存在于人们的集体意识中。

将语言视为一种社会心理现象一方面反映出语言的内在特征，另一方面也突出了语言符号系统的整合功能。索绪尔认为语言的变化是从言语开始的，在个人的使用中萌发出来的某个形式一旦被更多的人熟悉，并一再重复使用，就有可能为社会所接受，成为语言的事实。但是并不是任何的言语创新都能同样成功，因为语言系统中各个要素相互联系、相互制约，有自己内在的结构规律和运作规律，要素之间只有具有为社会认同的对立和差别才会作为不同的语言符号在系统中存在，并在组合中发挥作用。因此，语言符号系统不仅在社会使用中具有规范和强制性的作用，而且对语言变异有种制约和引导作用，社会语言习惯规范着人们的言语行为，社会交际也在语言的稳定发展中得以顺畅进行。

其次，在相对静止的状态下考察整个符号系统，注重系统的稳定性和规律性。

语言是社会的产物，存在于社会的不断使用中，语言学家的研究工作因视角的不同而有所区别。索绪尔认为对于语言事实的研究可以从历时和共时两个方面来观察，历时研究关注语言发展变化的过程，研究各项不是同一个集体意识所感受到的相连续要素间的关系，这些要素一个代替一个，彼此间不构成系统；共时研究关注语言在某一时期相对稳定的状况，研究同一个集体意识感觉到的各项同时存在并构成系统的要素之间的逻辑关系和心理关系。他区分出这两种不同性质的研究，并把对语言符号系统的研究界定在共时平面上。

为了了解语言发展变化的规律，19 世纪的语言学家倾注了大量的心血，取得了许多重要的研究成果，不过，在索绪尔看来，语言的历时事实研究固然重要，但是对于置身于某一具体时期的社会大众来说，语言共时方面的状态才是真正的、唯一的现实性。在语言发展的历史长河中，共时事实是语言处于相对静止状态下的基本面貌，在相对静止状态下观察语言，可以暂时不考虑语言的变化及其相关因素，把研究重点放在语言符号本身的性质特点和组织规律上。索绪尔将语言作为共时状态下言语活动中社会的部分、同质的部分来考察，目的是关注语言符号系统的稳定性，以揭示其内在的规律和普遍原则。从思维活动的规律来说，事物历史发展过程是在经过全面认识之后，才能被理解，从而加以把握的，索绪尔把静态研究放在首位，强调语言符号系统的研究，有助于人们认识语言的本质属性，了解语言全面发展的过程。

再次从言说的角度分析语言符号系统，注重系统的线性结构关系。

语言符号系统相对稳定地存在于共时状态下同一集体的意识中，语言的表达诉诸听觉，但是对于语言符号系统稳定状况最直观的表现形式是文字记录。文字作为语言的重要表现手段历来为语言学家们所重视，不过，索绪尔强调无论文字在人们的语言生活中占有多么重要的位置，文字问题与语言问题都不能混为一谈，因为不管是从语言的发展进程来看，还是从社会交际中人们对语言的具体使用来看，言说始终是第一性的，书写是第二性的。索绪尔将语言符号定义为音响形象和概念的结合，在语流中，把线性特征作为语言符号区别于其他符号的一个重要特征，在此基础上，他考察了共时状态下语言符号在话语中的结构方式和内在联系，提出组合关系和聚合关系是语言符号系统中两种最根本的关系，组合原则和聚合原则是分析语言系统的两种基本原则。由此可见,他所关注的是语言符号系统的线性结构关系。

总的说来,语言符号系统不是一个简单的封闭的系统,它的性质比较复杂,尽管静态只是语言发展中的一个暂时状态,但是对于一定时期的社会民众来说,它是一种相对稳定的状态。索绪尔认为语言学家以共时的观点来研究语言的状态,可以发现语言符号系统的一些内在的特点和组织规律,这些正是语言学研究的重要内容。

二　索绪尔对语言符号系统的认识

语言是一个复杂又特殊的符号系统,对这一系统的界定涉及诸多因素,如何处理诸多因素之间的关系,是语言符号系统理论得以确立的关键。以下我们就从索绪尔对部分和整体、动态和静态、内部要素和外部要素之间关系的处理,来讨论他对语言符号系统的基本看法,最后从他对共时语言学的理论阐述及有关语法问题的认识中,具体分析其语言系统观的真正内涵。

第一,从索绪尔对部分和整体关系的看法来理解他所建构的语言符号系统。

"系统"这一概念是就部分和整体的关系而言的,过去人们通常理解的"系统"与分类原则有关,是处于同一范畴的部分的总和,具有"加和性"的特点,其部分与整体的关系可以看作是一种类别意义上的量的关系。索绪尔所理解的部分与整体的关系与传统的认识不同,他更倾向于一种结构意义上的质的关系,这样部分和整体之间就不是一种简单的加和关系,语言也就不能理解为一种分类命名集。将语言视为一种分类命名集正是索绪尔所批评的一种看法。

索绪尔对部分与整体关系的讨论涉及语言符号的构成和语言

符号系统的构成两个方面。

从语言符号的构成来看，能指和所指就是部分，语言符号就是整体。尽管索绪尔把语言符号定义为概念和音响形象的结合，但是他同时又强调语言符号的能指和所指是属于心理层面的不可分割的统一体，它们一经结合，性质就发生了变化，这种变化如同化学中的化合物（例如水是氢和氧的结合，分开来考虑，氢和氧两个元素都没有任何水的特性）。也就是说，无论观察语言符号的哪一部分都要把它作为符号整体中的一部分加以研究，因为，如果把语言符号的概念部分和音响部分剥离开来，概念部分就是纯粹的心理学研究的对象，而音响部分作为物质的东西，属于物理学的研究范畴，只有把它们作为语言实体的一部分，它们才处于语言学的研究范畴。

从语言符号系统的角度看，各个不同的符号就是部分，符号之间在相互联系相互制约中形成的体系就是整体。在谈到语言符号系统问题时，索绪尔再次强调部分和整体之间不可分离的关系。在他看来，语言符号的能指和所指以及符号本身并不先验地存在，是相互间的对立和差别决定了彼此的不同，由此他认为"把一项要素简单地看作一定声音和一定概念的结合将是很大的错觉，这样规定会使它脱离它所从属的系统，仿佛从各项要素着手，把它们加在一起就可以构成系统。实则与此相反，我们必须从有连带关系的整体出发，把它加以分析，得出它所包含的要素。"① 这就是说，语言符号的存在取决于在系统中所获得的相互联系、相互制约的关系。索绪尔有关部分与整体关系的认识突破了传统观点中的机械论，与现代系统论的观点非常契合，因此，我们认为他

---

① 索绪尔：《教程》通行本，高名凯译本第 159 页，裴文译本第 126 页。

的语言系统观已经是现代意义上的系统观。

第二，从索绪尔对动态和静态关系的把握来理解他有关语言是一个价值系统的观点。

万事万物不变是相对的，变化是绝对的，人们对事物的研究就不能回避动态和静态的观点。索绪尔认为对于使用语言的社会民众而言，语言的共时状态才具有真正的、唯一的现实性，他强调语言的共时研究的重要性，将语言的共时研究视为一种"静态"观察，并不意味着他把语言看成是一种一成不变的东西，相反，他认为语言在社会的连续使用中会逐渐变化发展，每个历史时期只是它连续发展的一个阶段，二者并没有一个截然分明的界限。他多次强调系统永远只是暂时的，会从一个状态变化为另一个状态，同时也指出，由于语言符号特有的性质，以及语言用作社会交际手段的特殊功用，语言符号系统的变化比较缓慢，不会有突变和完全更替的现象发生，这样就使得语言在一定的时期保持一种相对稳定的状态。语言共时状态下的稳定性，为研究者静态地观察其内在的结构规律提供了良好的条件。由此，他把共时语言学又表述为静态语言学。

基于对语言共时方面的研究和静态的观察，索绪尔提出语言不仅是一个表达观念的符号系统，而且是一个纯粹的价值系统，认为除它的各项要素的暂时状态以外，它不取决于任何其他东西。

在索绪尔的语言学理论中，语言价值理论是其极富创见的部分，也是其中比较难以理解的部分。"价值"是个多义词，通常我们所说的"有参考价值"中指的是事物的用途、益处或积极作用。索绪尔所用的"价值"概念来自于经济学。19世纪资本主义商品经济的发展引起经济学家们极大的关注，有关商品的价值问题成为19世纪中叶学术界的热点问题之一。索绪尔明确指

出，价值总是由两个要素构成：①

（1）一种能与价值有待确定的物交换的不同的物；

（2）一些能与价值有待确定的物相比的类似的物。

这一陈述表明，他所用的"价值"这个概念，相当于经济学中的商品的交换价值。在经济学中，价值是商品生产者之间交换产品的社会联系的反映，不是物的自然属性。一个商品的价值不能由物品自身来表现，而必须在同另一种商品交换时才能表现出来，因此，未经劳动加工的东西和用以满足自己需要，不当作商品出卖的产品都不具有价值。索绪尔认为语言的"价值"也具有这样的特点，它不是一种物质性的东西，它因社会的规约和语言习惯而存在，而不以具体实体来体现它的存在，所以要确立价值就一定要有集体，个人是不能确定任何价值的。也就是说，"价值"这一观念是共时状态下同一集体共同意识到的，它并不是某一实体的对等物，这一点对于我们理解语言符号的构成以及符号和系统的关系非常重要。

在索绪尔有关共时语言学研究的理论和方法中，"价值理论"是其核心的部分，无论是确定语言单位或语言的具体实体，讨论语言要素共时状态下的"同一性"、"现实性"，还是理解语言符号系统的结构关系都必须从这一概念出发。在讨论语言单位的确定时，他以下棋作比，认为一枚卒子本身并不是下棋的要素，因为如果离开了它在棋盘上的位置和其他下棋的条件，只凭它的纯物质性，它对下棋的人来说毫无意义。下棋时，这个棋子弄坏了或丢失了，我们可以换用另一个等价的卒子来代替它，哪怕它在外形上看起来完全不同，只要我们授以相同的价值，它的

---

① 索绪尔：《教程》通行本，高名凯译本第 161 页，裴文译本第 128 页；第三期讲授本张绍杰译本第 148 页，屠友祥译本第 155 页。

功能就是相同的。也就是说，如同产品未必是商品一样，语言中的单位只有当它披上自己的价值，并与这价值结为一体，才成为现实的和具体的要素。

那么，语言要素的价值是如何体现的呢？索绪尔认为，在语言系统中，任何要素的价值都是由围绕着它的要素决定的，一个要素在句段中只是由于它跟前一个或后一个，或前后两个要素相对立才取得它的价值。正因为如此，语言符号系统的任何部分都可以而且应该从它们共时的连带关系方面去加以考虑。将语言视为纯粹的价值系统，实际上是强调了语言符号能指和所指之间、系统内部要素之间对立统一的关系，这种关系只有在共时状态才得以充分地显现。

第三，从索绪尔对内部要素和外部要素的区分来理解语言系统的相对封闭性。

任何事物都是在一定环境下存在，并受到多方面因素的影响和制约的，这些因素有的对事物的变化起决定性的作用，有的则是间接地产生影响。因此，区分内部要素和外部要素，实际上反映了人们如何处理事物的主要矛盾和次要矛盾。

索绪尔在探讨语言学研究的对象时对语言的内部要素和外部要素作了明确的区分，区分的原则是：一切在任何程度上改变了系统的，都是内部要素，与此相应，对语言系统本身没有实质性的影响或者说是无关紧要的东西，就属于外部因素，比如社会政治因素、文化习俗、文字体系、地理因素、教育问题，等等。他指出外部要素并非不重要，要着手研究言语活动就要考虑外部因素对语言使用的影响，但是如果研究语言系统本身，这些外部的东西可以撇开来不作考虑，因为这样做并不影响人们认识语言的内部结构。为此，他区分出内部语言学和外部语言学，内部语言学只关注语言系统本身，不考虑一切对语言组织和语言系统没有直接影响的东西。

索绪尔之所以认为不考虑外部因素并不影响人们认识语言的内部机构，是因为他把语言看作是言语活动中同质的部分，一套符号系统，进一步说，就是一套纯粹的价值系统。系统的平衡和发展取决于各个要素之间的关系，而不是其他外部条件，因此，索绪尔所理解的语言符号系统是一个内在的关系系统，从系统与外部环境的关系来看，这个系统在共时状态下开放程度不高，是个相对封闭的符号系统。

第四，从索绪尔对共时语言学研究目标的设定及有关语法问题的看法来把握其语言符号系统观。

在索绪尔的理论体系中，共时语言学和历时语言学是语言研究的两个方面，它们的目的不同，研究方法和原则也大不一样。历时语言学主要研究连续的要素之间的关系，一系列变化之间的关系；共时静态语言学的独特之处则是研究要素之间的关系和价值。索绪尔从普通语言学的角度出发，认为一切可观察到的语言状态都存在着某种共性，一般共时语言学的目的就是要确立所有语言中各个共时系统的基本原则，即研究一切语言状态的构成因素。因此，他指出许多包含在普通语言学中的问题更确切地说属于共时语言学，比如语言符号的一般性质就可以看作是共时态的组成部分，人们称为"普遍语法"的一切都属于共时态，因为只有通过语言的状态，普遍语法中发现的关系和差别才能确立起来。①

我们注意到，在通行本中，有关共时语言学研究的部分，有一章内容专门讨论了语法问题。索绪尔指出，静态语言学，即对

_____

① 索绪尔：《教程》通行本，高名凯译本第 144 页，裴文译本第 111 页；第三期讲授本张绍杰译本第 138 页，屠友祥译本第 144—145 页。

语言状态的描写可以称作语法，如同棋法、交易法中所说的法则一样，这个概念涉及一种使共存的价值发生作用的复杂而有系统的对象。在他看来，语法是把语言当作表达手段的系统来研究的；所谓"语法的"就是"共时的"和"有意义"的。由于任何系统都不能同时跨越几个时代，因此，并没有什么"历史语法"，所谓"历史语法"实际上就是历时语言学。①

索绪尔对语法的界定与传统的看法有着明显的不同。按照传统的观点，语法研究包括形态学和句法两部分。形态学研究词的各种范畴（动词、名词、形容词、代词等）和词形变化的各种形式（动词变位，名词变格等），句法研究的对象是各个语言单位的功能，形式和功能的研究由此被人为地分开了。索绪尔不赞成将形态学和句法分立，认为在语言学里，形态学没有真正的、独立的对象，不能构成一门与句法分立的学科，因为对于语言实体（语言单位）来说，只有把能指和所指联结起来它才能存在，如果只保持其中的某一个方面，这一实体就将化为乌有。他以名词变格为例来说明，名词变格不是一张形式表，也不是一系列逻辑上的抽象概念，而是形式和功能的结合。形式和功能是有连带关系的，要把它们分开即使不说没有可能，也是一件很困难的事。不仅如此，索绪尔还一反传统的观点，把传统研究中排除在语法之外的词汇学也纳入语法系统。其立论的根据是，从功能的观点看，词汇的事实跟句法的事实不是那么界限分明，任何词，只要不是简单的、不能缩减的单位，都跟句子成分、句法事实没有本质上的区别。② 基于上述分析，他阐明了自己的观点，认为传统语法观对语法的区分可能有它们的实际用途，但是不符合自

---

① 索绪尔：《教程》通行本，高名凯译本第 186 页，裴文译本第 150 页。
② 同上书，高名凯译本第 187—188 页，裴文译本第 151—152 页。

然的区别，而且缺乏任何逻辑上的联系。语法只能建立在另一个
更高的原则上，这个原则就是组合原则和聚合原则。因为组合关
系和聚合关系是语言符号系统中两种根本的关系，是由语言自身
显示出来的一种非外加的分类方式，任何构成语言状态的要素都
可以归结到这两个方面，它们是唯一可以作为语法系统基础的方
式。

从索绪尔的语法观中我们不难发现，他所确立的共时语言
学研究框架较传统语法时期已经作了较大的改变，因为他的语
言观是一种语言符号观，具体说来，是一种语言符号系统观。
他突破传统的认识，将语言作为一个纯粹的价值系统来看待，
这样一来，语法研究的目标和语言系统的研究目标，乃至共时
语言学的研究目标就有了很大的一致性，其中心任务都是研究
要素之间的关系和价值。由此看来，索绪尔的语言系统观在一
定意义上说就是一种语法观（广义上的语法），基于这样的认
识，我们才能真正理解语言符号系统是一种自足的、相对封闭
的关系（或结构）系统，真正领会语言是言语活动中社会的、
同质的部分。

三　从系统论的角度看索绪尔的语言系统观

现代系统论对系统的界定，通常采用的是该理论的创始人贝
塔朗菲的说法，即处于一定的相互关系中并与环境发生关系的各
组成部分（要素）的总体。这个定义实际上包含两方面的内容：
一是内部规定性，二是外部规定性。要素和结构属于系统的内部
规定性，环境的特性以及系统与环境的相互作用，是系统的外部
规定性。由于不同学科领域相关研究的发展，现代系统论对系统
的认识比以往更深刻、更透彻，在实际研究中形成了一系列系统

理论，比如动态系统理论、线性系统理论、非线性系统理论、随机系统理论、自组织系统理论、他组织系统理论、混沌系统理论、开放的复杂的巨系统理论等。尽管一些理论还在发展和完善中，但是其研究思路还是给我们很大启发，以下我们就从系统论的角度对索绪尔的系统观作一分析。

第一，索绪尔确立的语言符号系统是共时的静态系统。

按照现代系统论的观点，根据系统所处的状态，可以把系统分为动态系统和静态系统。不过从事物的本质特点来说，变化是绝对的，不变是相对的，因此，一切实际存在的系统原则上都是动态系统，科学家在研究时往往会暂时不考虑时间因素，着重研究事物在某一阶段的并存规律，因此，静态系统不过是动态系统的一种理论模型。

索绪尔区分了语言的共时态和历时态，认为共时语言学研究同一个集体意识感觉到的各项同时存在并构成系统的要素间的逻辑关系和心理关系；相反地，历史语言学研究各项不是同一个集体意识所感觉到的相连续要素之间的关系，这些要素一个代替一个，彼此间不构成系统。从他给这两种研究下的定义来看，是否存在于同一集体意识中是他确立系统的一个重要条件。依照这个条件，他认为历时事实是个别的，引起系统变动的事件不仅与系统无关，而且是孤立的，彼此不构成系统。不仅如此，索绪尔还把共时语言学称为静态语言学，这个术语不禁让人联想到实证主义的创始人孔德的"静力社会学"和"动力社会学"。在人文社会科学领域，率先区分动态研究和静态研究的是法国哲学家孔德。孔德在他的代表作《实证哲学教程》（共6卷，第1830—1842页）中提出，可以把自然科学的方法应用到人类社会研究中，建立一门社会物理学，即实证主义社会学。他将社会物理学分为两大类：社会静力学和社会动力学，前者主要研究社会的各种结构成分在整个社会机体中的功能，涉及社会秩序、组织等方面的问题；后者主要研究社会运动及其发展动力。两类研究彼此联系，相互补充。无论是孔德的静力社会学还是索绪尔的静态语言学，从科学研究的角度来看，关注的都是研究对象在一定时期下的状况。索绪尔所确立的语言符号系统就是一个静态系统，属于在某一共时截面上可以进行描写分析的理论模型。这一理论模型实际上暗含着两层意思，一是突出共时状态下语言符号系统的稳定性，二是表明共时状态的变化可以忽略不计。

　　将语言理解为共时的静态系统，强调了语言系统的规范力量和整合作用，但同时也反映了索绪尔对语言系统复杂性估计不足，因为共时状态下的语言符号系统并不是"静若止水"。美国语言学家雅柯布森指出："索绪尔把共时和历时之间的对比等同于静态和动态之间的对比，这已证明是一种误导。实际上，共时绝对不是静态的，变化不断出现而且就是共时的一部分。真正的共时是动态的。静态共时是一种抽象，对特定目的的语言研究或许有用。但是，详尽、真实的语言描写，必须始终考虑语言的动态性。任何变化的起点和最后阶段，这两个成分在一定时间内在语言社团内共存。它们作为文体变体而共存。考虑到这一重要事实，我们就会认识到，认为语言是单一的、铁板一块的系统，这一思想过于简单化了。语言是一个系统的系统，一个包含多种子代码的总代码。这样多样化的语言变体并不是偶然、机械地聚集在一起，而是一个由规则制约的子代码的等级体系。虽然我们可以辨认出哪一种子代码是基本代码，但是把研究其他的子代码排除在外却是一种危险简单的做法。如果我们认为语言是语言规则的整体，那我们就必须非常谨慎，不要研究虚构的东西。"① 这一评说言辞犀利，一针见血地指出索绪尔系统观过于简单、粗放。实际上将研究对象处理为静态系统模型在科学研究中极为普遍，这属于一种科学简化方案。考虑到索绪尔研究目的是为了抓住事物的主要矛盾，突出其语言符号并存的共性规律，把语言符号系统理解为共时的静态系统也不失为一种看待问题的方式。

其次，索绪尔的语言符号系统是一种线性的结构系统。

根据现代系统论的观点，系统结构有广义和狭义两种理解。从广义上讲，系统的结构指要素之间一切联系方式的总和；从狭义上讲，系统的结构指要素之间相对稳定的、有一定规则的联系方式的总和。系统中各要素之间相对稳定的、有规则的联系反映了系统结构的有序性，有序性是科学分析的基础。在科学研究中对系统的描述是通过数学模型来表达的。要建立数学模型首先要区分系统是线性的还是非线性的。实际上，线性系统也是一种理论假设，因为严格意义上的线性系统并不存在，客观存在的现实系统或多或少都具有非线性特征。不过，也应该看到，在一些情况下，非线性特征不是系统的主要特征，暂时不考虑非线性因素对系统整体把握并不会造成太大的影响。近代科学发展以来，科学研究的主要对象是线性系统，对于一些非线性特征明显但在一定的条件下允许作简化处理的系统，研究者们常常对非线性模型作线性化处理，以求近似描写。②

索绪尔区分了语言的共时态和历时态，认为任何共时事实都有一定的规律性，其共时规律是一般性的，意味着排列，意味着

---

① 罗曼·雅柯布森，钱军、王力译注：《雅柯布森文集》，湖南教育出版社，第80—81页。

② 参见苗东升《系统科学精要》，中国人民大学出版社1998年版，第86—90页。

规则性原理；从他对共时规律的解说以及他对要素"价值"的分析来看，索绪尔反复强调的"系统"实际上指的是系统的内部规定性，即"结构"，他所确立的语言系统是一种共时的结构系统。正因为如此，在他的论述中虽然系统意义上的"结构"这个术语并没有出现，但他的理论学说却成为结构主义的思想源泉。

对于语言符号系统的结构，索绪尔是从言说的角度来观察的。索绪尔认为能指的物质基础使语言符号具有一种在时间上展开的线性特征，这样在话语中，语言符号之间就结成了一种以线性特征为基础的组合关系，语言的许多结构规则因而也就体现在各个线性序列中，比如说合成词、词组、句子都表现为线性的符号序列，语法学中所谓的主谓结构、动宾结构、联合结构等都是对这些线性序列所作的描述。与语言符号现实的组合相应，具有同等组合功能的语言符号就形成了潜在的聚合关系，语言结构系统由此极富生命力，语言表达的丰富性因此也得到了很好的解释。

不过，随着现代语言学的发展，语言的非线性特征越来越多地被揭示出来，比如语言中声调、语调、重音、轻声等韵律特征是非线性的，这些非线性特征在语言的各级单位中都有所反映，对于语言符号及符号系统的构成也起着重要的作用。此外，不少学者指出，线性特征似乎是语言的表层结构的特征，层次性和递归性才是语言内在的结构特征，因为即使是线性的句子组合，内部也是多层次的组合关系。语言的线性特征问题关乎语言结构的本质特点，值得我们进一步深入探讨。不过，就目前的研究而言，语音研究中所揭示的非线性特征无法离开线性序列单独存在，语法研究中符号组合的层次性和递归性都是建立在线性序列基础上的，语义研究中多重意义关系也必须在语言符号序列中展现出来。也就是说,现代语言研究对语言非线性特征的探讨有助于我们更深入地了解语言符号系统的复杂性,但并没有全盘否定语言结构系统的线性基础。事实上,索绪尔所说的语言的线性特征是就语言符号反映在时间轴上的序列而言的,所谓的线性说到底就是语言符号系统结构有序性的具体反映,尽管线性特征不是语言符号及其系统唯一的特征,但是从语言的线性结构关系入手,我们可以在一定程度上把握语言符号系统结构的有序性,就此而言,索绪尔有关语言符号系统的线性理论非但不过时,它还是语言系统理论的重要组成部分。

第三,索绪尔确立的语言系统是一个相对封闭的自组织系统。

在系统论中,依据结构产生的方式和动因的不同,可以把系统划分为自组织和他组织两种类型。在没有特定外部作用参与的情况下,系统能够自己获得和改变其结构,叫做自组织;依靠特定外部作用参与才能获得和改变其结构的系统,叫做他组织。系统自组织过程交织着各种关系和矛盾,如系统和环境、部分和整体、有序和无序、稳定和不稳定、必然和偶然、内因和外因、适应和选择、渐变和突变等等,不过通常都具有自发形成、自我适应、自动调节、自我修复的特点。

尽管现实世界自组织过程产生的结构、模式、形态千差万别,自组织理论的研究者们普遍认为,其中必定存在着支配这种过程的一般原理和普遍规律。目前自组织规律尚未被系统地揭示出来,但是一些研究者已经从各自的研究领域提出了一些较有说服力的自组织原理,比如支配原理、整体突现原理、开放性原理、不稳定性原理、非线性原理、反馈原理、涨落原理、环境选择原理等。根据支配原理的分析,系统的有序性不是从外部发展起来的,而是由系统内部固有的差异和不平衡发展起来的。支配系统建立有序结构的模式是在要素之间、系统与环境之间相互合作与竞争中形成的，反过来，系统的要素又是在这种模式的支配下相互合作与竞争，从而建立系统的有序结构。[①]

根据系统论的观点，系统的特性、状态、行为和功能并非完全完全取决于要素和结构，系统之外还有存在着人们难以忽略的与之相联系的事物，这些与系统密切联系的事物的总和，称为系统的环境。一个系统只有对环境开放，与环境相互作用，才能生存和发展，才可能产生自组织运动。系统从无到有，为适应发展的需要，不断适应、不断完善的过程显示出系统的开放性；为了保证系统结构和功能的相对稳定，系统逐渐把自己与外部环境区分开来的过程就体现出系统的封闭性，因此，完全封闭的自组织系统并不存在，开放性和封闭性相统一才是系统的普遍特性。

语言是人类用来交流思想、表达情感的一套音义结合的符号系统，为保证社会交际的顺畅进行，语言符号系统必须具有一定的封闭性，以保持相对的稳定；但是，从总的方面来说，语言总是在使用中变化发展的，开放性是语言符号系统存在的条件。为了适应社会的发展和思维的需要，语言符号系统中语音、语法、词汇、语义各个部分都不同程度地保持着开放状态，在语言使用中将为集体所接受的各种变化纳入其中，并不断调整系统以达到新的平衡。尽管在索绪尔的语言理论中，符号的聚合关系揭示出语言符号系统潜在的创造力，但是索绪尔在构建理论时，更多的是强调系统的稳定性，除了说明语言符号的不变性特征外，对语言系统的开放性没有作太多的讨论。为了与传统的研究区分开来，索绪尔将语言符号系统的研究明确地确定为内部研究、共时

[①]　参见苗东升《系统科学精要》，中国人民大学出版社 1998 年版，第 133—142 页。

研究，言语中的变化只有得到社会集体的承认才会进入语言研究的观察范围。在他看来，社会不间断地向前发展，语言在人们的使用中发展演化，但从一种共时状态过渡到另一种共时状态，并不是系统的直接改变，而是某些要素的变化导致系统为达到新的平衡所作的调整。因此，尽管语言变化的外部原因值得人们注意，但是语言内部机构有自己固有的秩序，系统决定着要素的性质和功能，系统的最终变化源自于内部要素的平衡。

从索绪尔对语言状态及其演化的阐述中，我们不难发现，他的系统思想在一定程度上与现代系统论的自组织理论相契合，其理论框架中的语言符号系统是自足的，具有一定的自我完善、自我修复功能。在 19 世纪末 20 世纪初，索绪尔打破了历史比较语言学已有的观念，将语言符号系统视为一个相对封闭的自组织系统，这样有助于人们深入探讨语言的本质特征，建立一个不依赖其他学科的、自主的语言学。尽管现代语言学的发展已印证了索绪尔语言系统观所蕴含的科学价值，我们同时也应该清醒地认识到，语言符号系统远比人们以往所了解的复杂得多，现代语言学研究还有待于建立更完善、更具有解释力的语言系统观。

参考文献：

H. D. 阿金：《思想体系的时代：十九世纪哲学家》，王国良、李飞跃译，光明日报出版社 1989 年版。

L. 冯·贝塔兰菲：《一般系统论：基础·发展·应用》，秋同、袁嘉新译，王宏昌校，社会科学文献出版社 1987 年版。

罗曼·雅柯布森：《雅柯布森文集》，钱军、王力译注，湖南教育出版社 2001 年版。

苗东升：《系统科学辩证法》，山东教育出版社 1998 年版。

苗东升：《系统科学精要》，中国人民大学出版社 1998 年版。

皮亚杰：《结构主义》，倪连生、王琳译，商务印书馆 1984 年版。

索绪尔:《普通语言学教程》,沙·巴利、阿·薛施蔼、阿·里德林格编印,高名凯译,岑麒祥、叶蜚声校注,商务印书馆 1980 年版。

索绪尔:《普通语言学教程》(1910—1911 索绪尔第三度讲授),小松·英辅编辑,张绍杰译,湖南教育出版社 2001 年版。

索绪尔:《索绪尔第三次普通语言学教程》,屠友祥译,上海人民出版社 2002 年版。

索绪尔:《普通语言学教程》,沙·巴利、阿·薛施蔼、阿·里德林格合作编印,裴文译,江苏教育出版社 2002 年版。

作者简介:骆峰,女,1964 年出生,中国人民大学文学院副教授,博士。主要从事语言学理论及其应用研究。

吐鲁番出土古注本《急就篇》研究

王贵元

提　要： 吐鲁番出土的古注本《急就篇》，除《急就篇》本身文字与传世本不尽相同外，古注对《急就篇》字词的解释，与传世字书和古代训诂材料的解释也多不相同，又常出方语作解，材料比较珍贵。本文依据纸卷照片，对古注本《急就篇》进行了整理疏证。

关键词： 急就篇；吐鲁番文书；注释

西汉元帝时史游撰集的《急就篇》，罗列了大量的秦汉时期名物材料，为历代所重视，秦汉简牍出土后，又成为汉简研究的重要参考书。王国维先生曾撰写《校松江本急就篇》，就《急就篇》用字进行校勘，可见对《急就篇》的重视。出土文献中，敦煌汉简、居延汉简、居延新简、汉代画像砖文等都有《急就篇》残简，吐鲁番出土的《急就篇》，与上述几种不同，是古注本。据史志等文献记载，《急就篇》古注本有后汉曹寿的解《急就章》一卷①、北魏崔浩的解《急就章》二卷②、北魏刘芳的

---

① 《旧唐书·经籍志》："《急就章》一卷，史游撰，曹寿解。"
② 《隋书·经籍志》："《急就章》二卷，崔浩撰。"

《急就篇续注音义证》三卷①、北周豆庐氏的解《急就章》三卷②、北齐颜之推的《急就章注》一卷③。唐颜师古《急就篇注》一出，前有古注本尽佚，留存至今的清以前注本只有颜师古《急就篇注》和宋王应麟的《急就篇补注》两种。吐鲁番出土的《急就篇》古注本是北魏写本，撰者是谁？据尊师周祖谟先生分析，可能就是崔浩之书。这个注本有三个特点：一是多出方语作解，如"青徐言琐"、"吴会言犬"等；二是多引用典籍用例，有《诗经》、《尔雅》、《春秋传》等；三是注释比较简略。凡此皆与颜师古注大不相同。古注对《急就篇》字词的解释及相关语辞，也与传世字书和古代训诂材料的解释多不相同，如"十忽为毛，十毛为豪"、"曰惨，已生勵"、"言袴，青徐言琐"、"人服曰段"、"狝实曰搏"等，这些或与方语有关，或是古代诂训的存留，很值得珍视。

吐鲁番《急就篇》古注本共存十一纸，另有残片三枚，原书是纸本一卷，不记章数。纸面《急就篇》原句大字单行，注文小字双行，大字单行间有界栏，上下有边栏。第一、第二、第三纸皆只残存中部。第四、第五纸为同一面纸的上下，中缺，上纸存上边栏，下纸存下边栏。第六、第七纸为同一面纸的上下，中缺，上纸存上边栏，下纸存下边栏。第八、第九纸为同一面纸的上下，中缺，上纸存上边栏，下纸下部亦残缺。第十、第十一纸为同一面纸的上下，中缺，上纸存上边栏，下纸存下边栏，此当为纸卷末端。

《急就篇》全本共三十四章，宋王应麟认为最后两章（三十

①　《北史·刘芳传》："芳撰《急就篇续注音义证》三卷。"

②　《隋书·经籍志》："《急就章》三卷，豆庐氏撰。"

③　《旧唐书·经籍志》："《急就章注》一卷，颜之推撰。"

三、三十四章）是后汉人续作，王国维进一步断定乃后汉人钟繇所作。吐鲁番出土《急就篇》古注本，于第三十四章首句"山阳昌……"前有"……年作此章"一句，是说明第三十三章创作时间的，可惜关键的年份残缺。古注本第三十四章字句与传世本差异较大，显然经过了改作。

吐鲁番古注本《急就篇》残断严重，不经整理，难以卒读。唐长孺先生主编的《吐鲁番出土文书》作了很不错的释文，可惜没有校注，也无标点，其释文文字依原字形书写，究竟是何字，仍需考释。本文依据纸卷照片以如今通行的简帛文献整理方式，作了新的释文，酌加标点。释文条例如下：

1. 缺字可知字数者用□表示（一字一□），不知字数者用……表示。

2. 依据注文及其他文献补出的缺文用〔　〕表示。

3. 假借字于字后在（　）号中注明本字。

4. 原文之重文符号保留，在符号后用（　）注明重文。

第一纸（60TAM337：11/1 之一）

　　　〔喘敝囊橐不直钱〕……也……衣囊也……帛以为囊橐……〔服〕璅服，衣服也。璅，弊……言袴，青徐言璅。……徵……襦。投扔与缯〔连〕……〔贳〕贳卖买贩肆〔便〕……芦贩也。肆，市也。孔子……市估，居肆贩卖者。……货物有余利者也。今……也，亦货物者，众多非一也。……十忽为毛，十毛为豪，十豪〔为氂〕……

〔校释〕

璅，弊：《周易·旅》："旅琐琐，斯其所取灾。"陆德明《释文》引马云："琐琐，疲弊貌。"李鼎祚《集解》引虞翻曰："琐琐，最蔽之貌。"

投圿：《急就篇》传世本或作"緰圿"、或作"俞此"、或作"俞圿"。"投"与"緰"音同。

芦："復"的俗字。

市：原释文作"布"，误。

估：通"沽"。

十忽为毛，十毛为豪，十豪 [为氂]：《慧琳音义》卷一"毫氂"注引《九章筭经》："凡度之法，初起于忽，十忽为丝，十丝为毫，十毫为氂。"《慧琳音义》卷二十五"毫氂"注引《孙子筭经》："十忽为一丝，十丝为一毫，十毫为一氂，十氂为一分，十分为一寸，十寸为一尺，十尺为一丈，十丈为一引。"按，"豪"与"毫"通，但文献多"豪氂"连用，如《礼记经解》："差以豪氂，缪以千里。"《汉书·律历志上》："度长短者不失豪氂，量多少者不失圭撮。"颜师古注引孟康曰："豪，兔豪也。十豪为氂。"是本字当作"豪"。以此观之，远古是以动物不同粗细的体毛的直径为度量标准的，忽、毛、豪、氂依次增粗。《说文·氂部》："氂，犛牛尾也。"《广雅·释器》："氂，毛也。"《说文·豕部》："豪，豕鬣如笔管者。"段玉裁注："本是豕名，因其鬣如笔管，遂以名其鬣。"比较而言，"十忽为毛，十毛为豪"比"十忽为丝，十丝为毫"更符合原始状态。

第二纸（60TAM337：11/1 之二）

……者曰…… ［儳缕补缝绽袄］缘……言…… ［履舄鞜衰絳段絅］……为履，腹下为舄。几＝（几几）……人服曰段，履名絅…… ［鞔鞮印角褐膏巾］……史。鞔，沙，韦蔍也。京师……言蔍，吴会言屦，《诗》言 ［履］。…… ［裳］宀不借为牧人……为裳共里，不借是蒭…… 富商韦蕃衣健也。［完坚耏事踰比伦］ ……蒭蕘放牧之人学……于野则人伦踰是。跂 ［躇䔩蠃窭贫］ ……水也。躇亦履。许是说……草麤胃莒蒯履也，胃赢……［旆裘索择蛮夷民］……索择，长翁……

[校释]

腹下为舄：腹，通"複"。《周礼·天官·屦人》："屦人掌王及后之服屦。"郑玄注："複下曰舄。"《释名·释衣服》："複其下曰舄。舄，腊也。行礼久立，地或泥湿，故複其下使干腊也。"

几几：《诗经·豳风·狼跋》："公孙硕肤，赤舄几几。"毛传："几几，絇貌。"几几，指舄头尖上翘的样子。

人服曰段：段，通"缎"。《急就篇》传世各本皆作"缎"。桂馥《扎朴》卷六："《古诗》：'美人赠我锦绣段。'"段"当为"祫"。《说文》：'祫，履后帖也。或从糸。'"

沙：通"躧"。马王堆帛书《战国纵横家书·谓燕王章》："反宋，归楚淮北，燕、赵之所利也；并立三王，燕、赵之所愿也。夫实得所利，尊得所愿，燕、赵之弃齐，说（脱）沙也。"按，《战国策·燕策一》有类似记载，曰："夫反宋地，归楚之淮北，燕、赵之所同利也；并立三帝，燕、赵之所同愿也。夫实得所利，名得所愿，则燕、赵之弃齐也，犹释弊躧。"是"沙"即"躧"。靸、躧皆为无后跟之鞋，类似于今之拖鞋。《六书故·动物二》："靸，今人以履无踵直曳之者为靸。"《说文·革部》："靸，小儿履也。"桂馥《义证》："小儿履也者，履之无跟者也。"《汉书·地理志下》："女子弹弦跕躧。"颜师古注："躧字与屣同，屣谓小履之无跟者也。"

韦薦：《释名·释衣服》："靸，韦履深头者之名也。""薦"当是"疼"字俗写。《急就篇》："屐屩絜麤赢窭贫。"颜师古注："麤，一作薦。"王应麟补注："麤，黄本作薦。"王国维《校松江本急就篇》："麤，宋太宗本作薦，亦与麤之草书相似而误。"按，"薦"有艹头，当非麤字草写。《说文·艸部》："疼，艸履也。"王筠《句读》："《广雅》、《释名》、《急就篇》皆作麤。"段玉裁注："按，《礼》注、《方言》、《急救》之麤字，皆疼字之省。"是《急就篇》之"麤"本当作"疼"。《方言》卷四："扉、屦、麤，履也。……丝作之者谓之履，麻作之者谓之不借，粗者谓之弍，东北朝鲜洌水之间谓之壶角，南楚江沔之间总谓之麤。"《释名·释衣服》："履，礼也。……荆州人曰疼，丝麻韦草皆同名也。"是"疼"也可为鞋之总名，故可言"韦薦"。

言薦：即言疼，"言"前应是方言区域名，《释名》曰"荆州"，《方言》曰"南楚江沔之间"，是称鞋为"疼"，乃古楚地方言。

吴会言屡：屡，通"履"。《墨子·尚贤中》："民生为甚欲，死为甚憎，所欲不得，而所憎屡至。"孙诒让《间诂》引毕云："屡即履字省文，《史记》或作屡。"

富商韦蕃衣健也：韦蕃，皮制的车篷。衣健，当作"木楗"，木制肩舆。此句当引自《国语》，《国语·晋语八》："夫绛之富商，韦藩木楗以过于朝，唯其功庸少也，而能金玉其车，交错其服，能行诸侯之贿，而无寻尺之禄，无大绩于民故也。"韦昭注："韦藩，蔽前后。木楗，木檐也。言无功庸，虽富不得服尊服过于朝。"

跂：《急就篇》传世本皆作"屐"。《字汇补·足部》："跂，与屐同。"

蹻：据注补。《急就篇》传世本多作"屩"。《庄子·天下》："使后世之墨者，多以裘褐为衣，以跂蹻为服。"郭庆藩集释："李云：麻曰屩，木曰屐。屐与跂同，屩与蹻同。"

许是：疑即"许氏"，指许慎，《说文·尸部》："屩，屐也。"又"屐，屩也"。"是"与"氏"同，古籍常见，如《战国策·齐策三》："魏取伊氏。"黄丕烈注："是、氏同字。"

草麤：麤，原字"鹿"上无"、"而有"＝"，为麤字俗写，"＝"为省略号。

菅蒯：蒯，原字左从"蕡"右从"刂"，为蒯字异体。《左传·成公九年》："《诗》曰：'虽有丝麻，无弃菅蒯。'"汉王逸《九思·遭厄》："菅蒯兮樢莽，藿荤兮仟眠。"

索择：《急就篇》颜师古注本、宋太宗本作"廚悖"。王先谦《释名疏证补》卷五："孙诒让曰：《说文》无廚悖二字，皇象碑本《急就篇》作'索择'，较为近古，疑汉人本如此作也。"

第三纸 （60TAM337：11/1 之三）

……鮒耳也。妻妇娉嫁 [·赍膡僮] ……池……也。奴婢私隶枕 [床杠] …… [蒲蒻蔺席] 帐帷幢帐或……拖张…… [承尘户扅绦缋总] ……尘一名焚。青徐亦升绦…… [缋] 者绣画之文焉。[镜奁疏比各异工] ……也。《春秋传》曰公之户……胃之蜜。疏胃栉…… [芳薰脂粉膏泽筩] 香脂，面脂也。粉……粉，胡粉耳。…… [裸] 餝剋……

[校释]

[缋] 者绣画之文焉：《礼记·曲礼上》："饰羔鴈者以缋。"孔颖达疏："画布为云气以覆羔鴈为饰。"《汉书·食货志下》："乃以白鹿皮方尺，缘以缋，为皮幣。"颜师古注："缋，绣也。绘五綵而为之。"

蜜：用同"密"。

餝："饰"字俗体，颜师古注本作"饰"。《玉篇·食部》："餝，同饰，俗。"

剋：纸本原字不从"刂"而从"刃"，乃"剋"的异体字，在此通"刻"，《急就篇》传世本皆作"刻"。

第四、五纸 （60TAM337：11/1 之四）

茸佞色……也。革音 [髤漆] 油黑仓，室……色……仓也。宅庐舍楼壐堂此皆室宅之名也…… [门户井灶] 廉菌京屋为廉，墙为菌，又为彊，此皆方语也。檽橑畧櫨 [瓦屋梁]，[泥] 塗粨既壁垣墙，幹桢板材度 [圜方] 筑具也。题曰桢，旁 [曰榦]，……曰等及幹桢也。屏 [厕]

清溷粪土壤屏、［厕、清、溷］、浑，皆厕名也。或宜後，或□，或轩……京师曰溷。清除厕轩臭□後附壤土伤也。神垒儋厩库［东箱］儋厩库东箱……扇［春簸扬］……

［校释］

茸：颜师古注本《急就篇》作"廓"。

啬：颜师古注本、宋太宗本作"悃"。

油：颜师古注本、宋太宗本同，松江本、皇象本、敦煌汉简残本作"犹"，乃借字。

仓：松江本同，颜师古注本、宋太宗本、敦煌汉简残本作"苍"。

壁：松江本、皇象本、敦煌汉简残本同，颜师古注本、宋太宗本作"殿"。王国维《校松江本急就篇》："案，壁是本字，殿训击声，世多借殿为壁。《说文》复遗壁字，钮氏校本遂以作殿为是矣。"

菌：《急就篇》传世本皆作"困"，是。

粨：　"恶"字俗写，敦煌遗书中多见。"恶"、"垩"同音，在此借为"垩"，也可能是形近误书。《急就篇》传世本皆作"垩"。

既：　"塈"的借字，颜师古注本、宋太宗本作"塈"。

材：《急就篇》传世本皆作"栽"。

筑：原释文作"祭"，误。

题曰桢，旁［曰榦］：《尚书·周书·费誓》："峙乃桢榦。"伪孔安国传："题曰桢，旁曰榦。"《广韵·清韵》："题曰桢，旁曰榦。"《史记·鲁周公世家》："桢榦。"裴骃集解引马融曰："桢榦皆筑具，桢在前，榦在两旁。"

清溷：颜师古注本同，宋太宗本、空海本作"募"，松江本作"溷浑"。《释名·释宫室》："厕，杂也。言人杂厕在上非一也。或曰溷，言溷浊也。或曰募，言至秽之处宜常修治使洁清也。或曰轩，前有伏以殿轩也。"王先谦《释名疏证补》："毕沅曰：募亦俗字。据《一切经音义》、《御览》引皆作'清'，《说文》：厕，清也。"

壤土伤也：《春秋繁露·王道》："观乎楚灵，知苦民之壤。"卢文弨

注："壤犹伤也。"

第六、七纸（60TAM337：11/1 之五）

　　［六畜蕃息豚豕］猪……之六畜。……吴会言……
其……［狠搏狡狗野鸡］雏猯实曰搏。胃□□也。《易》
曰……为狡狗鸡也。而云野者本……野而……雏者胃翟雏
野。毵勵特坎四者牛……曰毵，已生勵。特，牡也，牛也。
特，［牛］公也。《尔疋》曰："以軆长为坎。"羔犊驹小羊
曰羔，牛子曰［犊］。《诗》云："乘我乘驹。"雄雌牝牡相
随趋飞曰雄雌，走曰牝牡。《诗》［云］："鴢之朝驹，尚求
其雌。"又曰："並驱从［两牡兮］。"趁者也。糟糠汁潴稾
莝茢，凤［爵鸿鹄鴈］鸶鴢凤＝（凤，凤）皇，灵也。
《诗》云："凤皇于飞，翔其羽。"孔子曰："凤鸿不……
羽。"《尔疋》曰："舒鸶，鳧。"言鸶……也。鹰鹃憎鸹
［鹭貂］尾，鸠鸽……似鹰，鸹似憎＝（憎，憎）之物
不……《诗》云……

[校释]

　　猯实曰搏：猯，"猯"字异体，纸本原字右旁写作"布"，乃省写。
《广韵·尾韵》："猯，亦作猯。"《集韵·微韵》："猯，或从犬。"《方言》
卷八："豬，北燕朝鲜之间谓之豵，关东西或谓之彘，或谓之豕，南楚谓之
猯。"搏，"豶"字异体，《集韵·支韵》："豶，或从犬。"实，疑读为
"猰"，二字音近。《说文·豕部》："豶，猰豕也。"桂馥《义证》："赵宦
光曰：猰训骟羊，骟训辖马，辖训骟牛，豶训猰豕，豶、猰、骟、辖，皆
割势异名。"

　　《易》曰：引《易》缺文当是"搏豕之牙"。《周易·大畜》："六五，
豶豕之牙，吉。"

翟雉野：翟，长尾野鸡。《说文·隹部》："雉，鸡子也。"《说文·羽部》："翟，山雉尾长者。"《玉篇·羽部》："翟，山雉也。"

《尔疋》曰"以體长为坎"：此引文有误，体长为勵，而非坎。《尔雅·释畜》："体长，勵。"邢昺疏："凡牛之身长为勵。"《玉篇·牛部》："勵，牛体长。"

《诗》云"乘我乘驹"：原纸"乘我"作"乘马"，其"马"旁写"我"，为抄错改正。引文为《诗经·陈风·株林》文，今本《诗经》同。

趍："趋"字俗写。《广韵·虞韵》："趋，走也。趍，俗。"

《诗》[云]"鴗之朝驹，尚求其雌"：引文为《诗经·小雅·小弁》文，今本《诗经》作"雉之朝雊，尚求其雌"。纸本"驹"当是写误。

"並驱从[两牡兮]"：引文为《诗经·齐风·还》文，今本《诗经》作"并驱从两牡兮，揖我谓我好兮"。

《诗》云"凤皇于飞，翔其羽"：引文为《诗经·大雅·卷阿》文，今本《诗经》作"凤凰于飞，翙翙其羽"。

《尔疋》曰"舒鶩，鳧"：引文为《尔雅·释鸟》文，今本《尔雅》作"舒鳧，鶩"，纸本当是抄误。

憎："鴲"字异体，颜师古注本、宋太宗本作"鴲"。

第八、九纸 (60TAM337：11/1 之六)

者里官当有以察……迺肯[省]察讽[谏读]……省察之。……读其事也。江水泾渭街术曲……[笔研筹]筹碁火烛筹算，所以数也。碁火烛，今时官家所以治文书也。[赖赦救解贬秩]禄言史之罪过者得赦救。史解长史，则贬损其[秩]禄也。邯郸河涧沛[巴蜀，颍川临]淮集课录邯郸、河涧，[郡]名也。沛＝（沛，沛）[郡]名也。殚，郡名也。颍川临淮，郡名……有廉洁平端……集课……[依涠汙]染贪者辱人行□依涠□污秽，又扰乱不靖□行贪……也。既不课……表格。

[校释]

暬：《急就篇》各本作"膏"。

殠：疑为"巴"字异体。汉巴郡治所在江州巴水北。

第十、十一纸（60TAM337：11/1 之七）

……四表康宁咸来……年作此章。……下之训也。山阳昌……云中定襄与［朔］方，雁门上……广川河内温，［涿］群（郡）勃海右北平，……［滨］西上平刚，张［夜］散（酒）泉及敦煌，……备胡羌。

延昌八年戊子岁……写

遍一卷笔僤衼……笑

[校释]

下之训也：训，原释文作"词"，误。

群：通"郡"，敦煌遗书、吐鲁番文书中多见。

散：通"酒"，二字音近。

参考文献：

唐长孺主编：《吐鲁番出土文书》（贰），文物出版社 1994 年版。

周祖谟：《记吐鲁番出土急就篇注》，《敦煌吐鲁番文献研究论集第二集》，北京大学出版社 1983 年版。

颜师古：《急就篇注》，四库全书本。

王应麟：《急就篇补注》，清光绪五年福山王氏刻本。

孙星衍：《急就章考异》，清光绪十六年江苏书局刻本。

王国维：《校松江本急就篇》，《王国维遗书》，上海古籍出版社 1983 年版。

作者简介：王贵元，男，1959 年出生，中国人民大学文学院教授，主要研究古文字学、出土文献。

战国楚竹书《彭祖》篇补释*

赵　彤

提　要：《上海博物馆藏战国楚竹书（三）·彭祖》简4原释为“只”的字当释为“也”，读为“施”（yì）。

关键词：楚简；《彭祖》；考释

《上海博物馆藏战国楚竹书（三）·彭祖》简4：“既只（跻）于天，或（又）椎（坠）于囦（渊）。夫子之悳登矣，可（何）丌宗（崇）。”这段简文的大意比较清楚，但是其中关键的两个字“只”和“椎”的考释尚有争议。

“只”字简文原作（以下用A代替），整理者释为“只”，读为“跻”。但是“跻”是精母脂部字，“只”是章母支部字，二字声、韵均不同类，恐难通假，因此已有学者对此提出不同意见。孟蓬生（2005）认为此处的“只”字当读为“诣”，史杰鹏（2005）认为读为“抵”或“适”。但是“诣”和“抵”也是脂部字，与“只”不同部，所以仍有问题。“适”与“只”通假在语音上虽然没有问题，但是“适”是“去、往”的意思，而

* 本文曾于2007年3月18日发表在“简帛网”（hattp：//www.bsm.org.ch/show_article.php？id=535）。

这里的 A 字显然是"到达"一类的意思，而且"适"一般直接带宾语，不与介词"于"连用，所以此说也难以成立。

诸家对 A 的考释都是建立在将其释为"只"的基础之上的，但是我们认为这里的 A 并不是"只"，而是"也"。我们来比较一下楚简中"只"和"也"的写法。

首先来看楚简中"只"和"枳"的写法①：

[字形]郭·尊14　[字形]上·鬼2背　[字形]郭·唐26，上·弟23，包259、260　[字形]郭·语四17[字形]上·相3，上·鬼4

其中郭店简和上博简之例辞例明确，确定无疑。这里只对包山简之例略加说明。

（1）一櫎枳，又（有）絵（锦）綌〔绣〕缟宛（绢）。② 包259

（2）一竹枳，絵（锦）宛（绢）。 包260

"枳"字原被误释为从木从疋之字。其写法与郭店简《唐虞之道》简 26 的"枳"字相同，无疑是"枳"字。李家浩（1998）认为简文的"枳"应该读为"坄"，即"枕"的别名，"櫎"读为"櫃"，"櫃坄"即指包山二号墓中出土的盒形座枕。这个意见应该是对的。

那么，我们可以把楚简中"只"字的写法归纳为如下三种：

[字形]Z1　[字形]Z2　[字形]Z3

---

① 出处的格式是"书名（墓名）、篇名的简称＋简号"，简称一般是书名、墓名、篇名的首字，篇名相同的按原著录用天干或序数区别。

② "宛"字原释为从宀从邑之字，据赵平安（2003）改正。简文中当读为"绢"。郭店《缁衣》简 10、22 的"悁"，上博《缁衣》简 6、12 作"宛"，今本作"怨"。则宛声和昌声可通。信阳楚简 2—013："二纺绢。"天星观楚简："一弓，纺宛（绢）。"（《楚系简帛文字编》，第 616 页）

楚简中"也"字的写法很多，大体上可以归纳为以下四类 11 种：

〔图〕Ya1 郭·鲁 4　　〔图〕Ya2 郭·老甲 24

〔图〕Ya3 郭·五 25　　〔图〕Ya4 郭·忠 8　　〔图〕Ya5 郭·唐 1

〔图〕Yb1 上·性 8　　〔图〕Yb2 郭·语三 20

〔图〕Yc1 郭·性 27　　〔图〕Yc2 郭·忠 8

〔图〕Yd1 郭·性 36　　〔图〕Yd2 郭·成 10

其中 Yc 型的"也"字与 Z3 型的"只"字很接近，但是区别也很明显：一、Z3"口"下一长笔与"口"形分离，而 Yc"口"下一长笔与"口"形相连；二、Z3"口"下一长笔大体作直画，或略带弧形，弧拱向右，而 Yc"口"下一长笔作明显的弧形，且弧拱向左。

那么我们再来看 A 字，显然与 Yc2 的"也"字写法相同，而不同于"只"字。所以 A 当释为"也"。简文"既也于天"当读为"既施于天"，"施"即"施于中谷"、"施于条枚"之"施"。"也"、"施"古音皆为以母歌部，二者通假在语音上没有问题。"施"在郭店简中有写作从攴它声之字的（《尊德义》简 37、38），也有直接写作"它"的（《忠信之道》简 7、《六德》简 14）。《古文四声韵》引《汗简》"施"字作从攴也声之字。那么，"施"字直接写作"也"是完全可能的。

"椎"字整理者读为"坠"。史杰鹏（2005）指出"文义有点窒碍"，并提出"椎"可读为"就"或"摧"，或者当直接释为"集"，而非"椎"。然而"就"是"靠近、趋向"的意思，"集"是"停留"的意思，而"摧"当"至"讲在古籍中罕见，并且史文所举《大雅·云汉》"先祖于摧"的"摧"历来有歧解。所以这些意见仍有问题。我们认为，这里的"椎"或许是

"稚"字之讹。《上海博物馆藏战国楚竹书（五）·鲍叔牙与隰朋之谏》简1读为"梁"的字从"禾"，而同书《三德》简18即写作从"木"。①如果这个推断不错，那么这里的"稚"当读为"底"或"抵"，训"至"。"稚"是澄（定）母脂部字，"底"或"抵"是端母脂部字，古音可以通假。

　　按照上面的意见，"既施于天，又抵于渊"意思是说"既可向上延至于天，又可向下抵达于地"。

　　最后顺便谈谈楚简中其他几个与"只"或"也"有关的字。

　　（3）萢—笇（筹）。②　　　　包258

　　"萢"字艹下部分原释"椹"，黄锡全（1992）释"枱"，皆误。李家浩（1996）释"萢"，读为"芰"，并指出简文所记即包山二号墓出土的两件竹笥（2：191，2：202）内的菱角，这个意见应该是对的。《包山楚简》图版一一二·258，"萢"字作🖼️，其右下所从似为Yc2形，则为"也"，而非"只"；但是《包山楚墓》图版二〇二·258"萢"字右下"匕"形之下好像还有墨迹，而且"匕"形末笔的末端较粗，似起笔处，而非收笔处，因此，"萢"字右下很可能本来是作Z1或Z2形。另外，由于"只"和"也"字形相近，所以有相混的可能，正如"天"和"而"、"视"和"见"、"史"和"弁"、"甲"和"乍"等在楚简中都有相混的例子。所以，如果"萢"字右下所从确为Yc2形，则可以看作字形讹误或是混用。

　　盛有菱角的两件竹笥的签牌上有文字，但是照片都不清楚。2：191—3（《包山楚墓》图版四六·19）李家浩（1996）摹作

---

① 整理者原读为"刃"，从陈剑（2006）改正。

② "笇"字考释参看《朱德熙古文字论集》，中华书局1995年版，第69—71页。

𢼉，黄锡全（1992）摹作𢼉（图版壹陆陆·2），《包山楚墓》第393页、《包山楚简》第61页注531所摹同黄锡全。细审图版，当以李家浩所摹较为准确。此字所从为Z3型的"只"，只不过"口"下一长笔略带弧形，且弧拱向左，但是起笔处不与"口"形相连，仍然可以同"也"字相区别。2：202—2（《包山楚墓》图版四七·2）李家浩（1996）摹作𢼉，黄锡全（1992）只摹出大致轮廓（图版壹陆陆·4），《包山楚墓》第393页、《包山楚简》第61页注531所摹同李家浩。此字照片过于模糊，难以辨认，如果确如李家浩所摹，所从当是Yc2形，也当看作字形讹误或是混用。

（4）二杝钱（盏）。包265

"杝"字作𣏌。原释"椹"，黄锡全（1992）释"枂"，李家浩（1998）释"枳"。《包山楚墓》第105页已经指出此处所记为二号墓出土的两件铜敦。楚系铜器中，盏与敦有着前后的演变关系，早期是盆体敦（盏），后来演变为圆体敦（敦），二者在楚文化区都可称为"盏"，①圆体敦由于形似卵形，又可称为"卵盏"（望2-46）。②李家浩（1998）认为这段简文中的"枳"也是对"盏"的形制的说明，当读为"颖"，训为"圆"。按，此字右旁与Yc1型的"也"字相同，当隶定为"杝"，如果李家浩的意见正确，那么也当是字形讹误或是混用。我们认为或许还其他的解释：一、"杝"或可读为"椭"，"椭盏"亦即"卵盏"。二、楚系铜器中有一类鼎，自名为"汦盨"或"礶鼏"（邓尹疾鼎、裹鼎），③"形制都是蹄足，鼓腹圜底，腹体较深，

①　参看刘彬徽《楚系青铜器研究》，第152—164页。
②　参看《望山楚简》，第132页。
③　参看刘彬徽《楚系青铜器研究》，第327、439、332、447页。

附耳。或有盖，或无盖。其中最重要的是腹体的特征"。①张世超（1992）认为"礍𪔣"与"橐驼"有关，因鼎腹形如橐袋而得名。盆体敦与此类鼎的形制非常接近，或许简文中的"杝"即"盜"、"𪔣"，"也"声"它"声往往可以互用，语音上没有问题。"杝"是"礍𪔣"（橐驼）的简称，也是对形制的说明。虽然此处所指已经是圆体敦，但是仍然沿用早期的名称。

（5）一锦终枕。一寝莞，一寝筵，屯结芒之纯。六簋筵，屯锦纯。一柿枳，锦纯，组缋。又牊、猴、枕、枳，皆……②　信2—023

"枳"字简文作𥸮，原释为一个从片从孓的字，李家浩（1996）改释为"枳"，读"柿枳"为"桃枳"，是一种竹席。此字右旁与上揭"只"字的三种写法均不同，而与Yc2型的"也"字很接近，但其"口"下一长笔向左曳，而Yc2型的"也"字"口"下一长笔向右曳。如果李家浩的意见正确，那么此字的右旁当是"只"的一种变体，其"口"下一长笔向左曳似是有意与"也"字相区别。又，郭若愚在《战国楚简文字编》中把此字右下摹作与"子"字下部相同，所以此字能否释为"枳"还有待进一步的研究。

材料来源：

《信阳楚墓》，文物出版社1986年版。

《包山楚墓》，文物出版社1991年版。

《包山楚简》，文物出版社1991年版。

《望山楚简》，中华书局1995年版。

《江陵望山沙冢楚墓》，文物出版社1996年版。

---

①　张世超：《"礍𪔣""橐驼"考》，《江汉考古》1992年第2期。

②　这段简文原释问题比较多，这里大体按照李家浩（1996）的意见直接写作通行文字。

《郭店楚墓竹简》，文物出版社 1998 年版。

《上海博物馆藏战国楚竹书》（一至五），上海古籍出版社 2001—2006 年版。

《战国楚简文字编》，上海书画出版社 1994 年版。

参考文献:

陈剑：《谈谈〈上博（五）〉的竹简分篇、拼合与编联问题》，简帛网（http：//www. bsm. org. cn），2006 年 2 月 19 日首发（http：//www. bsm. org. cn/show_ article. php？ id = 204）。

黄锡全：《湖北出土商周文字辑证》，武汉大学出版社 1992 年版。

李家浩：《信阳楚简中的"柿枳"》，《简帛研究》（第 2 辑），法律出版社 1996 年版。

李家浩：《包山楚简中的"枳"字》，《徐中舒先生百年诞辰纪念文集》，巴蜀书社 1998 年版。

刘彬徽：《楚系青铜器研究》，湖北教育出版社 1995 年版。

孟蓬生：《〈彭祖〉字义疏证》，简帛研究网（http：//www. jianbo. org），2005 年 6 月 21 日首发（http：//www. jianbo. org/admin3/2005/mengpengsheng004. htm）。

史杰鹏：《上博竹简（三）注释补正》，简帛研究网（www. jianbo. org），2005 年 7 月 16 日首发（http：//www. jianbo. org/admin3/2005/shijiepeng001. htm）。

滕壬生：《楚系简帛文字编》，湖北教育出版社 1995 年版。

张世超：《"礐駞""橐駞"考》，《江汉考古》1992 年第 2 期。

赵平安：《战国文字中的"宛"及其相关问题研究——以与县有关的资料为中心》，《第四届国际中国古文字学研讨会论文集》，香港中文大学中国语言及文学系 2003 年版。

作者简介:赵彤，男，1973 年出生，中国人民大学文学院副教授，主要从事汉语史、汉语音韵学的教学与研究。

后 记

　　2006 年 9 月 11 至 12 日，由中国人民大学和天主教辅仁大学联合主办的"人文学术的中国语境"学术研讨会在中国人民大学举行，来自两校的 60 多位学者参加了会议，就中国古代文学、语言、文字、历史、文化等诸多问题展开了广泛深入的讨论。会议分中文和历史两组进行讨论，共收到论文 46 篇，其中中文组 27 篇，历史组 19 篇。

　　会后，中国人民大学文学院承担了文学组论文集的编辑工作。由于论文篇目较多，篇幅较长，涉及内容比较广泛，编辑组决定将语言文字类和文学类论文分别结集，作为《语言论集》和《文学论集》的特刊出版。

中国人民大学文学院

《语言论集》编辑部

2007 年 10 月